CYRILLE MONOD

Les Carnets de Théodore Monod

Le Pré aux Clercs

ISBN : 2-266-10680-5

SOMMAIRE

Introduction 7

CHAPITRE PREMIER

L'apprentissage 9

CHAPITRE II

Trab-es-Soudan (le pays des Noirs) 41

CHAPITRE III

Trab-el-Beidane (le pays des Blancs) 91

CHAPITRE IV

Trab mounek (le beau pays)
Campagne d'exploration saharienne 1934-1935 .. 151

CHAPITRE V

Les éphémères 217

Sur la guerre et le pacifisme 220
Sur la politique, la religion et la civilisation 244
Sur la science et l'environnement 276
Sur le désert et la vie 302

Vers l'autre rive 309

INTRODUCTION

« Que la foi soit mon toit,
que la bonté soit mon rez-de-chaussée. »

Tels sont les termes de la plus ancienne lettre retrouvée dans les archives paternelles. Elle est rédigée par « Th. fils pour W. M. », son père, et date de février 1909. « Th. fils » n'a pas encore sept ans.

Quel étonnant résumé prémonitoire, voire prophétique, de ce que seront la démarche et la pensée de Théodore Monod, perpétuel aspirant à la foi et à l'espérance d'un temps messianique, ardent combattant en faveur de la bonté et pour la miséricorde envers toute forme de vie !

Je n'ai pas sélectionné les textes repris dans cet ouvrage pour illustrer ce double aspect d'un *personnage* déjà bien connu ; je me suis, au contraire, ingénié à débusquer la *personne*, celle qui doute, qui souffre, qui aime, qui craint, qui s'amuse aussi ; l'homme qui, comme tous les autres, a une vie charnelle et matérielle, spirituelle et philosophique.

Lorsque j'ai lu le manuscrit à mon père, il a été intrigué, souvent amusé et toujours ému. Il revivait les situations décrites, les anecdotes rapportées et les idées émises, ajoutant des précisions sur les lieux, les compagnons de rencontre et les circonstances de certains événements. Mais il éprouvait, manifestement, une certaine gêne à la pensée que soient publiés des textes et des réflexions aussi personnels et a souhaité émettre quelques réserves.

Effectivement, une semaine plus tard, il m'adressait le texte suivant que je reproduis tel que je l'ai reçu.

« On doit être reconnaissant à mon fils Cyrille d'avoir su imaginer puis réaliser le considérable travail dont le présent ouvrage apporte les résultats.
Il s'agissait de regrouper un grand nombre de citations uniquement empruntées à des textes manuscrits, et donc inédits.
Les citations retenues sont présentées dans leur ordre chronologique permettant ainsi de connaître l'âge de leur auteur à la date de leur rédaction. Il sera donc nécessaire, avant d'en juger la formulation, de replacer celle-ci à la date toujours indiquée, avec soin, par le compilateur.
Il va sans dire, mais cela va mieux encore en le disant, que tel propos pouvant paraître un peu sévère, excessif ou, du moins, aventureux, ne saurait représenter nécessairement l'opinion du vieillard qu'est devenu son auteur.
On souhaitera donc que le lecteur, dans ses jugements éventuels, tienne compte avec attention des remarques qui précèdent, et, par conséquent, de la nécessité de considérer le présent volume avant tout comme une histoire. »

CHAPITRE PREMIER

L'APPRENTISSAGE

« 29 avril 1918 : il est un âge où l'homme sent le besoin d'exprimer ses pensées, ses sentiments ; c'est l'objet de ce modeste journal, miroir fidèle de mon esprit. »

Ainsi débute le premier des carnets de Théodore Monod (il a seize ans). Il les tiendra, sous une forme ou sous une autre, jusqu'en 1934.

En 1920, Théodore Monod passe les certificats de licence de zoologie et botanique. Il sera choisi par le ministère de la Marine pour effectuer une croisière océanographique sur le contre-torpilleur Mistral.
En 1921, il achève sa licence de sciences naturelles en passant le certificat de géologie et obtiendra une bourse de doctorat du Muséum national d'histoire naturelle.
La même année, à l'instigation de l'Office scientifique des pêches maritimes, il sera embarqué sur le garde-côte Pétrel.
*En 1922, nommé assistant au Muséum, il effectue une mission océanographique sur l'*Andrée III. *En septembre, il est à Monaco pour l'étude des crustacés parasites de la faune locale. De décembre 1922 à novembre 1923, la rédaction des carnets s'interrompt : mon père est envoyé sur la côte mauritanienne pour étudier la pêche et les poissons.*
À la fin de sa mission, il se joindra à une caravane et traversera la Mauritanie occidentale de la frontière du Sahara espagnol jusqu'au Sénégal. Le journal de cette initiation à la vie chamelière sera publié sous le titre Maxence au désert *(Actes Sud, Arles, 1995).*
En 1924, il est au British Museum à Londres pour étudier les gnathidae, *crustacés isopodes, sujets de sa thèse de doctorat.*
Il y rencontre le responsable du département des crustacés, l'éminent carcinologiste Dr W. T. Calman, auteur de A Treatise of Zoology *qui lui dédicacera son volume consacré aux crustacés dans les termes suivants :* To monsieur Théodore Monod who will doubtless find occasion to correct many of the mistakes I have made in this book. With all good wishes from his sincere friend [1] *(Londres, août 1924).*

1. « À monsieur Théodore Monod, qui trouvera certainement dans ce livre maintes occasions de corriger mes erreurs. Avec les meilleurs vœux de son ami sincère. »

Théodore Monod a vingt-deux ans.
C'est pendant cette période d'une adolescence studieuse qu'il s'orientera vers le socialisme (il adhérera à la 5e section S.F.I.O.) et ancrera sa vie dans un christianisme libéral.

En fait, tant sur le plan politique que religieux, il restera un homme détaché des mots d'ordre, des résolutions partisanes, des chapelles et des dogmes, ne se référant qu'aux injonctions de sa conscience, ce qui lui occasionnera de sérieux déboires – notamment en 1941-1942 lorsqu'il refusera de prêter serment d'allégeance au maréchal Pétain, ou en 1960 lorsqu'il signera le manifeste dit « des 121 » sur la guerre d'Algérie.

Nul doute qu'au fil des pages de cet ouvrage, le lecteur ne se fasse une idée très précise d'un être qui aura parcouru son siècle en homme libre, passionné et atypique.

SANS LOGIS

Rue Cujas, sous une pluie battante, un homme est couché sous une porte cochère. Il dort... Je suis passé comme le lévite, mais mon cœur brûlait au-dedans de moi et un immense désir de service m'emplit.
Comment se sacrifier, comment se consacrer, où peut-on avoir le plus d'influence sur une génération perverse qui laisse un homme dormir sous la pluie dans une rue de Paris ? Cette vision me poursuit, elle me poursuivra quand j'aurai à entrer chez les possédants qui débiteront de belles phrases sur le droit à la vie.

Paris, 22 décembre 1919

RÉVEILLON

Noël ! Cette nuit, on a dû banqueter et nocer à tire-larigot : il y a des gens d'un égoïsme assez monstrueux pour réveillonner quand d'autres souffrent comme ils le font ! C'est écœurant ! L'égoïsme et l'inconscience criminels de l'homme n'ont pas de borne. Et quelques-uns de ces goinfres viendront s'asseoir dans la maison de Dieu aujourd'hui, écouteront le message de Noël, mettront deux sous pour la quête et ne comprendront pas.

Paris, 25 décembre 1919

Noël et Réveillon

La douce mélodie et le concert des anges
Qui remplissaient la nuit de la nativité
Font place aux cris plaintifs de l'enfant sans gaîté
Mourant, sans feu, sans lait, en un berceau sans lange.

Ici, le réveillon... et les tristes phalanges
Des viveurs au cœur sec et sans fraternité
S'empiffrent sans pudeur, avec avidité :
Dégustant les vins fins et les crus sans mélange.

Ici, c'est l'égoïsme et là, c'est les pleurs...
D'un côté l'on s'amuse, on rit et l'on ripaille
De l'autre on apprend de la faim les douleurs.

Oh ! Divin Jésus-Christ, qui naquis sur la paille,
Donne-nous de l'Esprit l'audace et la puissance
Pour jeter l'anathème et sauver l'innocence.

Paris, 28 décembre 1919

Procession

Procession à Saint-Étienne-du-Mont : pullulation de curés et de demoiselles avec des rubans bleus dans le dos en l'honneur de Sainte-Geneviève. Au tombeau, un prêtre expose les médailles des dévotes – moyennant finances – et les rend bénites ! C'est une scène de paganisme zambézien. Quelle déformation du christianisme authentique ! Le Christ a-t-il péri sur la croix pour instituer de telles idolâtries ? Et pourtant quelle grandeur et quelle poésie dans ce culte catholique ! Oui, mais il passe à côté de la réalité vivante et de la société qui évolue : il y a plus de christianisme chez Jaurès que chez le pape.

Paris, 9 janvier 1920

LÉON DAUDET

Triste séance à la Chambre : Daudet donne sa mesure. C'est d'ailleurs une bonne chose qu'il se démasque et qu'il dégoûte tout le monde avant qu'il n'ait fait des adeptes. Quel type tout de même et quel dangereux individu !

Paris, 24 janvier 1920

PROVIDENCE

J'admire (?) et j'envie ceux qui croient à la Providence et qui croient que Dieu avait son plan en permettant au *Titanic* de s'engloutir, au *Krakatoa* d'exploser, à la famine de dépeupler la terre : les voies de Dieu sont insondables ! Inclinons-nous ! Allah est grand !

Paris, 16 février 1920

DIEU

Les études scientifiques ne vous font pas croire à la Providence, au Dieu tout-puissant, etc. C'est un bien, car il faut avoir le courage de regarder la vérité en face. Dieu n'a aucune action sur le monde matériel, et je suis en train de le perdre de vue dans le monde vivant ! Tout cela me fait me concentrer sur le monde moral, domaine de l'esprit. Je dois paraître athée mais je cherche à tâtons et je ne suis pas de ces heureux, de ces béats qui, dès leur berceau, ont cru à une divinité toute-puissante maniant la foudre et le tonnerre.

Paris, 15 mars 1920

MENHIR

Ce matin, j'ai participé à des fouilles mégalithiques qui ont mis au jour un menhir cannelé très ancien et un menhir phallique magnifique. Cette région est incroyablement riche : à chaque pas on rencontre des fragments de poteries néolithiques, d'os, de résidus de cuisine. Hier après-midi nous avons fait une tournée archéologique et nous avons vu la troublante silhouette du menhir anthropomorphique découvert par Besnard : ce colosse a 6 mètres de long, il est couché par terre. Cette presqu'île est un vaste cimetière et je suis plein d'une religieuse émotion à la vue de ces témoins du passé.

Saint-Guénolé, 12 juillet 1920

VANITÉ DES ÉTUDES SCIENTIFIQUES

Personnellement, je suis troublé par cette passion immodérée que je me découvre pour l'étude des crustacés. D'ailleurs, il n'y a qu'une question possible : l'étude des sciences est-elle directement utile à l'avancement et au progrès du christianisme et du socialisme ? NON. Donc, elle ne mérite pas la consécration d'une vie de travail. A-t-on le droit, à l'époque où nous vivons, de soustraire une force (bien petite il est vrai) aux mouvements chrétiens et socialistes actuellement ? Je sens vivement l'égoïsme, la vanité, la stérilité des études scientifiques au point de vue chrétien. Qu'importe que l'on paraisse doué pour une science ? Ce sera l'occasion d'un sacrifice profitable pour mon développement moral. Je réfléchirai encore, je prierai encore, mais je crois que la voix du sentiment (cœur) mérite plus d'attention que celle de l'intelligence (cerveau).

Roscoff, 18 juillet 1920

NOURRITURES

S'il y a quelque chose qui me répugne ici-bas, c'est le culte que la grande majorité des gens voue à leur *manger*. Moi, tel le vapeur qui subit l'humiliation de faire du

charbon, opération qui le salit et le retarde, je subis la nécessité de la nourriture et j'en suis bien humilié !
Quand on pense aux années perdues que représentent les heures passées à table !
En tout cas, j'ai pris l'engagement, l'année dernière, de ne jamais parler de la nourriture du point de vue qualitatif : le genre de personnes qui déjeunent à l'hôtel ne parlent guère que de cela. Quel privilège que de croire à un domaine moral de culture personnelle où l'on peut se retrancher pour fuir et se fortifier en face des laideurs du monde !
À quand la simplicité supérieure de la table familiale, d'ailleurs beaucoup plus saine au point de vue hygiénique que ces viandes trop nombreuses et ces vitamines trop rares ?

Roscoff, 20 juillet 1920

DÉCOUVERTE

Ma vie est étrangement pleine. Les heures sont trop courtes pour suffire à mes travaux et je passe ma journée au microscope, car mardi nous avons récolté dans une rivière un petit isopode vivant sous terre, dans les berges. Or cet animal [1] est (99 chances sur 100) une espèce nouvelle. Avec un de mes amis, nous nous sommes attaqués à cet animal que nous sommes en train de décrire : après la morphologie externe nous abordons aujourd'hui l'histologie de notre crustacé et voulons aussi en faire l'embryologie. Enfin, le cycle évolutif est à étudier : en effet la larve est parasite sur un poisson.

Roscoff, 23 juillet 1920

PROCESSION À ROSCOFF

J'ai vu, l'autre jour, passer une procession : c'est inénarrable ! Long défilé de curés, d'enfants de chœur, de bannières brodées, de bons Dieux dorés, de Vierges azur, de bateaux sculptés, de chapelles en bois ouvragé.
Je ne puis pas croire que le catholicisme soit arrivé à ce

1. Il s'agit du *Paragnathia formica.*

point d'areligiosité. J'aime mieux croire que le curé a pris (sans changement profond) la place du magicien breton qui lui-même succédait au prêtre néolithique.

Roscoff, 23 juillet 1920

SAINT-POL-DE-LÉON

Saint-Pol-de-Léon est une ville endormie depuis le XVe siècle. C'est une ville de pierre dominée par de puissantes églises : la cathédrale et le Kreisker. La ville contenait autrefois un luxe inouï de séminaires et de couvents. J'ai vu, de loin, un de ces couvents, dans le chaud et lumineux crépuscule d'un soir de juillet : bâtiments bas, dorés de lichens et de soleil. La pierre prend un ton chaud que n'ont que les très vieilles pierres. Devant, un jardin herbeux, calme et paisible : j'imagine qu'on y trouve de ces petites herbes, sans éclat, aromatiques et fines ; de la menthe, de la citronnelle, de la mélisse et du serpolet. Peut-être quelques fleurs, violettes comme la vie monacale, des pieds-d'alouette, de pâles asters et, rehaussant le tout, l'éclat lumineux d'une touffe de tanaisie. Au moment où je passais, une religieuse sortait et circulait entre les arbres du jardin : blanche et bleue, très douce, cette petite forme semblait bien loin du monde et de ses convoitises.

Roscoff, 23 juillet 1920

AU CARRÉ DU *MISTRAL*

Au carré du *Mistral*, nous nous trouvons : l'abbé Favet,sec, fertile en anecdotes, ne dédaignant pas l'alcool ; le commandant Masse, petit homme rouge, le sceptique personnifié ; l'administrateur à trois galons Andrieux, sorte de fou nationaliste se plaisant à revenir sur

Le commandant Masse.

les horreurs de la guerre ; l'administrateur à deux galons Broucorsse, mêmes idées plus estompées, être plus indécis, souvent de l'avis du dernier intervenant ; le commandant Besnard Le Pontois, homme propre, antitsariste à tout crin, antialcoolique, scientifique et intelligent, mais jurant comme
un païen.
Voilà le cadre ou plutôt le jeu de quilles dans lequel je suis tombé, et vous pensez leur étonnement à la vue d'un jeune homme ne buvant pas, ne fumant pas, ne disant pas de cochonneries, etc. La conversation m'a appris bien des choses qui ne sont pas tombées dans l'oreille d'un sourd : en particulier j'ai été écœuré de ce que j'ai su de la guerre. J'ai appris des choses que l'on ne dit pas dans *Le Temps* : y lit-on que M. Andrieux a tué à coups de grenade un blessé allemand ? Y lit-on que M. Besnard a coulé, dans l'Adriatique, à coups de canon de 75, un voilier albanais sans sauvetage ? Y parle-t-on du sac de Monastir et autres villes par les zouaves et l'infanterie coloniale ? Vous dire l'impression causée par ces abominations est impossible, mais j'en suis devenu plus résolu encore à travailler à la fin des guerres.

Roscoff, 25 juillet 1920

VIE SPIRITUELLE

Je sens avec une acuité extrême la médiocrité de ma vie et sa stérile banalité. Jamais je n'ai pareillement senti l'infinie puissance des facteurs spirituels et le peu de soin que j'ai mis à acquérir ou à développer ces forces. Heureusement que j'ai un devoir journalier à accomplir avec scrupule et soin. Encore un an de sciences naturelles ? Oui, pour aller jusqu'à la licence. Que servirait-il à un homme de gagner une science s'il perd son âme ?

Roscoff, 8 août 1920

FONTAINE

Dans l'enclos du manoir antique et féodal,
Noyée aux flots montant de l'arbre et de l'arbuste
La fontaine s'élève en sa forme vétuste
Profilant sur les bois un contour médiéval.

Cinq siècles de soleil et de vent automnal
Ont patiné du bloc ce galbe rude et fruste
Rehaussé de tout l'or d'un lichen qui s'incruste
Un mince filet d'eau coule, mouvant cristal

Oh ! divin rédempteur ! Source de sainteté !
Verse ta paix suprême et ta sérénité
Sur l'âme qui soupire et le cerveau qui songe

Viens, ô Galiléen, affermir notre cœur
Pour écraser enfin, grâce à l'esprit vainqueur
Le doute qui dessèche et le péché qui ronge.

Roscoff, 8 août 1920

MONDANITÉS

J'ai eu, hier, une journée écœurante de palabres officielles et de gueuletons ministériels : chaleur caniculaire, vieux imbéciles et solennels gâteux se jetant des pelletées de fleurs et d'encens et soignant leurs intérêts particuliers sous les mots de relèvement national et prospérité de la France. Au milieu de cette pétaudière vineuse et salisseuse, je pensais au saint de City Hall en train de mourir pour une cause, pour la Cause de la justice – identique partout.

Lorient, 30 août 1920

HUMANITÉ

Je vois à Lorient beaucoup de gens et je découvre l'humanité plus laide que je ne la connaissais : des goinfres et des débauchés. Il y a ici un marquis de La Reveillière, épouvantable goinfre et fin diseur de

cochonneries qui a été chargé de me faire oublier des principes qu'on me trouve trop absolus. Mais je ne me laisse pas faire et ils n'arriveront pas à me faire boire la moindre fine ou à dire la moindre obscénité.
Ce marquis est gastronome, il en est répugnant : il a une cave de 10 000 bouteilles, certaines de 1865, c'est révoltant ! Et je commence à comprendre la nécessité d'une révolution. Rencontré ici un médecin qui me prêche la débauche et ne peut concevoir que l'on soit encore propre de corps et d'âme à dix-huit ans. Le reste à l'avenant... Je comprends aujourd'hui qu'on ait envie de s'échapper du monde comme les moines, malgré la lâcheté de cette attitude.

Lorient, 30 août 1920

Paysages et Nature Bretons

Je voudrais vous faire sentir l'austère et désertique beauté de nos dunes solitaires. À perte de vue s'étendent les croupes pelées couvertes d'un maigre gazon arrêté dans sa croissance par le vent du large. Çà et là, la touche vive d'un pied d'immortelles ou de chardons bleus. Au loin, du côté de la terre, des silhouettes de clochers : Tronoan, La Madeleine, Penmarch, se profilent sur un horizon de boqueteaux. Des chemins sablonneux, des talus, des fossés décorés de pourpre salicaire ou de pâle eupatoire. De loin en loin, un lièvre qui s'enfuit, un machaon qui se pose, un courlis au long bec qui regagne les sables du rivage. Je voudrais vous conduire sur les landes arides et sèches, ou le long du rivage océanique où les vagues de l'Ouest viennent déferler en majestueux panaches. Je voudrais vous faire respirer les herbes aromatiques qui embaument nos dunes, ou vous montrer, au fond de la fosse fraîchement ouverte, le squelette de quelque Gaulois, ou le vase à incinération contenant les restes de quelque ancêtre plus vieux encore.
J'ai récolté, un après-midi d'été, quelques touffes d'immortelles au parfum rude et sain. Respirez, après l'avoir froissée, la délicate petite labiée : vous y trouverez une fine odeur de citronnelle ou de mélisse. Voyez dans

ce modeste bouquet le symbole de la foi qui ne périt jamais et de l'espérance qui sauve.

Lorient, à bord du Mistral*, 8 septembre 1920*

SUR LA SEXUALITÉ

Je suis effrayé de découvrir le monde répugnant de l'impureté sexuelle : j'en parle avec mes camarades. Mon opinion est respectée, admirée même, mais on me croit bien jeune et on me prédit que, tôt ou tard, je ferai comme tous les autres ! Je constate plutôt l'amoralité. J'ai vu dans les cafés de bien tristes spécimens d'humanité féminine. Je découvre que les hommes ne pensent qu'à une chose : l'instinct sexuel, et que cet instinct domine en souverain leurs actes et leurs pensées.

Quel bonheur d'avoir un haut idéal moral et une forte passion scientifique vous évitant bien des tentations ou, plutôt, vous aidant à leur résister !

Bénodet, septembre 1920

MODE DE VIE

Je voudrais l'hiver prochain simplifier ma vie matérielle dans la mesure où l'hygiène le permet : lever régulier à 5 heures ; surveiller la nourriture de façon à manger les mets les plus simples et à ne pas dépasser, par sensualité, la ration minimale nécessaire à l'homme. Supprimer la viande, autant que possible le tilleul. Avoir pour base le pain, l'eau, les pommes de terre.

Je suis dégoûté des ripailles de cet été et ma vie actuelle n'est certes pas assez mortifiante. Je ne suis nullement un ennemi du corps, mais j'ai le culte de la simplicité austère qui est aussi la sagesse et l'hygiène.

Bénodet, septembre 1920

LITURGIE PROTESTANTE

Dans notre liturgie actuelle protestante, il serait urgent de modifier l'invocation. Je sais que nous n'y attachons qu'un sens historique et traditionnel, mais pensons à l'effet que cela peut faire sur le nouveau venu.

Le symbole des apôtres, dans les églises où on l'a conservé, devrait être précédé d'une courte explication indiquant qu'il ne s'agit plus d'un credo actuel, mais d'une intéressante antiquité : « En communion avec les pathétiques efforts de ceux qui nous ont précédés, nous relirons ensemble, avec tout l'intérêt qui s'attache aux documents historiques, la charte religieuse des penseurs d'autrefois. » Dans cent ans on arrivera, peut-être, à une formule de ce genre. La prière finale a plusieurs défauts. D'abord on y trouve le sabre et le goupillon : prière pour le gouvernement, la marine de guerre, l'armée ; ensuite, il est inutile de prier pour « ceux auxquels Tu as confié le gouvernement des peuples ». Je ne crois pas qu'il soit urgent d'attirer les grâces du Très-Haut sur le tsar, Wilhelm II, Lénine, le vice-roi des Indes, le sultan et autres crapules auxquelles Dieu aurait « confié » le gouvernement des peuples. Pour nous qui sommes avertis, cela a moins d'importance, mais le simple ou l'étranger peuvent se figurer qu'à l'oratoire du Louvre, au XXe siècle, nous croyons encore au droit divin des souverains, assez piètres délégués de l'Éternel.

Bénodet, 12 septembre 1920

PRÉHISTOIRE

Cet après-midi, par un glorieux soleil de septembre, dans une atmosphère pure et transparente, par une douce lumière bien différente de la brutalité des rayons caniculaires, j'ai fait avec Besnard une tournée archéologique. Nous sommes passés par une certaine carrière à squelettes qui m'intriguait fort. Au fond de la carrière, de tous côtés, des ossements humains en vrac. Je me suis mis avec ardeur à l'ouvrage en débutant par un bras, ce bras m'a mené à une omoplate puis à un crâne. Je me rappellerai toujours ce vénérable crâne de guerrier portant à sa partie supérieure la marque de sa bravoure et la cause de sa mort sous la forme d'un trou : probablement quelque flèche de silex sera venue envoyer *ad patres* le colosse préhistorique. Car c'était un vrai colosse. Avec Besnard, nous avons dégagé tout le squelette : fémurs énormes, vertèbres de taille remarquable. Le crâne me paraît curieux : pommettes saillantes, capacité crânienne énorme.

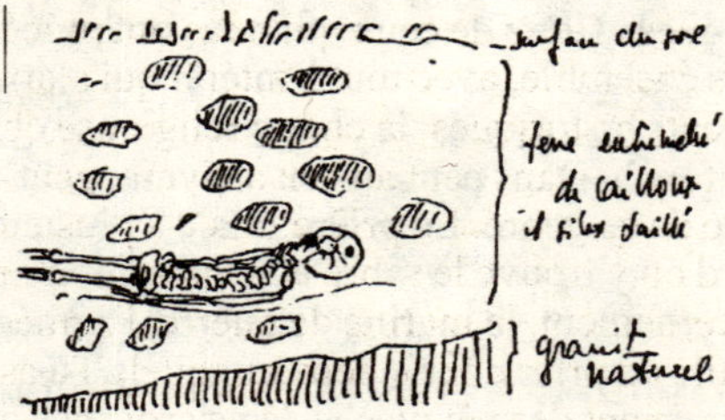

Quelle émotion dans la découverte de cet humain étendu dans son lit de pierres depuis des milliers d'années ! Il y a probablement eu d'effroyables combats pouvant seuls expliquer pareille accumulation de débris humains. L'absence totale de tout métal dans le gisement, la présence d'un silex taillé ferait remonter ces cadavres à un âge très reculé : début du néolithique, paléolithique peut-être ?

Ces fouilles ont inspiré à Théodore Monod le poème reproduit page suivante.

Nord-Bretagne, septembre 1920

ANTIMILITARISME

Je commence à être obsédé par le problème poignant du service militaire. Quelle est la manière la plus utile de servir la cause ? Briser sa carrière et rompre avec son milieu dans un geste de foi enthousiaste, ou, jour après jour, dans le cercle de notre travail, faire sentir l'influence de notre position aux fins désirées ? J'ai tendance à identifier le plus pénible avec le plus utile : je suis prêt à renoncer à ma vie, ma carrière, mes relations, si je puis être assuré que, par moi, la cause de l'antimilitarisme fera quelque progrès sur terre.

Paris, 15 octobre 1920

PREHISTOIRE

Un soir de fin d'été j'ai gravi la colline,
Respirant dans le vent la tonique senteur
Des proches goémons, étalant leur moiteur
Sous les rais adoucis d'un astre qui décline.

J'ai foulé de mon pas actuel et moderne
L'antique tumulus où le clan des chasseurs
Vint enterrer mon père, au temps des polisseurs,
Et d'un bloc de granit obturer la caverne.

A genoux sur la glèbe au contact émouvant,
J'ai gratté de mes mains un sol pétri de crânes
Et j'ai senti soudain entre mes doigts profanes
Le dur toucher d'un os, humain, qui fut vivant.

Pieux, j'ai lentement dégagé de son sable
L'orbite aujourd'hui vide et le front du penseur
Et, levant au soleil les os du précurseur
J'ai salué l'Ancêtre en ce chef vénérable.

Mais tout à coup, dans la douceur du soir qui tombe
Je vis, en caressant ces restes du passé
La mortelle blessure, au sommet fracassé
Du crâne que j'avais exhumé de la tombe.

A coté du squelette, ô frère douloureux,
J'ai trouvé l'instrument de ta rouge agonie,
La flèche de silex à l'arrête finie,
Qui t'abattit sur l'herbe, ô frère malheureux!

Pauvre crâne meurtri, pourquoi ce dur salaire?
Homicide légal, rituel et divin,
Ou meurtre collectif, hypocrite levain
De la haine sanglante et qu'on nomme la guerre?

Grain fécond de l'humain froment je te révère
Car tu vis et ton âme, ô sublime vainqueur
Fait vibrer le gramen et tressaillir mon coeur,
Pathétique anonyme, ô mon frère, ô mon père!

Sur ton front pâle orné d'un filet vermillon
Je dépose un baiser d'amour et d'espérance;
Courage ô mon aîné, car grâce à ta souffrance
La moisson va lever de ton rude sillon.

F.M.

VIE

La vie n'est pas la joie. C'est la tension dans l'effort continu ; c'est le labeur physique et le surmenage intellectuel ; c'est l'austère accomplissement du quotidien devoir.

Paris, 18 octobre 1920

DESTINÉE

J'avais juré d'être pasteur et je deviens carcinologiste ; j'avais juré de n'avoir rien à faire avec la science appliquée et je suis attaché aux Pêches et productions... Décidément, si mon avenir se déroule par contraires et antinomies, je mourrai réactionnaire, croyant, riche et mondain !!

Paris, 28 février 1921

EAU POTABLE

Je suis plantureusement nourri ; il n'y a que la boisson qui laisse un peu à désirer car mon abstinence me faisant rejeter tout liquide fermenté, je suis obligé de me contenter de l'eau du bord que je suis obligé, pour la rendre potable – et surtout par acquit de conscience –, de saturer de bergamote de potasse, ce qui lui donne une belle teinte violacée d'un goût exécrable.

À bord du Pétrel, *août 1921*

JONAS

Mon hébreu commence à m'intéresser, je le fais avec une méthode rigoureuse : ce n'est que par l'acharnement que l'on arrive à ses fins. Je me permets déjà quelques critiques sur le texte Segond, voire sur Crampon ! Je voudrais préparer une édition, avec commentaires, de Jonas. Cet apologue est charmant. Mais il n'y est pas fait mention de baleine ! Comment cette idée a-t-elle pu venir ?

Pétrel, *août 1921*

JUGEMENT DE VALEUR

Samedi, grosse épreuve pour moi : le député Lelouc est venu à bord avec sa clique pour se balader, et, de navire scientifique, le *Pétrel* est devenu yacht de plaisance. Ces gens hautains, grossiers, triviaux, sales de leurs propos, ripailleurs, buveurs de triple sec... vous pensez si j'étais à mon aise au milieu de ces rustres ! Ce sont des contacts pareils qui me font sentir l'infini privilège qui est le mien de vivre avec des gens modestes, sobres, propres et honnêtes. On n'apprécie souvent une chose que lorsqu'on a pu percevoir son contraire : les points de comparaison sont nécessaires pour porter un jugement de valeur.

À bord du Pétrel, *septembre 1921*

PERTE DE TEMPS

Je suis malade d'une maladie mentale qui menace, si je n'y prends garde, de devenir une lubie : c'est la hantise de la perte du temps. Poussé par mon démon, je ne peux pas, sans remords, regarder l'eau ou les nuages ; il me semble, toujours, que c'est du temps volé à l'étude de la Bible, aux relations familiales, à la zoologie. C'est cette manie qui m'oblige à emporter plus de livres que de caleçons quand je voyage.

Pétrel, *5 septembre 1921*

ARCHIPEL DE GLÉNAN

Cet archipel est unique avec son semis d'îlots granulitiques couronnés de cormorans. Quelques îles plus étendues renferment des landes, voire un étang aux bords envahis de plantes aquatiques. La pureté de l'eau est très remarquable et la même eau transparente vient baigner la grève de sable, la plage de galets ou le rocher abrupt tapissé de laminaires et de fucus. On se sent loin du monde dans ces coins absolument déserts et sauvages, aussi passionnants et attachants pour l'artiste que pour le savant.

L'impression de calme et de paix est profonde, même angoissante : on perçoit avec acuité – par-delà l'émotion purement esthétique – le sentiment d'un salut cosmique nécessaire. Cette nature tout entière, cette terre, qui déroule sans trêve l'ellipse de son orbite, doivent être sauvées.

Îles de Glénan, 6 septembre 1921

Conscience

Il est certain que mes opinions me nuiront, mais j'en suis heureux et fier : seuls les renards ont des tanières. Chez les bourgeois, je suis accusé de désirer des flots de sang. Chez les socialistes, je suis considéré comme un droitier ! Je sens, de plus en plus, que le seul tribunal à satisfaire, c'est la conscience. Si on est en règle avec sa conscience, le reste n'est que misère et ce n'est pas l'intérêt qui me fera dévier d'une ligne de la voie que je me suis tracée. Je sais que, dans plusieurs circonstances, mes convictions seront, pour moi, une entrave : ce me sera une occasion de plus pour les formuler.

En mer, 8 septembre 1921

Rosa Luxemburg

Je viens de relire les lettres de Rosa Luxemburg : cela m'a fait du bien. Qu'il est beau de voir des âmes comme celle-là ne parlant que de sérénité, de nuages, de joie et de paix ! À étudier attentivement ces pages, on découvre l'aube du calvaire final, comme sur le ministère du Galiléen plane l'ombre de la croix.

En mer, 8 septembre 1921

Phares

Les phares sont pour moi, comme les coques de navire, un perpétuel sujet d'admiration. Qui ne connaît les phares que de jour ou que de terre n'a rien compris. Il faut s'être trouvé, de nuit, dans le raz de Sein ou dans l'Iroise, pour saisir l'infatigable dévouement de ces pinceaux lumineux ! Nous, Normands, sommes habitués à des côtes où il y a un phare tous les 40 kilomètres et ne

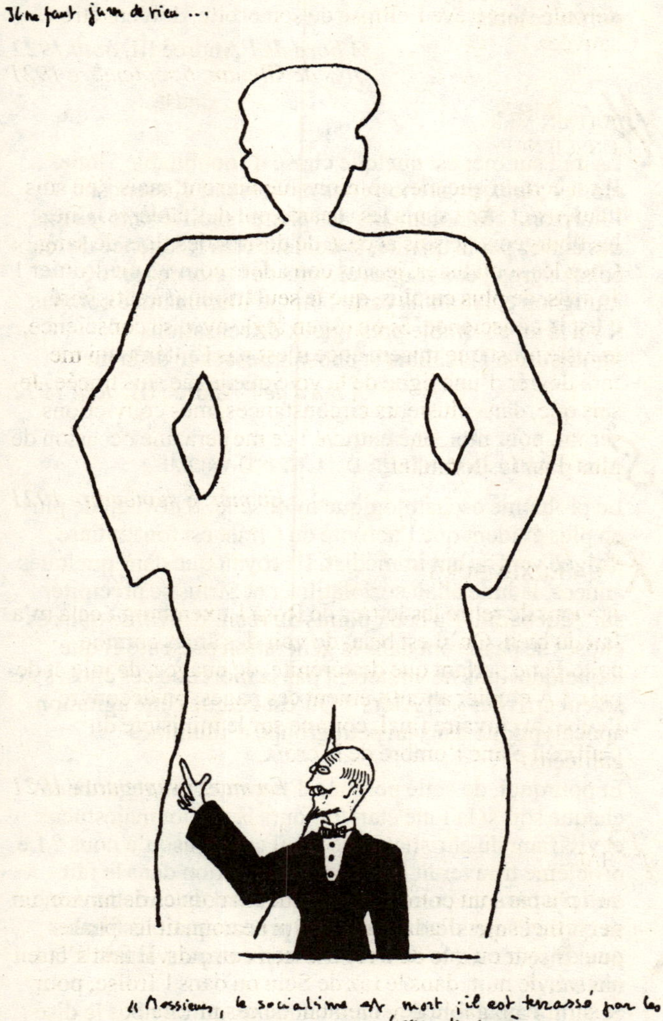
Il ne faut jurer de rien...
« Messieurs, le socialisme est mort ; il est terrassé par les forces de progrès..... »

pouvons soupçonner l'aspect nocturne d'une côte où l'horizon n'est pas constellé d'éclats électriques et de points colorés.

*À bord de l'*Andrée III, *août 1922*

NUIT EN MER

La nuit sur mer est quelque chose d'inoubliable : lune, étoiles ; feux mystérieux des navires qui glissent sur l'horizon : clignotements des phares si différents les uns des autres par la qualité, la couleur et la fréquence de leurs éclats : gros yeux rouges et verts des feux de route ; lumignon éclairant la carte ; lampe illuminant le compas, il y a là un ensemble prestigieux de sensations lumineuses. J'oubliais la phosphorescence de la mer.

*À bord de l'*Andrée III, *août 1922*

SAINT PAUL, INVENTEUR DU CHRISTIANISME

Le problème eschatologique m'obsède. Il devient de plus en plus évident que l'activité du Christ est tout entière dirigée vers ce but immédiat. Il croyait que dans quelques années, la lune allait se volatiliser et Sirius se précipiter sur Aldébaran. En deux points du récit, il affirme que ces choses se passeront dans la génération présente et que « quelques-uns ne goûteront pas la mort que ces choses ne soient arrivées » !! Alors ? Qu'est-ce que cette agitation apocalyptique dans un petit groupe d'illuminés galiléens ?
Et pourquoi, de cette poignée d'hommes qui regardaient chaque soir si la lune était toujours là, le flot majestueux et vivifiant du christianisme a-t-il coulé jusqu'à nous ? Le problème trouverait, peut-être, sa solution dans le fait qu'ici a paru un colosse, Paul, qui a fait du christianisme sa chose et qui s'est dégagé des préoccupations finales pour insister sur le côté régénérateur et individuel de la foi qui sauve.
Si saint Paul a fondé le christianisme, qu'on nous le dise : je demande simplement quelques lumières et si ce qui précède est blasphématoire, soyez certains que ce sont de

simples coups de sonde dans un abîme dont je n'ai pas touché le fond.

Andrée III, *août 1922*

EXÉGÈTE

L'aile multicolore du paon du jour, trop pressée par les doigts de quelque entomologiste scrupuleux, laisse s'éparpiller au vent ses lumineuses paillettes, et n'offre plus que le triste et squelettique aspect des nervures sombres sur un fond gris. De même, sous le lumineux scalpel des exégètes modernes, le poème des origines chrétiennes perd son incomparable beauté ; au jardin de l'Évangile, les lis rouges et les asphodèles ne repousseront pas là où le fougueux destrier de la critique aura posé ses lourds sabots souillés d'encre.

Andrée III, *août 1922*

COUP DE CHIEN

Ce matin, nous avons pris, au large du Finistère, un fameux coup de chien que j'ai été heureux de voir. C'est une sensation intéressante et rare que de fuir devant le vent en escaladant la crête des vagues écumantes. Nous naviguions avec la trinquette et le tape-cul seulement et, malgré ce peu de toile, nous filions à une extrême vitesse. Ciel lourd de nuées grises et mer verte où grossissent des vagues couronnées d'écume. Nous avons heureusement réussi à rentrer dans la baie de Morlaix où nous avons rapidement trouvé un abri sûr après quelques heures scabreuses.

Andrée III, *août 1922*

THÉOLOGIE

La théologie et ses vaines tentatives d'édifier un système religieux sur l'usage de la déduction logique et du concept intellectualiste n'a rien à voir avec le domaine du cœur : cela est d'un autre ordre et les ordres sont étanches, ce que la philosophie française, métaphysicienne, ne peut admettre, mais que l'intuitionnisme anglo-saxon – et peut-être israélite – a découvert.

Andrée III, *août 1922*

DIEU DESPOTE

Un crapaud la face rongée de parasites, un poisson la bouche et les ouïes obturées par de grouillants amas de sangsues, un cérambyx dévoré vif, voilà de quoi faire perdre à jamais la notion officielle de Dieu. Ou, alors, si vous soutenez l'omnipotence, osez avouer que vous adorez le Moloch Jahvé des anciens Hébreux, le sanguinaire despote qui égorgeait des Amalécites pour son *five-o'clock.*

PROVIDENCE

Sérénité introuvable. Ah ! le facile abandon, si je pouvais croire qu'il y a une Providence qui pose son gros index sur moi et me fait sauter de case en case sur un gigantesque damier ! Mais je suis d'une autre race ; de celle des douteux, de celle qui préfère la lutte et la défaite à l'édredon d'un optimisme satisfait.
Certes, Allah est grand et ses voies sont insondables et mon intelligence est bornée, mais je conteste à la divinité de pouvoir me précipiter dans le bassin de Morlaix si je tiens à rester au sec, comme celui de m'empêcher d'y tomber si j'ai quelque propension à l'humidité.

Andrée III, *août 1922*

CHUTE DE CHEVEUX

Mes pauvres cheveux me quittent avec une hâte remarquable. Personnellement, cela doit m'être égal. Ah ! si la divinité m'avait mis seulement sur le crâne le quart de la pilosité qui couvre mes jambes.

Andrée III, *août 1922*

SCIENCE PURE OU APPLIQUÉE

L'Office des pêches a des vues sur moi, mais je ne veux pas mettre les pieds dans cette organisation : Premièrement, parce que c'est une affaire ministérielle avec des bureaux et des embêtements.

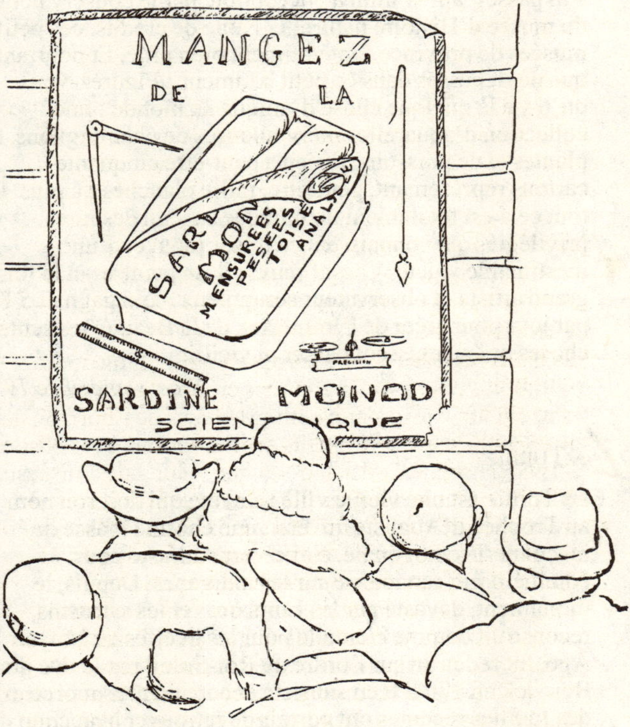

Deuxièmement, parce qu'on n'y fait que de la zoologie qui paye, à l'usage des armateurs et des marchands d'huîtres. Or, tout en reconnaissant l'utilité de la science appliquée, je maintiens les droits de la science pure que je veux toujours cultiver. Toute recherche a une valeur intrinsèque. La science appliquée est nécessaire, mais du ressort de la cuisine. La science pure est comme la poésie, sans aucune relation avec le tube digestif et c'est là ce que j'y trouve, entre autres, de satisfaisant.

Août 1922

MUSÉE DE PROVINCE

J'ai passé l'après-midi à Nice, piloté par le conservateur du musée d'Histoire naturelle. Faute de crédits, ces petits musées de province font vraiment bien pitié. Et pourtant, que de richesses dans ce petit bâtiment ! Figurez-vous qu'il y a là quelque chose d'unique au monde : une collection d'aquarelles merveilleuses de champignons, de plantes et de poissons. Il y en a peut-être cinquante cartons représentant, peut-être, mille planches ou plus. Et tout cela est totalement inconnu, je suis un des rares privilégiés qui connaissent ce trésor inouï et d'une inestimable valeur. C'est l'œuvre d'un peintre – à la fois grand artiste et observateur scrupuleux – qui gagnait 5 F par jour pour créer de l'Immortel, de la Beauté, les seules choses qui ne puissent passer ni vieillir.

Nice, septembre 1922

LA TURBIE

La Turbie est une vieille ville romaine qui doit son nom au Trophée d'Auguste qui était une énorme masse de maçonnerie octogonale, élevée par Auguste pour commémorer sa victoire sur les indigènes. Depuis, le monument, dévasté par les Lombards et les sarrasins, reconstruit comme citadelle pour les guelfes du Moyen Âge, fut redétruit sur l'ordre du Roi-Soleil par le duc de Berwick en 1704. Il en subsiste encore un gros morceau et des fouilles récentes ont permis de retrouver beaucoup de pierres anciennes. La vieille ville est restée identique à ce qu'elle était il y a huit cents ans. De petites ruelles étroites, sombres, s'engagent fréquemment sous des arches. Je me représentais, dans les boyaux, les passages du guet, au XIVe siècle par exemple, au bruit des lourdes bottes et au cliquetis des armes, on entend des appels, des portes qui claquent. Deux hommes font précipitamment entrer un ivrogne sous un porche. Les archers avancent

lentement, embarrassant leurs longues hallebardes aux voûtes surbaissées. Quelques injures grossières. Puis le son des pas militaires s'éloigne, s'éteint.
L'ivrogne reprend son chemin.

Monaco, septembre 1922

TRANSITION

Voilà les vacances (*sic*) terminées. Quel extraordinaire été pour moi, marquant le terme d'une enfance heureuse et l'avènement d'une vie d'homme ! J'ai, cette année, fait connaissance avec la souffrance physique et avec la douleur morale ; deux expériences qui manquaient à ma formation. Certes, je ne crois pas encore à une intervention directe de l'une des deux puissances qui se partagent le monde, mais la voile de mon esquif se gonfle d'un vent mystérieux qui non seulement pousse, mais dirige.

Monaco, septembre 1922

MONSTRE

J'ai trouvé, vendredi, un cas tout à fait extraordinaire, unique de monstruosité chez un isopode, quelque chose d'aussi rare qu'un mouton à six têtes.

Monaco, septembre 1922

TENNYSON

La seule ombre à la gloire de Tennyson, c'est son nationalisme, son exaltation de souverains et de généraux et un ou deux passages guerriers. Je voudrais que ce soit simplement une formalité de la part du lauréat officiel, et non l'expression de sa pensée intime.

Monaco, septembre 1922

Voyage pédestre

Qu'il ferait bon de battre les pays à pied, avec un havresac et un copain ! Comme je voudrais faire partager ces splendeurs que ma rétine égoïste enregistre ici à œil que veux-tu ! Un voyage à pied a toujours été un de mes rêves : s'en aller au long des routes, à la recherche des vieilles églises, des plantes et des insectes, lire, dessiner, regarder... Quel programme !

Monaco, septembre 1922

Musique

Quand je le puis, je monte le soir à Monte-Carlo entendre de la musique. Ce n'est pas toujours de l'excellente musique, mais cela est toujours bienfaisant. Un bon orchestre est une chose admirable et les cuivres sont d'une plénitude vraiment parfaite. Quand accompagnera-t-on, à la trompette, les psaumes à l'oratoire ?

Monaco, septembre 1922

Collègue

Le directeur de l'Institut océanographique m'a dit hier que si Tattersall (carcinologiste anglais auquel on avait confié les isopodes du musée) était malade, on pourrait me charger du fascicule *Isopodes* !!! J'écris au médecin de mon collègue Tattersall pour le prier de maintenir son client dans le coma.

Monaco, septembre 1922

Promenade dans l'arrière-Pays de Monte-Carlo

Il fait chaud, très chaud même et les rues montantes de Monte-Carlo me paraissent bien longues. Enfin, j'enfile une route qui serpente au flanc des collines.
Naturellement, j'ai avec moi de quoi capturer des bêtes et naturellement aussi quelques livres du poète anglais Tennyson, de Moftat et une inséparable flore.
Je grimpe toujours dans les oliviers, les conifères et les cailloux : partout, il y a des fleurs. Toute cette végétation

est remarquablement odorante : elle contient des huiles essentielles abondantes distillées par un soleil violent. À mesure que je m'élève, la vue devient plus vaste : se détachant sur le bleu profond de la mer s'allonge cette côte calcaire, très accidentée, et où l'arrière-pays est immédiatement montagneux : c'est la terminaison des Alpes dans la mer. Ces paysages méditerranéens, si caractéristiques avec leurs calcaires roux et leur végétation grise, où le vert de nos provinces nordiques n'est pas représenté, sont singulièrement émouvants. Cette mer, c'est bien celle d'Ulysse et de saint Paul. C'est aussi le flot qui porta les barques phéniciennes, les galères romaines et les escadres puniques ; c'est dans cette mer que se jette le Nil sacré ; c'est sur ses bords que les hardis pasteurs de la Chaldée vinrent apporter au monde l'exemple de la plus extraordinaire évolution religieuse. Ces oliveraies dont le feuillage cendré et les troncs noueux se retrouvent identiques tout autour de la Méditerranée, c'est Assise, c'est la ville aux sept collines, c'est l'Acropole, c'est le jardin des Oliviers où, pour la rédemption du monde, seul sous l'implacable regard des astres, impassible, le Fils de l'homme boit jusqu'à la lie le calice de la souffrance.

Quand on songe au rôle joué dans l'évolution humaine par les pays de ce bassin, on se sent pris d'un étrange respect pour ces collines où les petits toits de tuile rouge se cachent au pied des cyprès. Sur ma route je découvre des vestiges émouvants : ici, c'est une enceinte préhistorique qui évoque la guerre néolithique et l'horreur du massacre nocturne où le tomahawk en pierre polie vient mêler du sang humain à celui des ours et des cerfs. Plus loin, deux pierres milliaires provenant de la voie (hélas probablement stratégique) Aurelia. Je pense au martyre des légionnaires, écrasés sous le fardeau des armes, des pieux et des outils, martelant de leurs sandales les routes qui les menaient au combat.

Chemin faisant, je mange : il y a dans les éboulis et les rochers des mûres abondantes. Ah ! ce ne sont plus les fruits douteux de nos haies normandes, ce sont des mûres savoureuses, fines, gorgées de soleil et de vent parfumé : un vrai régal. Ailleurs, je déguste des figues, moelleuses, enrichies en sucre par l'automne.

À force de monter en lacet, je finis par arriver dans la montagne. Le ciel s'est un peu couvert. Il fait froid. Ce n'est plus du tout la Côte d'Azur : il y a de l'herbe, on se sent très loin de tout. La végétation commence à changer. Les pentes sont couvertes d'arbrisseaux (genièvre, houx), un certain nombre de labiées odorantes sont particulièrement nombreuses : lavande, romarin, sarriette. J'ai trouvé une espèce de centaurée qui a les pétales bleu profond, le centre violet et des étamines orange : l'ensemble est merveilleux. Montant encore, j'arrive non loin d'une cime, invisible de Monte-Carlo, coiffée d'un fort. Trouvant que cela suffisait, je m'assieds sur une touffe de lavande et relis l'immortel Tennyson.

Monaco, septembre 1922

MISTRAL

Journée de mistral violent : ce vent donne lieu à la naissance de nuages tout à fait spéciaux et caractéristiques. Ce sont des ovoïdes plus ou moins allongés, à contours nettement définis, isolés les uns des autres.
Au retour, merveille du soleil couchant. Les calcaires, les oliviers, tout était violet et, au couchant, des lueurs pourpres flamboyaient au-dessus des collines sombres de l'Estaque.

Marseille, 30 septembre 1922

CHRÉTIEN

Le chrétien, celui qui cherche à être chrétien, sera toujours dans un état d'angoisse en comparant la réalité et l'idéal, l'animal qu'il est et l'homme qu'il devrait être. Sentiment douloureux s'il en fut !

Londres, avril 1924

SINCÉRITÉ

La sincérité intellectuelle est une merveilleuse qualité : c'est une vertu que de savoir s'embarrasser de scrupules.

Londres, avril 1924

FOI RELIGIEUSE

Je prétends que la foi religieuse appartient tout entière, avec ses certitudes indémontrables et ses intuitions, au domaine de la charité, celui du cœur. La théologie n'est plus la religion ! Et si l'on a une fois admis ce principe de l'hétérogénéité totale de but et de moyen entre la raison ou la science et la foi, ou entre le cerveau et le cœur, que de difficultés s'aplanissent ! Plus besoin de se torturer l'intellect pour chercher des preuves de l'existence de Dieu, preuves qualifiées de rationnelles et qui n'ont jamais convaincu personne.

Londres, avril 1924

IDÉES SOUMISES AUX ACTES

Je découvre que nous inventons nos idées d'après nos actes pour les justifier après coup, et que nous sommes loin de concevoir d'abord une idée pour ensuite la mettre en pratique ! Par *acte,* j'entends ici non seulement les actes proprement dits et libres, qui eux, peuvent cependant suivre la conception de l'idée, mais surtout les actes obligatoires, les circonstances imposées soit par le milieu physique, soit par la volonté de nos semblables. Nous avons tant besoin de raccrocher nos attitudes à quelque chose de stable, que nous ferons dire aux idées, voire aux textes, ce que nous désirons qu'ils nous disent ! Et jetterons un voile pudique sur ce qui nous gêne.

Londres, juin 1924

CHAPITRE II

TRAB-ES-SOUDAN

(Le pays des Noirs)

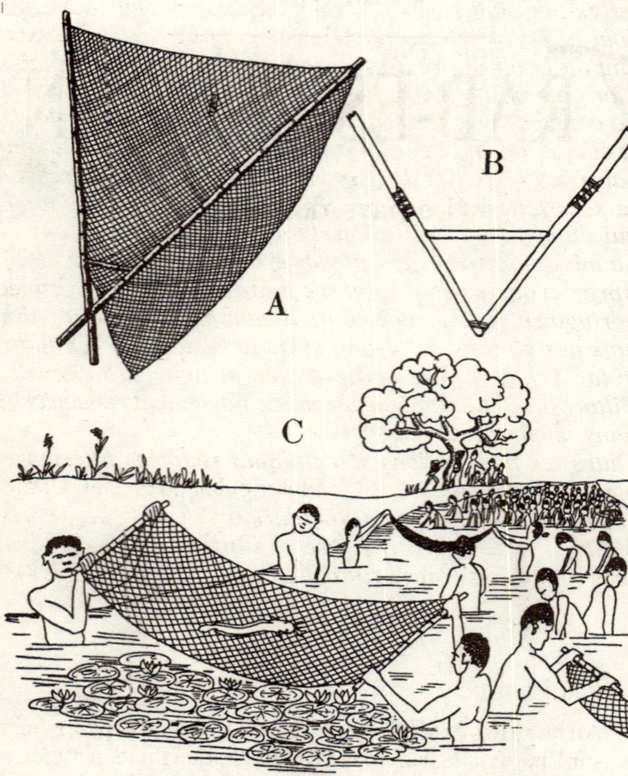

Illustration extraite de *L'industrie des pêches au Cameroun,* Paris, 1928.

En 1925, Théodore a vingt-trois ans. Envoyé au Cameroun par le Muséum national d'histoire naturelle pour étudier les poissons du littoral, ceux des eaux douces, les méthodes et engins de capture, le jeune assistant du Laboratoire des pêches et productions coloniales d'origine animale découvrira l'Afrique noire.
Le contact avec des réalités insoupçonnées sera brutal : le climat, les indigènes, la présence coloniale et missionnaire, les séquelles de la guerre qu'Allemands et Anglais se sont faite jusque dans les colonies, autant de sujets qui alimentent la réflexion du jeune homme.
La mission durera de septembre 1925 à septembre 1926. Après avoir arpenté la grève marine jusqu'à la Guinée portugaise, puis écumé cours d'eau, mangroves et marigots des bassins du Nyong et de la Sanaga, il rejoindra le lac Tchad à pied, en tipoye, en pirogue et à cheval. Pittoresque et difficile promenade fidèlement retranscrite dans le carnet de route.
Outre les publications scientifiques rédigées ultérieurement, et, en particulier, L'Industrie des pêches au Cameroun *(509 pages de texte, 96 figures et 25 planches, Paris, 1928), il s'amusera à écrire et illustrer* La Ballade de mes heures africaines *(Babel éditeur, Mazamet, 1993).*

MAURITANIE

Au large des côtes de Mauritanie... j'espérais apercevoir sur l'horizon la pauvre terre jaunâtre que j'ai tant aimée et où je veux – où je dois – retourner un jour. Nous sommes passés trop loin, mais je sais qu'elle est là, toujours la même, merveilleusement belle aux yeux de ceux qui l'aiment, parce que parée d'austérité, de simplicité, de dépouillement. Elle m'attend.

*À bord de l'*Asie*, 25 septembre 1925*

DÉCIDER

Le regret de n'être pas doué d'omniprésence est chez moi très vif. Cela complique singulièrement la découverte de l'endroit précis où il faut entreprendre la vie. Où serai-je le plus utile ? Faut-il sauver le protestantisme ou convertir les païens ? Et le socialisme ? Vivre au jour le jour est trop facile, et souvent trop lâche. À force de vivre au jour le jour, sans jamais avoir eu l'héroïsme de décider : « à partir de tel moment, je me consacrerai totalement », on arrive à la fin de sa vie sans avoir rien fait.
Je redoute la décision à prendre qui brisera ma carrière, mais qui sait si je suis libre ? La croyance à la Providence est le subterfuge chrétien pour pouvoir croire au déterminisme.

*À bord de l'*Asie, *25 septembre 1925*

SCHWEITZER

J'ai prêté [le livre sur] Schweitzer à l'évêque du Congo. C'est véritablement un beau livre : en voilà un, au moins, qui a eu l'héroïsme de perdre sa vie. Il est vrai que Nietzsche et *tutti quanti* insinueraient que cet héroïsme n'a peut-être pour mobile que l'espoir d'une harpe d'or avec strapontin, ou, pour le moins, que l'individu trouve, dans son sacrifice même, plus de satisfaction qu'il n'en eût éprouvé sans lui, et qu'il n'y a là, par conséquent, qu'une forme plus subtile de l'égoïsme. Oui, mais pour ceux qui bénéficient du dévouement du consacré, cela fait peut-être une différence !

*À bord de l'*Asie, *25 septembre 1925*

CAISSES À HOMMES

Notre circumnavigation se poursuit dans de parfaites conditions. Hier, escale à Cotonou. Le débarquement sur ces points de la côte n'est pas aisé. Nulle part il n'y a de port. La côte est basse, sablonneuse et il existe une barre, c'est-à-dire plusieurs rouleaux successifs de fortes vagues, qui rend le débarquement sur la grève périlleux.

Les vapeurs sont obligés de mouiller au large et les passagers sont descendus dans des caisses, au bout d'un câble, par une grue. On les descend dans des barcasses qui dansent au flanc du vapeur et cela ne va pas toujours tout seul, car il faut bien viser et choisir le moment où la barque repasse sous le palan, pour y déposer – parfois très brutalement – la caisse avec ses passagers.
À la côte, il y a un wharf que les barques accostent et sur lequel les caisses à hommes sont de nouveau hissées par une grue. Il y a parfois des événements pittoresques.

*À bord de l'*Asie, *5 octobre 1925*

STÉRILITÉ DE L'EXISTENCE

Je suis parfois accablé par le sentiment de la limitation incroyable de l'individu : quelle lutte titanesque à livrer contre la matière, le temps, toutes ces contingences qui nous étranglent et menacent de nous écraser ! Quelle distance entre l'idéal conçu par le cœur et sa réalisation dans le domaine phénoménal ! Pourquoi avons-nous soif de faire tant de choses et le pouvoir de n'en faire aucune, et de considérer avec amertume la stérilité de notre existence ?

Embouchure du Niger, 5 octobre 1925

LA VÉRITÉ

Le devoir présent : être joyeux et la vérité est une joie, non par ses effets car elle peut, mieux que le glaive, le feu ou le poison, torturer la chair, mais simplement parce qu'elle est LA VÉRITÉ.

Embouchure du Niger, 5 octobre 1925

DOUALA

Douala et ses environs sont vraiment d'une grande beauté. Tout à l'heure j'ai fait un petit tour et je voyais, du haut de la falaise, l'immense baie, vraie mer intérieure, infiniment découpée et partout bordée par la forêt, la mystérieuse forêt primitive, l'*Urwald* de nos

prédécesseurs. Ici, ces bois ne sont nullement verts, comme en Europe, mais gris, plombés, sombres, excessifs et morbides jusque dans leur couleur. Au-delà de la forêt, dans la gloire du soleil couchant, se dresse la masse imposante et bleuâtre du mont Cameroun : un rocher de 4 070 mètres. Des bandes de nuages allongés flottaient au flanc du géant, tandis qu'au sud émergeait des flots atlantiques un autre colosse, le massif de Fernando Po.
Tout cela était beau, beau à faire mal, beau à en être physiquement affecté.

Douala, 9 octobre 1925

COMMANDEMENT

Je crois que j'aurai beaucoup de mal avec les indigènes : n'ayant absolument rien de ce qu'il faut pour mener les hommes avec autorité, n'osant même pas faire des observations méritées, tremblant à l'idée d'avoir à faire un reproche, beaucoup trop bon d'ailleurs, je serai la proie facile, et en même temps la risée de ces messieurs qui s'y entendent en mensonges et en paresse.
Je commence à soupçonner ce qu'entend Schweitzer parlant de ces hommes arrivés en idéalistes et peu à peu épuisés par ces mille conflits quotidiens ! Enfin je ferai de mon mieux, mais que d'embêtements en perspective !
Je continue à réprouver, naturellement, la violence et la brutalité, mais je m'aperçois que la faiblesse, la lâcheté et autres apanages qui me sont propres ne sont pas moins à redouter : il faut une certaine dose de fermeté, et surtout de la fermeté appliquée à propos, c'est-à-dire de la justice.

Deïdo, 16 octobre 1925

PLEURS

Je pleure souvent, et comme un enfant, et pourtant je suis un homme, au moins aux yeux des hommes qui ignorent mes faiblesses. Pourquoi toutes ces larmes, pour une phrase, un souvenir, une pensée ? Ah ! si ces pleurs étaient cause de repentir, ou ceux de la joie pascalienne,

comme ils seraient bénis ! Mais je crains que, si je pleure, ce ne soit que sur moi-même, ou par simple faiblesse organique.
Je souffre, comme tout aspirant au christianisme, de cette tragique disproportion entre la vocation, l'idéal entrevu et l'infirmité de nos moyens.

Douala, 18 octobre 1925

Civilisation Occidentale

Je ne suis nullement disposé à voir, dans le perfectionnement matériel du monde, un avantage quelconque pour le christianisme, au contraire. Tout cela, au fond, est tragique, car si l'Évangile ne peut être appliqué et vécu qu'au désert sémite, où va l'Europe ?
Je suis persuadé que le salut des individus et, partant, des collectivités, est, dans la plus large mesure possible, dans un retour à la simplicité, dans un rejet décidé de tout le compliqué, l'artificiel, l'inutile, dont la civilisation nous gave à nous étouffer.

Douala, 26 octobre 1925

« Business are business ! »

ARCHIVES ALLEMANDES

Mes fouilles dans les archives allemandes sont mélancoliques : tout cet immense labeur, ces mètres cubes de dossiers, perdu pour ceux qui l'ont accompli ! Et ces dossiers de guerre, quelle tristesse : d'abord des flots de dépêches Wolf[1], puant le mensonge le plus cynique, les tirades patriotiques sur l'Allemagne attaquée, la justification de la violence en Belgique, etc. Puis les actes concernant la guerre au Cameroun, commençant par la pendaison solennelle, à Douala, du prince Manga Bell ; des papiers datés Yaoundé (une fois Douala pris par les alliés) ; des feuilles de paye de soldats anglais de la *West African Expedition Force* mélangées à des carnets à souche de la Bassler Mission ; des rapports alliés sur les atrocités allemandes au Cameroun !
Quelle salade ! Quelle bêtise, oui, quelle bêtise monstrueuse que la guerre ! On en est écœuré, et d'aucuns songent à recommencer !

Douala, 27 octobre 1925

IMPATIENCE

Comme d'habitude, hélas ! je suis en avance sur la réalité : à vrai dire, je crois bien que j'en ai déjà assez de la monotonie effroyable des palétuviers et j'aspire au départ pour la VRAIE forêt vierge. Il faudra pourtant bien passer quelque temps à Souelaba pour des travaux de laboratoire indispensables. D'ailleurs, il ne me servirait de rien de partir plus tôt pour l'intérieur : les fleuves, grossis par la saison des pluies, commencent seulement à baisser, et la pêche n'est intéressante à étudier que pendant la saison sèche.

Souelaba, 1er novembre 1925

1. Agence de presse officielle allemande de l'époque.

EXPÉDITION SCIENTIFIQUE

Ma vie est prodigieusement intéressante. On voudrait tout conserver, connaître les noms des plantes, des insectes, des oiseaux, etc. Hélas ! il faut savoir se limiter : d'ailleurs il le faut, ne serait-ce que parce que l'étude des plantes, par exemple, exigerait un matériel et des livres et même des connaissances que je n'ai pas.
Je voudrais, une fois au moins, faire partie d'une vraie expédition scientifique, comprenant tout un *staff* de biologistes (botanistes, géologues, ornithologues, etc.). On doit beaucoup profiter, même pour la discipline particulière que l'on représente, du commerce avec des spécialistes de domaines voisins. Mais pour le moment, j'en suis aux missions monocéphales : elles ont leur charme et leurs avantages aussi.

Souelaba, 4 novembre 1925

DÉPHASAGE

Vraiment, il faudrait plusieurs vies pour faire, apprendre, visiter, connaître tout ce que l'on voudrait ! C'est par trop court !
La lecture de *Vega* [1] de Nordenskjoeld me donne des envies terribles de voir la Sibérie, et je n'oublie pas le Tibet, ni d'ailleurs le Sahara ! Enfin, pour le moment, sachons nous contenter du Cameroun. Mais mon démon me pousse toujours à être en avance sur l'horaire, et m'oblige à réaliser, dans la pratique, les choses à un moment où ma pensée est déjà ailleurs !

Deïdo, 6 novembre 1925

CHRISTIANISME ET CIVILISATION

Vraiment, ces nègres [2] civilisés et chrétiens sont peu sympathiques : lors de ma dernière tournée en pirogue, mes faquins n'avaient pas assez de voix pour claironner

1. Il s'agit du récit d'un navire suédois qui a réalisé la traversée de l'Atlantique au Pacifique par le passage du Nord-Est, c'est-à-dire le nord de la Sibérie.
2. À l'époque, le terme n'avait pas de connotation péjorative.

les louanges du seigneur Jésus-Christ et les bénédictions de son amour : hommes pieux s'il en fut, piliers d'église, largement ouverts au sens des réalités spirituelles, etc. Eh bien ! figurez-vous que ces luthériens éminents ont trouvé moyen de commettre, sur la personne de deux femmes Bakoko, un double vol et un quadruple viol ! L'événement est d'ailleurs, ici, sans importance. Mes salauds pensaient que je n'en saurais rien, mais les victimes ayant porté plainte devant moi, j'ai dû, en l'absence de tout magistrat, faire à moi seul figure de tribunal. Écoutant les plaignantes et les accusés (qui niaient avec un aplomb imperturbable), j'ai rendu ma sentence : restitution de l'argent volé, et paiement d'une indemnité de 15 F par femme. Ce n'est pas cher, c'est le tarif ici.
Voilà comme se conduisent des chrétiens, sans d'ailleurs en témoigner aucun regret, pas même la moindre gêne. Non, vraiment, ces types-là sont sans scrupules, comme d'ailleurs, je le reconnais bien volontiers, quantité d'Européens, qui au moins, cependant, ne chantent pas de cantiques !

Deïdo, 15 novembre 1925

SOLDE

Vu ce matin le gouverneur du Cameroun, fort aimable, qui a déclaré ma solde de 1 000 F par mois notoirement insuffisante et, d'accord avec le chef de circonscription de Douala (qui lui a signalé mon existence comme celle d'un ascète), il a déclaré ne pas vouloir abuser du désintéressement de son « savant » et, d'un trait de plume, m'a gratifié de 2 000 F par mois. J'en suis assez confus et j'ai l'intention, au cas où je passerais les six mois de séjour prévus, de proposer l'abandon de tout ou partie de ma solde pour que l'on ne se figure pas que je prolonge par intérêt.

Douala, 20 novembre 1925

CHASTETÉ

Le célibat sans base religieuse est un non-sens périlleux. Celui d'essence chrétienne n'est déjà pas, d'ailleurs, entreprise aisée. Tout en croyant aux vertus spirituelles du célibat religieux, je suis le premier à convenir – ne fût-ce que comme biologiste averti – qu'il s'agit d'un état physiologiquement anormal qui ne peut pas ne pas déclencher des troubles variés, à la fois physiques et mentaux.
Une sévère hygiène mentale, et sans doute une thérapie spéciale les peuvent conjurer en partie, mais jamais les supprimer. Il y a toute une technique du célibat à élaborer : c'est fait pour les catholiques. Chez nous, protestants, il n'y a pas encore eu lieu de le faire ; peut-être faudra-t-il un jour y venir. Ce serait rendre service non seulement aux chastes temporaires, qui n'auront qu'à franchir les années troubles de l'adolescence avant de s'épanouir dans la vie naturelle et normale, mais aussi aux chastes définitifs, appelés à de plus tragiques aventures, qui doivent non pas assagir ou modérer, mais extirper, couper, brûler, et dont le combat ne se terminera qu'avec la déchéance organique ou la mort. Les ouvrages pieux traitant de la chasteté et rédigés par des individus âgés et mariés sont pleins de sottes choses, dangereuses même. Les quelques remèdes spirituels, paraît-il invincibles, pour triompher des tentations sont notoirement insuffisants : mieux vaudrait indiquer quelques utiles formules bromuro-camphrées, ou quelque extrait végétal, ne fût-ce que le fruit du vitex, l'antique et célèbre *Agnus castus* des moines. Il faut traiter la continence comme un cas pathologique (c'en est d'ailleurs un) : on n'a jamais, que je sache, guéri la faim par la prière ! On la traite par l'alimentation.

Souelaba, 29 novembre 1925

FORÊT

Il y a dans le catalogue Truffaut, outre de somptueuses planches en couleurs, une émouvante photographie : un honnête coin de campagne française, simple champ de haricots, avec quelques arbres paisibles et de taille

normale ; au fond, des coteaux ; sans doute, sur le ciel bleu, quelques nuages, qui, tout à l'heure, vont se répandre en une brève averse ; une température humaine. Cela fait plaisir à regarder quand on habite les forêts équatoriales, royaume du démesuré, du morbide, de l'écrasant, où l'on se constate le tout petit spectateur, simplement toléré, sans voix au chapitre et ne se sentant en rien acteur. Cette opulence abrutit : que sera-ce quand j'aborderai la vraie forêt primaire ?
Le désert est plus spirituel, et mieux taillé à la mesure de nos cœurs.

Souelaba, 3 décembre 1925

POISSON

J'ai trouvé ici un tout petit poisson de quelques centimètres qui est le deuxième exemplaire connu de *Monodichtys proboscideus*. J'avais rapporté le premier de Mauritanie, mais en très mauvais état. Celui du Cameroun est parfait : je l'ai aussitôt expédié à l'ami Chabanaud au Muséum, et il est bien probable qu'il puisse rédiger une note complémentaire sur ce très intéressant poisson.

Souelaba, 13 décembre 1925

CRUCIFIX

Ce matin j'ai, devant l'église, enlevé de ma chaîne de montre mon crucifix : en France, ou devant les Européens, tant qu'on voudra, mais je ne voudrais pas exhiber aux yeux des Noirs protestants un symbole qui est pour eux celui de superstitions de leurs collègues papistes. Nous, nous savons ce que nous entendons par cette effigie ; eux y voient tout de suite le fétiche ou le gri-gri que le crucifix est pour les Noirs catholiques, et pour bien des Européens aussi, hélas !

Kribi, 25 décembre 1925

Lettre aux Parents

Comme je voudrais vous avoir su aimer comme il eût fallu ! L'enfance est ingrate par nécessité, ne pouvant même soupçonner ce qu'elle a reçu. Trop souvent, j'ai manqué d'empressement et de bonne grâce : je n'ai pas encore su ni pu m'affranchir d'un état de tension continuelle qui peut me faire passer pour distant et froid alors que je suis – pour mon plus grand malheur – merveilleusement doué pour l'amour et doué aussi d'une sensibilité très développée.
Mais, on commence à le voir, je n'ai point été destiné à la grâce de l'amabilité rayonnante : c'est dans un autre cadre, autrement sévère et tragique, que j'ai à me mouvoir.
Ces dernières années, ces trois années terribles, nous avons vécu intensément, de toute notre âme, à travers quelles détresses et quelles angoisses ! Dieu le sait et, seul, il le sait. Mais aussi, forts de quelle glorieuse espérance et illuminés de quelle surnaturelle et mystérieuse allégresse ! Alors, nous avons vécu d'une sainte communion qui désormais ne se saurait plus jamais obscurcir.
Je suis douloureusement peiné d'avoir, malgré moi, ajouté des souffrances aux vôtres déjà suffisantes, d'avoir peut-être, par là, nui physiquement à vos santés : au moins m'avez-vous, alors, enfanté à nouveau ; vous m'aviez donné la lumière du jour, vous m'avez aidé à trouver celle de l'âme et à mettre à l'épreuve la foi religieuse que vous m'aviez inculquée.

Kribi, 31 décembre 1925

Indignité

Voilà l'année qui agonise : le soleil se meurt dans l'océan derrière les cocotiers du rivage ; dans quelques heures il faudra repartir pour une nouvelle étape. Les mots ici ne servent de rien : il y aura trop ou trop peu à dire et à quoi bon ? Que l'on ne me juge pas meilleur que je ne suis, je suis rempli du sentiment de mon indignité, de ma froideur, de mon peu de vraie piété, de mon manque de foi, de mon orgueil. Que de progrès à réaliser, que de victoires, encore, à remporter, que de combats à livrer !

Kribi, 31 décembre 1925

INDIGÈNES

On a honte d'appartenir à la religion chrétienne, à la race blanche, à l'espèce humaine en circulant sur ces sentiers de brousse rouges du sang des porteurs défaillants pétrolés par les officiers de Sa Majesté anglicane (« Dieu est mon droit ») et des esclaves destinés à la mort sur les chantiers du chemin de fer français.

On s'est battu, dans la région, pendant la guerre : on voit ici des tranchées, là, la tombe d'un soldat britannique, plus loin une simple croix au pied d'un palmier, marquant la tombe de l'officier allemand Stack, du corps de santé, tombé les armes à la main pendant la retraite.

Vraiment, la coupe de l'iniquité a débordé. Et pourtant, j'admire beaucoup de choses dans notre administration coloniale : par exemple en ce qui concerne le système judiciaire et le contrôle très effectif et rigoureux des actes de l'autorité locale, empêchant réellement les abus du pouvoir et les illégalités !

Quant à l'indigène, l'on en prend ici une connaissance qui n'est pas celle que nous adoptons en Europe ! Il y a des heures où je doute même de l'effort missionnaire et de la possibilité d'agir sur ces individus. Peut-on, avec cette matière-là, faire des chrétiens ?

Je suis opposé à la civilisation qu'on leur apporte et même, peut-être, à leur instruction : si certains prônent ici l'école, c'est qu'ils croient que celle-ci fait partie du progrès (celui de la phraséologie républicaine). Si d'autres l'abhorrent, c'est qu'ils redoutent l'émancipation de l'indigène. Ce qu'il y a à faire c'est leur apprendre des métiers.

Je reste d'ailleurs foncièrement négrophile, moins peut-être pour l'indigène que contre son exploiteur.

Nyabessan, 12 janvier 1926

*C*IVILISATION ET CHRISTIANISME

J'ai dévoré le Romain Rolland, puis le Gandhi avec un très vif intérêt. Cette lecture m'a replongé dans mes réflexions sur la valeur de la civilisation occidentale.

Représente-t-elle autre chose qu'un simple perfectionnement matériel ? Si elle se bornait à cela tout en ne favorisant point, ou en étant nuisible au progrès spirituel, elle mériterait de périr. La question est angoissante. Je me demande s'il ne faut pas, de plus en plus, désapprendre, revenir à la simplicité parfaite (en commençant par celle de la nourriture), et si ce ne serait pas le seul moyen de retrouver le vrai christianisme, celui des Bédouins de Palestine et des portefaix de Corinthe. Je crois que la civilisation est LE gros obstacle au christianisme, et, en particulier, que le machinisme et le développement industriel en sont la négation. Aussi suis-je épouvanté que l'on rapproche trop souvent le christianisme et la civilisation. Celle-ci n'est nullement le corollaire obligatoire du christianisme et je crois que l'on devrait s'efforcer, tout en christianisant les *sauvages,* de les *préserver* de la civilisation, sauf, peut-être, sous sa forme médicale.
Au moins, la civilisation a-t-elle apporté son concours à l'art, et par là au perfectionnement de l'esprit humain ? J'en doute fort. La poésie se passerait même de l'écriture et, peut-être, lui préexiste ; la peinture, la sculpture n'ont pas vu leurs mécaniques se modifier : on travaille le marbre aujourd'hui comme on le travaillait à Paros, en Égypte ou en Assyrie. Seule la musique a peut-être bénéficié d'un perfectionnement technique par la fabrication d'instruments plus variés et plus sensibles.
Gandhi a saisi tout cela, et ce qu'il dit de notre civilisation chrétienne nous atteint en plein cœur. Qui sait si, une fois de plus, le salut ne viendra pas de l'Asie ?
À nous de travailler en Europe à prêcher la croisade nécessaire et le retour à l'idéal évangélique.

Kribi, 5 janvier 1926

ASCÈSE

Il y a des heures où ma pauvre éthique négative, toute d'abstentions, me fait grand-pitié. Mon frère Silvain n'a pas tout à fait tort lorsqu'il dénonce chez nous le danger de la tendance – qui nous possède tous plus ou moins – à considérer, en tout, le plaisir comme un mal ou un péché et à voir dans la souffrance le signe indispensable du bien. Si au moins les sacrifices consentis servaient au salut général ! Je sais bien qu'il y a la valeur évidente de l'exemple que l'on peut donner et puis, qui sait si les victoires ou les héroïsmes de l'ascèse individuelle ne viennent pas – en dehors même de toute activité extérieure de l'individu – s'inscrire au bénéfice du capital spirituel de l'humanité et enrichir, par là, la collectivité tout entière ?

Édéa, 31 janvier 1926

ALIMENTATION

La question alimentaire me préoccupe fort ; quant à la qualité, je ne puis sans mensonge affirmer que je suis arrivé à la simplification la plus poussée, je n'y ai d'ailleurs nul mérite, car je n'ai aucune gourmandise naturelle. Je fais sûrement la pige à tous les couvents du globe par la frugalité des mets qui ne sont que fruits et légumes avec un peu de sucre et d'huile. Mais, hélas ! sur le chapitre quantité, je suis bien loin de l'idéal et j'ai de telles fringales que je dévore parfois au point de dépasser les possibilités normales de mon estomac : je n'arrive pas encore à me discipliner.

Édéa, 31 janvier 1926

Journée chaude ; je suis resté tout le jour sur mon lit, étant un peu abruti et aux prises avec 45 grammes d'« explose-bison ». C'est une médication indispensable ici où l'existence itinérante et l'alimentation locale favorisent la constipation et les embarras gastriques.

Édéa, 31 janvier 1926

ADMINISTRATION COLONIALE

Je me demande avec angoisse ce qu'on entend par *nègre chrétien* et ce que signifie l'œuvre missionnaire. Bien sûr, ils sont tous protestants ou catholiques, mais en sont-ils moins canailles pour cela ?

Au fond, tout le mal provient de l'introduction de notre

civilisation : ce n'est pas au Noir sauvage et sans contact avec nous que j'objecte, c'est au nègre soumis à l'administration et au commerce européen et, plutôt, en fin de compte, à ceux qui sont venus introduire cette administration et ce commerce. Je suis plein de respect pour les fonctionnaires français – je ne dis pas les commerçants qui sont des bandits mais les administrateurs : ils sont admirables de conscience et de probité ; l'un d'eux, à la tête d'un immense territoire, me disait l'autre jour : « Je n'ai pas de mérite à être honnête, cela me rend malade de ne pas l'être. » J'admire les scrupules de ces hommes en matière de justice indigène, le souci constant de juger conformément à quelque chose de transcendant, à une justice, à une vérité.
Le commerçant, par contre, est une engeance maudite et sans scrupules qui voudrait toujours, à son seul profit, utiliser la puissance de l'État.

Souelaba, 7 février 1926

Sainte Thérèse de Lisieux

J'ai lu avec intérêt la biographie de sainte Thérèse. J'ai été surpris en bien et m'attendais à beaucoup plus de mièvrerie, de niaiserie, de puérilité couleur azur ou rose pâle, ou de piété sucre d'orge. Il y a là, au contraire, beaucoup de force et de vigueur, de violence et de ce haut héroïsme chrétien qui fait la sainteté.
La petite fille fut-elle tout ce que l'auteur en dit, ou ce dernier l'a-t-il affublée de caractéristiques qu'elle n'eut pas en réalité ? Peut-être, mais qu'importe ? Le livre est bon et il y a de fortes paroles où notre cœur se retrouve. Un bon point à l'auteur pour sa courageuse protestation contre l'ignoble mercantilisme de la superstition romaine et la hideur des objets de piété.

Souelaba, 16 février 1926

Croyance

Les Noirs, vivant dans un monde cérébral où le merveilleux n'étonne même pas, prennent naturellement à la lettre tous les récits bibliques, écrits d'ailleurs par des

individus appartenant au même stade de représentation du monde, celui où l'ignorance des lois permet de ne pas s'étonner de leur transgression.
Ils sont parfaitement à l'aise dans la Bible, parfaitement adaptée à ce côté de leur mentalité, mais il me semble que, missionnaire, j'aurais quelques scrupules, moi mécréant qui trouve à chaque ligne des difficultés, à enseigner des choses que je saurais crues dur comme fer. Après tout, du point de vue théologique de la doctrine, cela n'a pas, peut-être, bien grande importance. Qu'ils croient à la naissance miraculeuse, aux pourceaux de Gadara, au statère ou au figuier stérile et au reste, pourvu qu'ils deviennent chrétiens.

Douala, 14 mars 1926

Fétiche Catholique

Naturellement, tout le culte romain est bourré d'éléments pré- et achrétiens. Il y a eu transposition en termes chrétiens de choses infiniment plus anciennes. Là où on n'a pas pu ni surtout *voulu* déraciner la magie primitive, on a simplement posé une croix sur le menhir. On ne dit pas au nègre : « Jette ton fétiche, il ment », mais : « Tiens, en voilà un meilleur encore. » On a remplacé une superstition par une autre : au lieu d'une dent creuse de panthère on a son crucifix pendu au cou, mais pour le porteur c'est la même chose.

Douala, 14 mars 1926

Prose Rythmée

J'ai lu aujourd'hui les *Églises parlantes* de ce très drôle de pistolet qui a pour nom Loys Lahèque. Quel type ! Ce jargon apocalyptique fatigue jusqu'à la nausée comme aussi cette forme filandreuse, ces vers à moitié faits qu'on nomme prose rythmée et que, malgré ma bonne volonté, je ne puis arriver à encaisser, pas plus d'ailleurs chez Claudel que chez Loys ! La prose rythmée fait l'effet de quelque chose de négligé, de flou ; cela manque de netteté, de force. Ouvrez au hasard *Polyeucte* ou *Bérénice,* que diable... et la cause sera jugée.

Akonolinga, 25 mars 1926

Gorille

Vu un bébé gorille, animal extraordinaire, d'une humanité émouvante avec des geste gauches d'enfant et ses pauvres yeux dans ce visage de petit vieillard. C'est une étrange apparition que celle de ce frère des bois qui vous regarde du fond des âges, mais qui ne saura jamais vous sourire.

Akonolinga, 26 mars 1926

Saint François

Je relis le *Saint François* de Chesterton : il y a de très fortes pages et les grosses blagues de l'Anglo-Saxon font parfois rire. J'ai souvent une impression pénible en lisant les travaux sur telle personnalité, par exemple saint François ou Pascal, à éprouver combien il est aisé de faire dire à un mort ce que l'on désire qu'il dise, et comment nos cerveaux projettent sur le passé leur propre lumière qu'ils décrivent ensuite comme une réalité objective, et ce, d'ailleurs, en toute bonne foi.
Je ne sais pas si Chesterton nous expose ce qu'a été saint François réellement, ni même ce qu'il est pour Chesterton : il semble parfois qu'il nous décrit bien plutôt comment il voudrait que saint François eût été. Il se peut que ses intuitions tombent juste et qu'en peignant son idéal il rencontre la réalité.
Les grands hommes dont nous écrivons l'histoire sont bien un peu des cadres que nous remplissons à notre gré de nos pensées à nous ; à propos d'eux, sur eux, nous édifions une construction qui nous est personnelle en leur attribuant toutes nos aspirations les plus hautes et les plus saintes. Peut-être qu'à leur enseignement, nous ajoutons, de notre cru, des éléments nouveaux, sinon meilleurs que ceux contenus dans le modèle, du moins représentant un développement de ces derniers.

Nyong, 27 mars 1926

NIETZSCHE

Passionnément intéressante, oui, la biographie de Nietzsche. Quel cerveau ! On comprend qu'un pareil tumulte d'idées ait fini par le faire éclater. Et quelle sincérité chez ce loyal qui souffre de la mission qu'il s'impose, chez ce pur, ce faible, ce doux, ce bon, ce pitoyable, ce miséricordieux, qui embouche à la fois sept fois sept trompettes apocalyptiques pour tonitruer ses exhortations à la volupté, la force, la dureté, etc. ! Mais lui, en fut-il un, un surhomme ? Ce professeur pauvre et ascétique, d'une frugalité d'anachorète, et, pour autant qu'on le sache, d'une chasteté de cénobite, sent certainement ce qui lui manque à lui, et, l'hypertrophiant, il en fait une loi universelle. Il y a des pages déplaisantes, ne fût-ce que l'apologie de la guerre.

Nanga-Eboko, 7 avril 1926

KAPOK

Rencontrant un fromager sur mon chemin, je me suis arrêté et j'ai fait monter un porteur dans l'arbre pour avoir des fruits. En effet, c'est le fromager qui donne le kapok, cette admirable laine végétale si merveilleuse pour sa légèreté exceptionnelle et le fait qu'elle ne se tasse jamais, grâce à son élasticité extrême. Le fruit de l'arbre à laine (*Eriodendron*) est une capsule oblongue, pointue aux deux bouts, d'environ 20 centimètres de long seulement. À l'intérieur sont de petites graines noires et cette bourre qui se gonfle et se détend dès qu'on ouvre le fruit : on est sidéré de constater le volume incroyable de bourre que l'on peut sortir d'un seul fruit.

Piste, 15 avril 1926

ZARATHOUSTRA

Je termine les 499 pages de *Zarathoustra,* bien intéressant. La poésie en est de forme très biblique, et également par les réminiscences qui fourmillent. J'ai fort peu goûté les injurieux blasphèmes adressés à notre Seigneur, et quelques parodies d'un esprit douteux.

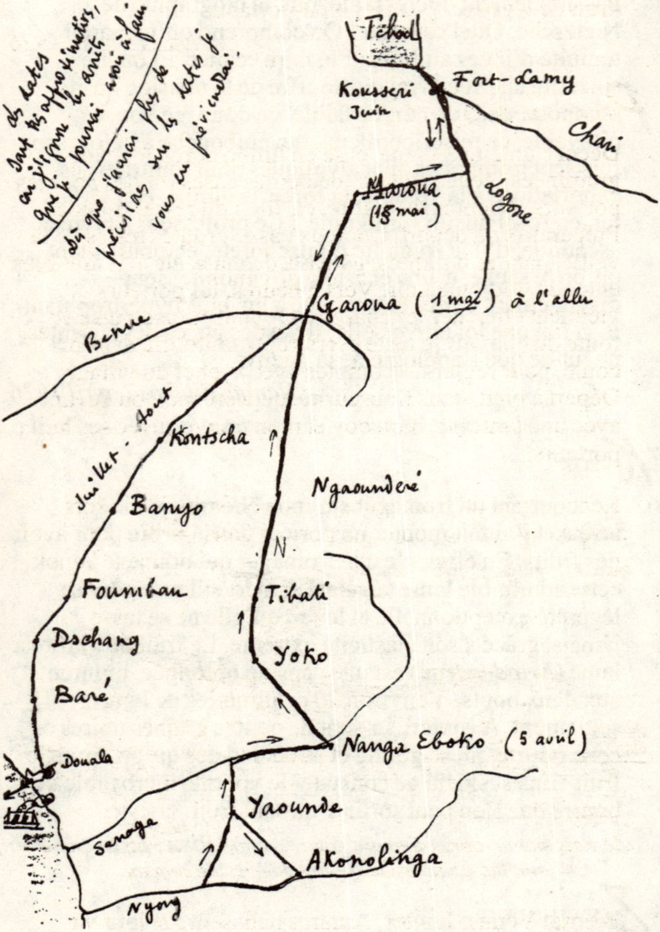

Itinéraire de la « promenade » de cinq mois,
avril à septembre 1926.

L'ensemble du cas pathologique reste curieux à étudier et fait réfléchir : mais je contesterai toujours à un malade le droit de légiférer pour les bien-portants.

Piste, 15 avril 1926

PROGRAMME QUOTIDIEN

Décor : un gîte d'étape, case en limon durci, à toit de graminées sèches, autour, de petites cases rondes pour les porteurs. 4 heures du matin : carillon du réveil. Laudes. Préparatifs du départ. Copieux casse-croûte (restes de la veille, patates bouillies, gâteaux de maïs, etc.). Il fait, bien entendu, toujours noir. Vers 5 heures, les porteurs viennent chercher les charges. Organisation et mise en route du convoi. Je reste derrière, emmitouflé dans ma coule, pour régler les comptes avec le chef du village. Départ à pied, dans l'obscurité, derrière moi, ou devant avec une lanterne, mon boy et mon tipoye [1] avec ses huit porteurs.

Je vais partir après-demain pour Campo et sa région porté sur les épaules de quatre nègres de somme.

Bientôt Vénus, Jupiter, Antarès pâlissent ; le jour va venir. Je me dépouille de mon tégument externe, la coule ; un peu plus loin, je tombe la veste ; enfin, au bout d'environ 1 heure de marche, comme la chaleur

1. Voir l'illustration « Porteurs », page 70.

commence à être sensible, j'embarque dans le tipoye pour le reste de l'étape (environ 20 kilomètres) et me plonge dans l'alternative contemplation du paysage et des idées de Nietzsche sur la signification du renoncement chrétien ou de Gide sur l'idendification de Dieu et du désir. Vers 11 h 30, arrivée à l'étape. Déjeuner, rarement prêt avant 14 heures. Puis bricolages, écritures, etc., et repos car on est parfois singulièrement abruti de chaleur, de fatigue ou d'autres maux. Vers le soir, en général, petite promenade et, quand faire se peut, ablutions à la rivière. Dîner. Coucher. Sommeil du juste jusqu'au prochain carillon de réveil. Décor : un gîte d'étape... etc.

Piste, 20 avril 1926

Sur une piste de l'Afrique centrale, une rencontre[1] avec André Gide l'« homme-qui-ne-croit-plus-au-péché » (H.Q.N.C.P.A.P.)

Les hauts plateaux du Cameroun central : mille mètres d'altitude. À perte de vue, sur les croupes, les plaines et les mamelons, jusqu'aux collines bleues de l'horizon, la savane boisée, avec ses petits arbres, ses buissons et son tapis de graminées ; dans les ravins, le long des ruisseaux, une mince bande d'arbres plus élevés et plus serrés : la forêt galerie. Un jour torride d'avril, sur la piste de latérite – galon rouge posé sur l'étoffe verte du paysage –, la colonne avance lentement. Du haut d'une butte, j'aperçois la colonne de porteurs qui serpente dans la plaine. Plus loin, dans un village, un grouillement d'individus, certainement une caravane au repos. De plus près, on distingue un Européen à cheval. Quel peut être ce Blanc qui descend du Nord, administrateur ou officier sans doute ? Mais ne m'a-t-on pas dit, à Yaoundé, que, pour rentrer du Tchad, André Gide emprunterait la route du Nord, en territoire camerounéen ? Serait-ce lui ?
Le Blanc descend de cheval ; je saute à bas de mon tipoye. Un homme de taille moyenne, aux traits accusés ;

1. André Gide mentionne cette rencontre dans *Retour du Tchad* (1928).

nez régulier mais fort ; menton à angle prononcé, et, de plus, pas rasé de plusieurs jours ; abondantes boucles d'argent sur le cou. Lunettes noires. Casque blanc modèle militaire. Fine chemise d'un kaki très orangé, sur le sein gauche deux initiales en broderie feuille morte : A. G. Manches retroussées au coude laissant voir des avant-bras hâlés par tous les soleils des tropiques, et quels soleils, ils ont eu 45 °C au Tchad ! Le coude du bras gauche pèle d'un récent coup de soleil. Mains non d'écrivain, mais d'explorateur : écorchures, etc. Ceinture de cuir fauve. Culotte de cheval d'un kaki gris verdâtre. Élégantes bottes de cuir rouge, négligemment lacées de 10 en 10 œillets à peu près ! Non loin de l'H.Q.N.C.P.A.P., voici son fidèle « camarade », comme il l'appelle lui-même, un bel éphèbe qui le tutoie. Je serre la main au fils Allégret, tout jeune homme qui paraît âgé de vingt ans.
Je rappelle à l'H.Q.N., etc., qu'il fut membre de ma Société d'histoire naturelle il y a bien longtemps.
Les questions biologiques le passionnent : il possède à un point extrême cette capacité d'étonnement, devant les formes animales ou végétales, qui nous maintient, surtout quand on se lance à la découverte du Centre africain, dans un état de perpétuel ravissement.
« Tenez, dit-il, connaissez-vous cela ? » Et, enlevant son casque, il me le montre plein d'une graine étrange, où le germe est relié à une sorte d'aile membraneuse par un fil ténu. L'ensemble, abandonné à lui-même, tourne rapidement et plane en vrai parachute. C'est en effet une de ces merveilles de naturelle ingéniosité et dans le dessein et dans l'exécution qui laissent rêveur.
La question controversée de l'origine du bananier le captive ; il affirme avoir vu des individus sauvages. Attention au prochain bouquin : « Et les bananiers sauvages, Nathanaël, ah, que te dirai-je ? »
Tout retient son attention, poissons étranges, insectes, etc. « Venez voir quelque chose qui vous intéressera. » Il me mène à son hamac et, d'un panier, sort une espèce d'ours en miniature au pelage épais : « Mon ours de poche. » C'est, je crois, un *Deudohyrax*. Ce très curieux mammifère fait la joie de son maître, ou mieux, de son père adoptif. Pour son *pet*, Gide est aux petits soins : dans le Nord, la bestiole a failli crever de chaleur et son bon

maître dut aller jusqu'à lui faire de la respiration artificielle et des piqûres de caféine. L'animal vit *sur* Gide, toujours sur son bras ou dans sa chemise : je l'ai vu moi-même regagner cette sûre retraite et plonger tête la première entre la chemise fine et la peau du maître. « Moins il a d'air, plus il est content », explique ce dernier ! Et comme le *pocket bear* mord les doigts de son patron, Gide lui dit : « Mais voyons, tu me fais mal, Krikridigi », avec douceur et cette curieuse façon de parler entre ses dents qui est une de ses spécialités.
Petit voyage de onze mois. Partis de Brazzaville au Congo, ils sont montés au Tchad par l'Oubangui et le Chari. Maintenant, ils redescendent sur Douala par le Cameroun. Le 13 mai, ils s'embarqueront pour la France. Mais le temps passe ; l'étape est encore longue ; il se faut séparer.
Sous l'implacable soleil, dans la poussière du chemin, je regarde s'éloigner, juchée sur son cheval brun, un peu voûtée, la curieuse apparition, et la longue figure au grand nez sous le pain de sucre du casque blanc.

Piste, 21 avril 1926

CHRÉTIEN

Je me suis demandé si j'avais le droit, sans hypocrisie, de me prétendre chrétien. Je n'ai jamais pu prendre au sérieux l'élément intellectuel de la certitude religieuse, chez moi tout affective. Une libre pensée christocentrique ou christolâtrique, un positivisme radical, agnostique ou négateur sur beaucoup de points – depuis la personnalité divine jusqu'à la conception virginale – allié à un mysticisme émotif soutenu par une conception profondément téléologique et pragmatique de la vérité*, est-ce encore du christianisme ? Un christianisme réduit à une christolâtrie éthique peut-il conserver ce nom ?

* Dont je suis le premier à reconnaître l'effroyable péril puisqu'il ouvre toute grande la porte au débordement de tous les subjectivismes, superstitions, cas pathologiques, etc.

N'Goundéré, 22 avril 1926

SACERDOCE

Quant au problème de la destinée individuelle, il n'est pas résolu. Ce qui m'empêche de me donner sans remords à l'activité professionnelle qui est la mienne – et qui n'a rien, en elle-même, de coupable ! – et pour laquelle je suis terriblement outillé, c'est certainement cette hérédité ecclésiastique qui empoisonne le sang du zoologiste en y mêlant le virus sacerdotal. Et cette étrange nostalgie de la prêtrise ne semble même pas tenir compte des étapes intellectuelles franchies ou atteintes par le sujet : je serais nietzschéen ou gidard que cette soif de sacerdoce me dévorerait encore.

N'Gaoundéré, 22 avril 1926

ASPIRANT CHRÉTIEN

Le difficile n'est pas de se plier à la volonté divine, mais de la discerner, et surtout de la distinguer de ses propres aspirations. Après tout, le plus simple, peut-être, est de vivre un jour à la fois et d'attendre les événements. « Ah ! qu'il serait doux d'obéir à un maître de sa main ! » dit Pascal. Vertu d'abandon. Mais cet affreux sentiment que l'on gaspille sa vie, et que l'on n'a pas trouvé l'héroïsme de tout quitter pour le suivre !
Après tout, on pourrait aussi considérer les facultés cérébrales comme un talent à faire valoir. Et puis, qui sait si je n'ai pas une tâche à remplir dans nos églises et une certaine conception de la vie chrétienne à remettre en honneur ? Le définitif écroulement de mes juvéniles espoirs de bonheur terrestre était une indication dont un moins lâche que moi eût déjà compris la signification : après tout, il s'en trouvera bien un autre pour compter les pattes des cloportes ; mais qui s'en ira chanter, sur les dunes rouges de l'Amoukrouz et les cailloux du Tasiest, la gloire de son Seigneur ? Qui ira courir le désert pour vivre avec les nomades, pour parler de l'Évangile, et, sinon les convertir, du moins leur montrer comment vit un aspirant chrétien ?

N'Gaoundéré, 22 avril 1926

MARCHÉ SOUDANAIS

Incroyable pittoresque d'un marché soudanais : il y a non seulement la curiosité des objets vendus, mais aussi celle des costumes, des ornements, des coiffures et des types ethniques. Au marché, on vend de tout : aliments de toute espèce (depuis les honnêtes boules de mil, le beurre ou la viande, jusqu'aux fruits les plus variés et les condiments les plus bizarres), vêtements, sandales, etc. Quant à l'éclat des teintes de pareille foule, il est impossible à décrire. Les seigneurs foulbés arborent les gandouras les plus polychromes et les culottes les plus multicolores que l'on puisse rêver. Et ces vêtements restent d'un coloris harmonieux : broderies rouge sur blanc, vert sur jaune, bleu pâle sur bleu foncé, ocre sur blanc, etc. Certaines gandouras sont des merveilles de travail artistique. Quelle fière allure ont ces guerriers foulbés avec leur grand sabre gainé de cuir rouge ! Voici le frère du sultan qui passe à cheval : visage fin, nez régulier, barbe douce, un type égyptien. D'ailleurs, on sait bien que les Foulbés ne sont nullement de purs nègres et qu'ils sont, pour une forte part, de race aryenne, des demi-frères, quoi ! Et quel air intelligent à côté des masques à nez épaté, à lèvres en boudin des Bantous authentiques !
Il y a une centaine d'années que la conquête foulbée se taillait un vaste empire au Cameroun, empire de l'Adamaoua avec capitale à Yola, avec des sultanats plus ou moins tributaires à N'Gaoundéré, Tibati, etc.
Vu au marché plusieurs M'bororos : ces particuliers-là sont peu rassurants avec leur air hautain et leurs longues lances : ils vivent toujours dehors avec leur bétail sans habitations permanentes.

N'Gaoundéré, 23 avril 1926

PAYSAGE

Passé la journée d'hier dans cet admirable N'Gaoundéré. Cette fois, j'ai échappé à l'étreinte et à l'épouvante de la forêt équatoriale. Que d'impressions déjà mauritaniennes : la vaste plaine, les troupeaux et leurs beuglements, les sommets rocheux, les plis harmonieux des gandouras musulmanes, et, de nouveau, cette immensité d'un ciel que rien ne peut plus masquer !

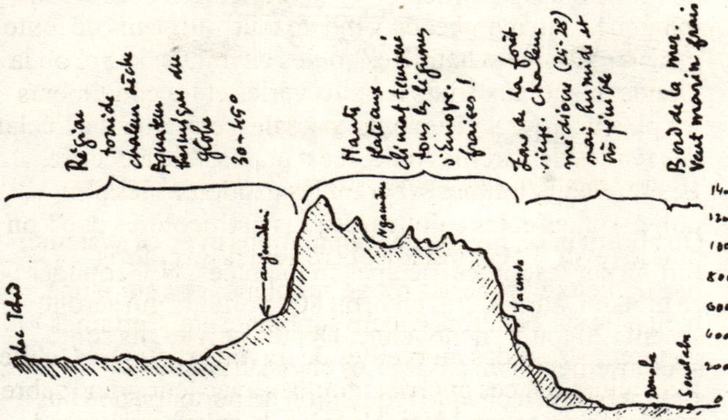

Ceci montre les quatre principaux climats du Cameroun et comment la dégringolade d'hier me précipite dans la fournaise.

Départ à l'aube. Traversée du plateau de N'Gaoundéré, immense steppe dans un cirque de montagnes. Escalade d'une chaîne qui limite la plaine du Nord : panorama d'une beauté émouvante, intense à faire mal.
Campement à 1 300-1 400 mètres sur l'épine dorsale de la chaîne.
Somptueuse tornade, brouillards poussés par un vent violent, toute la montagne dans de la ouate grise et froide ; pluie, non par gouttes, mais par nappes, par rideaux, par lames liquides s'abattant d'un seul coup sur le sol.

Piste, 25 avril 1926

PORTEURS

Le portage – qui sévira encore sur toute l'Afrique équatoriale tant que le réseau routier et ferroviaire ne sera pas terminé est une plaie.

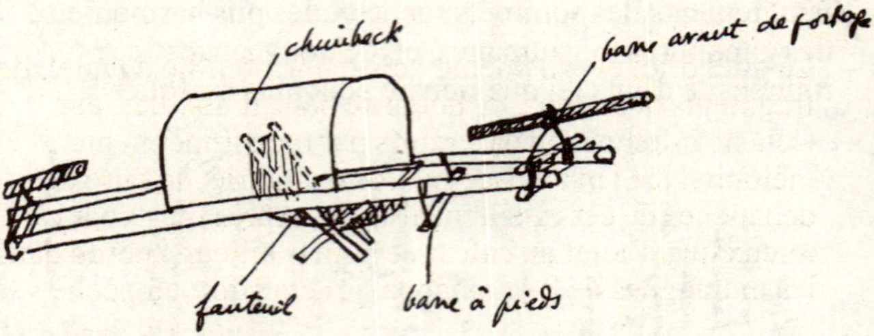

Représentation d'un tipoye *: sorte de chaise à porteurs.*

On abrutit et on ravage des populations avec ce système, surtout sur les routes d'étapes fréquentées. N'Gaoundéré, ce mois-ci, aura fourni environ 800 porteurs qui seront absents 20 jours en moyenne. Depuis janvier, ils sont heureusement bien payés. Les chefs, d'ailleurs, s'empressent, à chaque réquisition de porteurs, de vous refiler les vieux, les adolescents, les esclaves, etc. À vous de vous débrouiller sur la piste.

Il faut beaucoup de circonspection dans la reconnaissance des malades : à moins d'un cas objectivement palpable : plaies, etc., il faut toujours se méfier des simulateurs. L'autre jour, au départ, un type s'amène en flageolant sur ses jambes et en se prétendant malade, incapable de suivre. Je lui ai prescrit, comme remède, de prendre une caisse sur sa tête et de suivre la colonne. Aujourd'hui, il est tout à fait gaillard et revenu à la santé !

Piste, 28 avril 1926

MIEL

Le miel d'ici est un poème : c'est une bouillie de miel, de fragments de rayons, de bouts de bois, d'abeilles, etc. Cela ne m'empêche pas, repris par mon impénitente mélophagie et ma tenace hydromellolâtrie, de faire des débauches de cet excellent aliment. Après tout, cela vaut mieux que d'aller au café... ce dont d'ailleurs, perdu dans les montagnes de l'Adamaoua, je serais fort empêché.

Saadje, 29 avril 1926

DIEU SOLEIL

Ce matin, merveilleux lever de soleil derrière des massifs montagneux bleu foncé : il y avait du violet, passant à un vieux rose intense et au carmin, un jaune miel mat très orangé, et un jaune pâle d'or vert magnifique. Après un maximum d'éclat, ce gala des couleurs s'est éteint pour laisser la place à un autre spectacle, à l'arrivée du Maître qui, négligeant les teintes, se contente de lumière.
Voici, dans sa gloire, le vieux Père de toute vie ; ah ! que ne suis-je païen pour pouvoir tomber à deux genoux devant ce miracle chaque jour nouveau de la naissance du dieu ! Il est vrai que ledit dieu, bien qu'universel bienfaiteur, est ici un dangereux bandit, meurtrier à l'occasion. Cela fait une curieuse impression, quand on est en pleine incandescence, de se dire que d'un geste – en enlevant son casque – on récolterait probablement la mort, peut-être la folie, en tout cas la maladie.
Là encore on perçoit avec acuité combien cette nature est anthropocentrique. Mais, au fond, ce qui nous paraît en Europe une nature anthropocentrique est bien plutôt une nature domestiquée et matée. Pour l'homme des cavernes ou des forêts vierges, elle devait lui sembler, comme à nous sous les tropiques, fort peu faite pour sa commodité et son agrément.

Piste, 30 avril 1926

ACCUEIL FOLKLORIQUE

Journée passionnante. Départ à 1 heure du matin. Dans la nuit un cavalier foulbé m'apporte les salutations du sultan. Ledit seigneur-ambassadeur ne portait guère que six ou sept robes superposées, de toutes couleurs : homme et cheval à qui mieux mieux « carapaçonnés » et caparaçonnés. Vers 10 heures, arrivée dans la plaine de la Benoué : Garoua visible au loin. Deux nouveaux ambassadeurs viennent me saluer. Enfin la rivière elle-même, presque à sec à cette époque et encombrée de bancs de sable.
De l'autre côté, une cohue grouillante de guerriers à cheval venant me prendre pour me conduire dans les rues de la ville : tambours, aigres trompettes soudanaises. Tableau infiniment pittoresque et d'un coloris éclatant sous le soleil.
Le sultan saute de cheval, moi de mon hamac : salutations. Le cortège se remet en marche : devant, la musique, puis moi, puis les cavaliers du sultan et celui-ci. Étrange apparition d'un Noir couvert de peaux de panthères et d'ornements étranges, avec une hache impressionnante sur l'épaule : c'est le bourreau. Il chôme maintenant, grâce aux Blancs, mais que de sang partout ! Le mortier de ces villes soudanaises est tout pétri du sang versé par la féodalité foulbée.

Garoua, 3 mai 1926

ARCHIVES ALLEMANDES

J'ai inventorié, à Garoua, ce qui reste de livres allemands et j'y ai trouvé des documents du plus haut intérêt. Naturellement, les administrateurs français ignorant l'allemand ne peuvent tirer parti de ces richesses ! J'ai été émerveillé et pris de respect à la vue de l'immense quantité de livres de poésie, de littérature intelligente arrivée dans ce fin fond du Soudan aux mains des officiers germaniques. Des Schiller, des Goethe, des Uhland, etc., des Darwin, le Chamberlain (XIXe siècle !!), Homère, Walter Scott, Shakespeare, etc.
Ces soldats étaient donc des gens cultivés. Ils n'étaient, bien probablement, pas des saints, mais nos

fonctionnaires français ajoutent, à leurs dons éminents pour la soûlographie et l'inconduite, l'absence de tout intérêt pour ce qui en mérite. Mais ne généralisons pas !

En pirogue, 6 mai 1926

BESTIAIRE

J'observe, ici, de nombreux animaux. Beaucoup de grues couronnées, notre plus bel oiseau peut-être, mais quel cri ! Un curieux engoulevent, le *Macrodipteryx longipennis,* qui a deux plumes de la queue si allongées que lorsque l'oiseau vole, au crépuscule, on a de la peine à se représenter que les deux taches noires qui le poursuivent, à grande distance, lui appartiennent ! Il y a ici un joli guêpier vieux rose et malachite qui habite des trous dans la berge des rivières. Ce passereau a l'habitude de se percher sur le dos des cigognes noires : on voit ces gros oiseaux se promener dignement dans les prés avec leur petit cavalier rose campé sur leur dos. Et ces martins-pêcheurs ! Il y en a de plusieurs espèces : l'une est de toute beauté, bleu sur bleu, outremer sur malachite. Grande pêche au marigot : il y avait bien plusieurs milliers de Noirs, hommes et femmes, grouillant dans l'eau ! Pas un centimètre carré de fond qui ne soit labouré à coups de panier ou d'épuisette.

Pêche au marigot.

Naturellement, le poisson est pris en quantité et de nombreux petits crocodiles sont capturés.
Je suis donc actuellement titulaire : d'un chacal, d'une tortue, d'un bébé crocodile et d'un singe. C'est bête à avouer, mais je m'attache à un minuscule bout de singe qui dort la nuit sur mes pieds et commence à devenir bien gentil. Il a pris, en ce moment, sa position favorite : assis sur un de mes pieds nus et la tête appuyée contre la jambe velue de ce qu'il prend sûrement pour son père, ô Darwin !

Marigot, 22 mai 1926

PRESCRIPTIONS MÉDICALES

Départ de Léré. Toute la journée à cheval, sport assez éreintant sous le soleil.
Les prescriptions des livres de médecine tropicale sont aussi raisonnables que les conseils des mères, et, comme ceux-ci, aussi touchants qu'inopérants et faisant naître un léger sourire sur les lèvres de cestuy-là qui passe de la parfaite et immaculée théorie à l'humble pratique !
« Ne pas rester immobile au soleil », « Ne pas sortir entre 10 heures et 15 heures »... Ah ! messieurs les pathologues de cabinet, laissez-nous rire un brin, nous, Africains, de vos sages conseils (car nous savons qu'ils sont sages, trop même, pour être appliqués) !
Le moyen, quand on passe, rivé sur une selle, toute une journée dans une steppe soudanaise sans ombre (mais par contre avec soleil !!) et figé dans la plus parfaite immobilité, d'observer vos normes raisonnables ?
Nous savons que nous transgressons chaque jour vos édits – et encore quand nous buvons litre sur litre des eaux les plus douteuses – et nous ne nous étonnons pas d'avoir, parfois, un tantinet mal au crâne, un brin tout le corps brisé de fatigue ou un soupçon de fièvre. Mais, encore, le moyen de faire autrement ?

Piste, 26 mai 1926

COUTUME

La subdivision de Fianga donne à son chef bien du fil à retordre, car il doit apprivoiser des populations absolument sauvages, restées jusqu'ici entièrement indépendantes et continuant à se faire, entre elles, des guerres sanglantes. Les meurtres sont nombreux, car plus un homme a tué de semblables, plus il est considéré : autour de sa tombe, de petits piquets marquent les pièces de *gibier* à son actif.
Les villages sont fortifiés pour la défense contre les attaques nocturnes. La seule arme est la sagaie qui, empoisonnée avec soin, est très meurtrière. Ces gens ne connaissent pas l'argent, le seul moyen d'échange étant le cabri. On achète en cabris, et on paie l'impôt (quand on le paie !) en cabris qui sont ensuite vendus au profit de l'administration.

Fianga, 29 mai 1926

LAC TCHAD

Enfin, c'est fait ! Levé à 3 heures du matin, je suis parti en pirogue en pleine nuit sur les calmes nappes d'eau du delta, bordées de hautes graminées et de papyrus.
Au bout de quelques heures de ce paysage monotone (les arbres ont complètement disparu depuis longtemps), voici tout à coup l'immense panorama qui se découvre, une plage couverte de pélicans et la mer.
Car c'est une mer que ce Tchad qui couvre, à certains moments, 20 000 kilomètres carrés ! Une mer avec des vagues qui viennent mourir à mes pieds ; mais une mer close, morte, cloîtrée au fond du Soudan.
Je me suis plongé, nu, dans l'eau tiède, cela fait quand même de l'impression d'atteindre ce fameux lac, si célèbre et, par certains côtés, encore si mystérieux. Je me suis senti des affinités avec ce paysage triste, triste malgré le soleil du Soudan, triste de par ses grèves immenses de sable gris, ses îlots vert sombre de papyrus, ses marais sans limites et ses flots sans profondeur qui ne connaissent pas la vie des marées. Diable ! si je

m'amourache du Tchad, que dira ma Mauritanie, car la bigamie est un cas pendable, non ?

Lac Tchad, 13 juin 1926

ÉQUITATION

Les selles soudanaises sont bien confortables avec leur troussequin gigantesque et leur énorme dossier ; on y accumule, de plus en plus, les housses et les tapis, si bien que le dos du destrier finit par prendre une courbure de barrique et l'on a les jambes terriblement écartées ! On a tout du cavalier en carton-pâte, et la ressemblance avec ce dernier est telle qu'on est surpris de ne pas se découvrir muni, comme celui-ci, d'un petit bout de fil de fer dans le derrière ! La stabilité est parfaite, surtout avec les étriers kotokos, énormes pelles à charbon dont un des angles sert d'éperon.

Matafé, 16 juin 1926

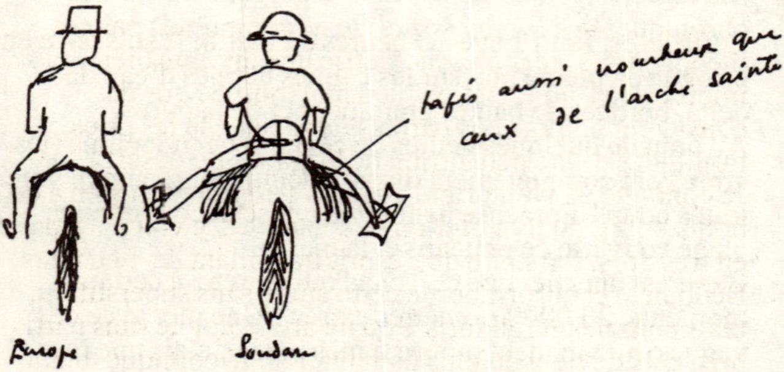

ART D'ÊTRE PÈRE

Un de ces jours, du haut de l'énorme cheval que m'a prêté le sultan de Goulfeï, je réfléchissais au passionnant intérêt que doit comporter l'éducation d'un enfant.
Recevoir de la nature une manière d'animal à cerveau

hypertrophié, un simple tube digestif, et en faire un homme, quelle tâche, quel drame !
Je crois que j'aurais fait un père assez sortable, et je crois bien meilleur père qu'époux, j'aurais excellé à ces mille petits riens qui sont la clé du système : transparents, écriteaux, dessins, farces, découpages, etc. Et quelles leçons d'histoire naturelle, en plein air, j'aurais su imaginer !
Tout cela est pure fantaisie, fruit, peut-être, d'un soleil un peu excessif. Il est très possible que j'eusse été un père exécrable et qu'il soit fort heureux, pour les victimes possibles, que je ne puisse avoir l'occasion de montrer mon savoir en pareille matière.

Matafé, 16 juin 1926

Ancien Testament

La bibliothèque anglo-saxonne m'effraye et me répugne autant que l'idolâtrie romaine : que l'on adore un papyrus ou un pain à cacheter, c'est le même fétichisme, et encore, le pain à cacheter est-il vierge d'obscénités, cruautés, sauvageries, toutes choses dont regorgent les vieilles chroniques des *Banou Israel.* Je ne comprends pas ces théopneustes [1], car c'est admettre une divinité bien impure et à l'imagination bien mal tournée que de considérer comme des paroles de sa bouche les pires turpitudes d'une petite tribu de brigands du désert !
Je continue à inventorier l'Ancien Testament. Il y en a de bonnes ! Et, du jour où l'on se contente d'y voir en gros, en très gros, l'histoire de l'esprit travaillant de méchants Bédouins, et qu'on aborde cette étude sans superstition, mais comme un folkloriste ou un archéologue sans parti pris, cela devient du plus haut intérêt : le comique même n'en est pas absent.

Matafé, 16 juin 1926

1. Croyance à l'inspiration littérale de la totalité du texte biblique.

ANDRÉ GIDE

« Chaque action parfaite s'accompagne de volupté. À cela tu connais que tu devais la faire. Je n'aime point ceux qui se font un mérite d'avoir péniblement œuvré. Car, si c'était pénible, ils auraient mieux fait de faire autre chose... »

Mais, à côté de maximes aussi vénéneuses (qu'on pense aux ravages qu'elles opèrent dans la jeunesse actuelle !), quel charmeur, ce Gide ! Quelle sensibilité en face de la nature ! C'est ensorcelant. Quel malheur que les deux écrivains sans doute les mieux doués du siècle se soient, l'un et l'autre, spécialisés en besognes méphitiques. J'attends avec un intérêt passionné ce que Corydon aura à dire de mon Soudan. En parlant avec les indigènes, j'ai découvert qu'il se faisait passer pour gouverneur (l'éphèbe Allégret aurait été chef de cabinet). Auprès des Noirs, cela vous pose sans doute mieux un homme que le titre d'auteur de *l'immoralisme* !

Afadé, 17 juin 1926

MONACHISME

Suite et fin de mon ascèse ! Hélas ! j'ai une telle aptitude à la vie simple – ou plutôt une telle incapacité de goûter les charmes du perfectionnement matériel – que je ferais un bon moine avec tant de facilité que j'en serais un mauvais ! La difficulté n'existant pas, la privation n'en est pas une, et celui qui dort aussi bien sur une natte que sur un lit de camp ou un édredon n'aurait, à coucher sur les dalles d'un cloître, aucun mérite. Ce mot dangereux n'ayant, bien entendu, pas le sens rémunérateur généralement admis, mais implique simplement la notion de la valeur intrinsèque qui s'attache à tout geste exigeant de son auteur sacrifice et héroïsme.

Afadé, 17 juin 1926

ACCOUTREMENT

Rencontré le sultan de Goulfeï revenant de Kousseri : tableau pittoresque et polychrome. C'est vraiment beau ces grouillements de cavaliers multicolores, ces riches harnais, ces habits somptueux. Quelle humiliation d'apparaître en pareille compagnie avec de pauvres habits terreux, décolorés de soleil et de forme ridicule, car les manches sont une hérésie, les culottes un blasphème, quant aux pantalons longs, c'est pure obscénité ! Quelle honte, non pas d'avoir ces défroques, car il les faut en Europe, mais d'avoir imaginé une civilisation exigeant pareil déguisement.

Kala Mouloué, 18 juin 1926

CATHOLIQUE

Malgré mon immense admiration pour beaucoup de choses catholiques en ce qui regarde la vie intérieure, la discipline, l'héroïsme chrétien, je suis et demeure un ennemi implacable du système papal et j'ai voué une haine solide à la gigantesque entreprise d'écrasement de consciences, de mensonges historiques et d'étroitesse dogmatique.

Fort Lamy, 20 juin 1926

PARASITES

Aujourd'hui, je suis condamné à ingérer quelques grammes de thymol, et demain, je commence un traitement à l'arsenic. Je suis, en effet, devenu un vivant musée parasitologique et je sers de réceptacle à plusieurs indésirables, étant titulaire d'une trichonphalose, d'une ascaridiase et d'une myiase entérocole. Le tout, d'ailleurs, sans gravité et se bornant à quelques troubles intestinaux.

Kousseri, 25 juin 1926

DIX COMMANDEMENTS

Notre décalogue, auquel nous attribuons une portée universelle, l'avait-il déjà du temps des *Banou Israel* ?
J'en doute, et il faut probablement entendre :
« Tu ne tueras point... » le *Banou Israel* circoncis, mais tu écraseras sur la pierre le nouveau-né de l'Amalécite et tu fendras le ventre de ses femmes enceintes, car je suis l'Éternel, ton Dieu.
« Tu ne déroberas point... » à l'intérieur de ton camp, mais si tu peux, à la faveur d'une famine, constituer un trust des terres à blé, si tu peux, avant de t'enfuir, voler la vaisselle du voisin, c'est une bonne affaire, car je suis l'Éternel...
Etc.
Après tout, nous avons le droit de conserver les termes du Décalogue, bien que, dans l'outre vieille, nous ayons versé un très nouveau breuvage. Je sens de plus en plus la valeur et la nécessité de formules qui constituent un cadre, une armature au contenu variable et en perpétuelle évolution. C'est ce qui me fait adopter, sans hypocrisie, des textes liturgiques dont les mots, toujours les mêmes, éveillent en moi des idées absolument différentes de celles qu'ils représentaient pour les croyants d'un autre âge.

N'Godeni, 26 juin 1926

RETOUR

Maroua 29 juin.

Enfin : je viens de rester quelques 10 heures en selle sans descendre. Je suis éreinté mais quel aimable exténuement que ce truc là qu'on attrape sur la route du retour !

TERMITE

Sur des kilomètres, la route est jonchée d'ailes d'insectes, fines et brunes : il y en a par millions. C'est, je suppose, la pluie d'hier qui a provoqué une éclosion de mâles de termites. Les ailes leur tombent très rapidement et ils meurent.
Et il n'y a qu'une femelle à féconder par termitière !
Quelle entreprise de colossal gaspillage que la nature, mais quelle prodigieuse générosité !
Il faudra que je vérifie si les mâles seuls sont ailés : il pourrait aussi s'agir d'un essaimage en masse composé surtout d'ouvrières.

Maroua, 1er juillet 1926

MODE MATAFAL

Déjeuné dans le village kirdi de Matafal. Les gandins de Matafal ont pour tout vêtement une « feuille de vigne », si l'on peut qualifier de tel un superbe fourreau de fine vannerie qui, au niveau de la symphyse pubienne, prolonge en avant l'anatomie de ces messieurs. Pensez si ces grands gaillards sont divertissants avec cette espèce de long cône de paille effilé entre les jambes !
Le chef, sur ma demande, m'a fait tenir deux de ces étuis modèle de luxe (l'un en brins de deux couleurs) !
Je suppose qu'il s'agit là d'un engin de protection des types qui vivent dans les buissons et les hautes herbes. En tout cas, leur uniforme mérite de devenir proverbial et je propose que, pour qualifier désormais une mise somptueuse, pleine de recherche et d'élégance, on dise désormais : « C'est la mode matafal. »

Matafal, 3 juillet 1926

ANDRÉ GIDE

Ce qui me répugne le plus, peut-être, chez Gide, c'est cette méconnaissance entière, voire cette calme haine, de l'idéal et de la valeur de la cellule familiale. Il est vrai que c'est un point qui doit peu toucher l'imagination d'un « ce que vous savez » de profession.
Quel malheur qu'une intelligence si merveilleuse et un talent littéraire si prodigieux se soient consacrés à d'aussi basses et vénéneuses besognes ! Et que fait le jeune Allégret avec son précepteur ?
Le Cameroun ne s'y est pas trompé, notre siècle est plein d'indulgence pour ce genre de turpitudes-là.
Ils ont pris des films : j'espère bien aller les voir, cela doit être plaisant : *Les Mystères du continent noir,* grand film en douze épisodes, metteur en scène Corydon, opérateur Nathanaël !

Comme il doit goûter sa pluvieuse terre de Normandie, après onze mois d'Afrique tropicale ! Il fait bon ici évoquer, au milieu des ardeurs, des excès, des disproportions d'une nature qui écrase sans émouvoir, les calmes sérénités de nos paysages français.

Matafal, 3 juillet 1926

ÉQUITATION

Ouf ! Garoua. Dernière étape à cheval, et, chose étrange, la seule où je me sois écorché le derrière et où j'aie fait une chute. Titulaire d'un cheval un peu nerveux, il prit peur et se mit plusieurs fois debout sur ses pattes de derrière. À la dernière, plus verticale encore que les autres, la selle tomba et ce qui était dessus, aussi. C'est la faute des sangles qui étaient desserrées.

Garoua, 6 juillet 1926

<u>11 juillet</u>. Départ de Garoua en pirogue. La vie en pirogue est assez pittoresque et n'est pas sans charmes. J'ai une pirogue énorme ; dans la hutte de paille de l'avant j'ai fait installer mon lit où je passe mes journées dans le plus complet fainéantisme

NOSTALGIE

Il n'y a pas de plus beau pays que l'Europe, peut-être même, que la France. Il y en a de plus austères, de plus grandioses, de plus écrasants, il n'y en a pas de mieux taillés à la mesure de nos cœurs d'hommes civilisés. Que diable ! nous ne sommes ni des Bédouins ni des Noirs, et c'est seulement dans la nature tempérée – ce qui ne veut pas dire celle où se distingue l'effort humain de domestication – que nous retrouvons le langage de notre âme.

Une route bordée de peupliers, une vallée dans la craie

des falaises de Caux, un bois de pins, un verger normand en mai ou en septembre, un pauvre tapis d'asters violets sur des vases salées, voilà ce qui saurait m'émouvoir. J'ai une grande faim de tout cela, car rien ne vaut un long jeûne pour faire apprécier les aliments et je me réjouis, avec passion, de ce bel automne qui va m'accueillir aux coteaux boisés de la Gironde.

En pirogue, 17 juillet 1926

PAYSAGES ET ATROCITÉS

Aujourd'hui, il fait beau. Le campement sur une butte domine l'immense fleuve qui a dans les 600 mètres de large. Je suis au milieu d'un parc de baobabs en fleur plantés dans une prairie très verte.
Le début des pluies, pour le Soudan, c'est notre printemps : tout reverdit et fleurit. Et par-delà ce parc, où sont dispersées les huttes de paille des Foulbés, voilà pour toile de fond le grandiose décor des monts Alinka : 1 500, 2 000 mètres de sommets érigés à même la plaine, et à portée de la main : cela fait son petit effet.
Tous ces jours derniers, me traînant lamentablement sur l'eau, j'avais pour consolation la vue de cette chaîne énorme où s'accrochaient des trains de nuages et où les jeux de lumière, suivant l'heure et l'exposition, étaient admirables à contempler.
Et, perchés sur ces pics, il y a des sauvages, des Kirdis qui vivent heureux, sans argent, sans civilisation, sans métaphysique.
Le capitaine Coste les a visités il y a un mois et bien des villages voyaient pour la première fois un homme blanc : on leur a donné du sel et de bonnes paroles et voilà faite une tournée d'apprivoisement. Les Allemands apprivoisaient à la mitrailleuse.
Ce qui ne veut pas dire que j'entends, en général, condamner l'œuvre coloniale allemande ! Ou leur reprocher des atrocités pour tenter de légitimer le vol de leurs colonies : que celui qui est sans péché leur jette la première pierre !
Pieux Américains, Anglais bibliques, Français

humanitaires, et amis du genre humain, tous, vous avez rivalisé en ce domaine et accumulé tant d'iniquités qu'on ne sait à qui attribuer la palme ! Et, malgré l'esprit moderne, la Ligue des droits de l'homme, la libre pensée, le radical-socialisme et les lumières de la philosophie, cela continue.

Mais, de grâce, n'accusez pas les Allemands, ou alors, révélez vos propres atrocités : elles sont égales et parfois pires.

Tchamba, 21 juillet 1926

Vanitas Vanitatum

Si j'ai bien compris une information colportée, Abd el-Krim se serait soumis et la guerre doit être terminée. Si cela est, cela avancera mon projet mauritanien, car on ne voulait pas s'en occuper avant la solution des affaires du Rif marocain.

Je compte beaucoup sur G. [1] qui y voit, sans aucun doute, une bonne affaire : si j'échoue, il me désavouera publiquement, mais si je réussis et que quelque gloire s'attache à l'entreprise, il s'attribuera, non moins publiquement, cette affaire, affirmant que... mais, je sais si bien ce qu'il affirmera, que voici le début de l'introduction qu'il fera à ma conférence ou au volume qui relatera mes travaux :

« Messieurs, vous vous souvenez, sans doute, des remarquables explorations que j'ai pu effectuer en Mauritanie à une époque où régnait la plus redoutable insécurité [ceci pour insinuer qu'il est plus méritoire de suivre une côte déserte sous la protection d'une compagnie de tirailleurs que de pénétrer seul dans les repaires des Ouled-Delim] et l'on n'en a pas oublié le retentissement mondial.

« Dès cette époque, je ne fus pas sans remarquer l'extrême intérêt scientifique d'une liaison saharienne

1. Le professeur Abel Gruvel, du Muséum national d'histoire naturelle, responsable de la chaire des Pêches et productions coloniales d'origine animale.

entre le Sud marocain et l'Adrar mauritanien : seules de péremptoires raisons de santé [comique !] et les nécessités d'un enseignement magistral très chargé [dérision !] m'empêchèrent, dès cette époque, de réaliser ce projet. J'ai pu récemment décider l'un de mes collaborateurs, M. Monod, à entreprendre cette expédition. C'est donc au Laboratoire colonial, Messieurs, c'est à son directeur, c'est à moi-même enfin que revient incontestablement l'honneur de cette remarquable mission.

« Par mes conseils, mes remarques, mes instructions de toute nature, je me suis constitué le cerveau de ce corps dont M. Monod était les pieds [galant !] et mon jeune collaborateur va vous exposer, Messieurs, les principaux résultats scientifiques de recherches que j'ai effectuées pendant le trajet et pour lesquelles la Société de géographie a bien voulu m'accorder sa médaille d'or [applaudissements]. »

G. sourit d'un air satisfait et nullement gêné ; une bouffée de légitime orgueil monte à son nez violacé.

Tchamba, 21 juillet 1926

HÉRÉSIE

Pendant de longues heures de tipoye, je relis en détail le pavé de Fernand Menegoz [1], *De Oratione.* Que c'est beau la certitude de l'existence d'un Dieu transcendant, personnel et extra-mental ! Les critiques passionnées de l'auteur attaquent tout ce que nous représentons, nous les « illusionnistes » de la théologie des postulats, de la théologie des valeurs, nous les pragmatistes... etc. Il est très fort quand il montre comment notre attitude enlève à la prière son caractère, jugé essentiel, de commerce avec un individu pour n'en faire qu'une pieuse autosuggestion. Oui, c'est bien juste.

Je suis plus hérétique et mécréant que je ne pensais, et

1. Fernand Menegoz était professeur de dogmatique à la faculté de théologie de Strasbourg. Le véritable titre de son ouvrage est *Le Problème de la prière.*

c'est à se demander si j'ai le droit de me réclamer de l'Église chrétienne.

Ma religion n'est qu'une éthique, christocentrique, il est vrai, et toute pétrie de tradition chrétienne, mais où le Dieu personnel de la Bible et de l'Église n'a guère de place.

Ma plus récente hérésie – qui m'apparaît parfois comme un vulgaire blasphème – est celle du Christ symbole. Je ne sais à peu près rien du Christ historique et le peu que j'en sais est noyé dans les pieuses légendes qui servaient d'ex-voto à ses premiers adorateurs. Cette personnalité n'a-t-elle pas joué le rôle d'un centre de cristallisation pour les énergies et les aspirations de l'homme vers l'idéal ?

Les générations chrétiennes n'ont-elles pas peu à peu, par leur projection dans le cadre du christianisme historique du meilleur d'elles-mêmes, composé le portrait qu'aujourd'hui nous contemplons et adorons ?

Menegoz a, de son côté, eu connaissance d'une hérésie qui ne m'est sans doute pas personnelle puisqu'il la caractérise avec une netteté extrême : « Le Christ que vous appelez notre Sauveur n'est-il pas, tout simplement, un homme, certes supérieur, mais pourtant semblable à tous les autres, auquel vous attribuez une autorité fictive en saluant en lui, arbitrairement, l'incarnation de l'idéal de perfection que vous portez au fond de vous-même ? »

Koutsch, 25 juillet 1926

NIETZSCHE

Je relis Nietzsche, le crayon à la main : autant je suis furieusement rétracté par bien des choses, autant je suis plein de respect, de sympathie et de pitié – de cette pitié qu'il abhorrait comme un signe de lâcheté – pour cet homme héroïque et malade, brisé de souffrances et se refusant à maudire la vie ; c'est, à sa manière, un saint. On a dit que le bouillonnement, en effet, prodigieux et *surhumain* de son pauvre cerveau a fait éclater l'instrument : il faudrait tenir compte aussi de l'hérédité du sujet ; le père est mort fou, sans avoir rien eu de surhumain, et un Nietzsche non génial, cuistre honnête et médiocre, eût peut-être quand même succombé à ce mal mental.

Piste, 11 août 1926

ASTICOTS *IN VIVO*

Je me croyais le terrain d'une entreprise de furoncles, et j'ai découvert qu'il s'agissait d'une myiase cuticole, affection aussi répugnante qu'anodine : on a de petits furoncles avec rougeur, puis sérosité, et si l'on presse bien fort, on en fait sortir... un asticot ! Charmant ! Il y a en effet en Afrique des mouches qui, au lieu de pondre sur les ordures ou les charognes, viennent vous poser leurs œufs sur la peau ; et jusque sur les parties les plus intimes ; c'est ce qui me fait supposer que la mouche, dans ce cas, a saisi pour sa ponte l'occasion de certaines nécessités biologiques.
L'œuf éclos, la larve s'enfonce dans la peau : elle est munie de crochets, ce qui explique, sans doute, les picotements et démangeaisons dont les lésions sont le siège.
Vivement la France et les bons pays où on ne sert pas – du moins de son vivant – de pâture aux asticots !

Bafoussam, 22 août 1926

ON FERME

Ces derniers jours de brousse ont quelque chose de mélancolique ; j'aurai quand même quelques regrets à abandonner cette vie si passionnante, ces départs à l'aube grise, ces panoramas inoubliables, ces crépuscules sur les montagnes, tout ce monde de sensations neuves : ici, chaque mètre de terrain est vierge et chaque instant disponible pour des perceptions nouvelles.
Pluies, trombes. Me voici au cœur de l'hivernage et de ses cataractes. Cela ajoute à la mélancolie de ces dernières journées, lourdes de la tristesse des choses qui finissent, des étapes mesurées – et franchies d'avance – après lesquelles commence l'inconnu.
Remords de tout ce qui n'a pas été fait dans le détail, tel

crabe non ramassé par paresse, tel piège non employé qui eût été, peut-être, d'un rapport fructueux, tel engin négligé qui eût augmenté les collections...
Je cloue les caisses : « On ferme » ou plutôt, comme disent les gardiens de musée : « On va bientôt fermer. »

Kongsamba, 30 août 1926

RETOUR

Et comment pourrai-je tenir en place entre quatre murs, dorénavant. J'aime le cloître, mais la cellule qu'il me faut n'a point de murailles, les souffles de l'alizé y font frissonner le gramen et l'on y voit bondir la gazelle surprise.
Je crains même que l'exercice de mon travail carcinologique ne souffre de ce grand besoin de désert et de savane qui me reste au corps ! Et puis, surtout, passer brusquement des galops dans la steppe aux journées patientes sur le microscope, cela sera sans doute dur : il faudra de l'énergie. Si la cage est trop petite, je saurai la rompre, et le fauve capturé retournera à sa savane.
Et au prochain départ, je pourrai crier avec Claudel :

« Ô mer, c'est toi ?... Je rentre ! »

En mer, 16 septembre 1926

CHAPITRE III

TRAB-EL-BEIDANE

(Le pays des Blancs)

En 1927, M. W. P. Draper, un riche Américain, demande au commandant Marcel Augieras de lui organiser une expédition au Sahara et souhaite y associer quelques scientifiques. La Société de géographie, consultée, désignera Vladimir Besnard et Théodore Monod pour remplir les fonctions de naturalistes.
L'expédition quitte Alger début octobre 1927, se rend à Tamanrasset, traverse le Hoggar, arrive au Soudan, rejoint Tombouctou et s'achève à Dakar en février 1928. Bien qu'à cette occasion ait été découvert le squelette fossilisé de l'homme d'Asselar, ce voyage ne sera pas un succès, mais il permettra à mon père de devenir saharien et d'être reconnu comme tel... Et ainsi, appelé à faire son service militaire, c'est tout naturellement qu'il évitera la caserne et sera affecté directement dans les compagnies sahariennes, au groupe mobile de l'Ahnet.
De novembre 1928 à février 1930, fiancé à Olga Pickova, il sera chamelier de 2e classe, mais restera naturaliste et profitera de cette période pour faire de la géologie et un relevé des gravures rupestres du massif de l'Ahnet.
La hiérarchie militaire se montrera très bienveillante à l'égard de ce chamelier particulier et, bien souvent, les déplacements du groupe seront envisagés en fonction de l'intérêt scientifique du parcours.
Théodore Monod publiera le résultat de ses travaux en 1931 : L'Adrar Ahnet – Contribution à l'étude physique d'un district saharien *et en 1932* : L'Adrar Ahnet – Contribution à l'étude archéologique d'un district saharien *(Travaux et mémoires de l'Institut d'ethnologie, Paris).*

PRÉPARATIFS DE DÉPART

Préparatifs terminés : coutures, emballages, agrandissement des boutonnières, consolidation des boutons (les boutons de la braguette des culottes de cheval sont si énergiquement consolidés qu'on a bien du mal à les introduire dans leur boutonnière !). C'est à de tels infimes détails que tient la réussite des expéditions : « C'est à ces humbles fondements que se bâtit la magnificence et la pompe des empires et la gloire des nations », comme dirait, après un petit coup de ce vin généreux qu'ignora Fénelon, l'aigle de Meaux.
Je vois assez le Bossuet, dans son petit pavillon « où il se retirait pour travailler » (*sic*), en train de charmer ses loisirs, entre deux couplets théologiques, par une vieille bouteille généreuse.

Alger, 4 octobre 1927

ANECDOTE

Histoire vraie : discussion au sujet d'une borne de champ. Le caïd et le géomètre se rendent sur le terrain ; un des Arabes prend le géomètre à part et lui dit quelques paroles. Ce dernier, fraîchement arrivé de France et encore honnête, s'écrie : « Il vient de me proposer 20 francs pour laisser la borne où il l'a mise ! » Aussi, le caïd s'indigne contre l'Arabe et se met en colère : « Fils de chien, crachat de bouc, cul de singe, etc. Mais à un homme comme ça, c'est pas 20 francs, c'est 500 francs qu'il faut donner ! »

Alger, 8 octobre 1927

COMPAGNONS

Ce matin, rencontre du commandant Augieras [1], absolument charmant, rien du militaire, barbu, extrêmement sympathique, très simple. Draper, Besnard sont parfaits : à moins que le soleil ne modifie les caractères, me voilà donc embarqué avec une équipe vraiment remarquable. C'est plaisir de partir en pareille compagnie.
Hélas ! je crois bien que c'est encore moi le plus salaud, que c'est moi *le* salaud parmi ces honnêtes gens. Ma tête de « rigolo de corbillard » va sans doute les dégoûter, mais peut-être que mes connaissances, mes capacités rachèteront ma cochonnerie ??

El-Golea, 15 octobre 1927

TOUAREG

Après les interminables plateaux désolés du Sahara arabe, voici la forteresse du Sahara touareg, les falaises glaiseuses du Mouydir surplombant la piste de quelque 200 mètres, les gorges verdoyantes d'Arak, puis le bastion central, le Hoggar avec ses hautes cimes de granit ou de basalte.

1. Chef de l'expédition financée par Mr Draper. Voir introduction du chapitre.

Ce matin, le goum du roi, l'aménokal[1] Akhamouk, nous attendait pour nous rendre les honneurs.
Tableau extraordinairement pittoresque et haut en couleur que cette armée de grands gaillards emmitouflés de turbans et de gandouras, voilés jusqu'aux yeux. Ah ! ils ont grand air, ces Touareg. Mais on a tant parlé déjà de cette race curieuse. En les voyant, je me suis dit : « Très bien imité, on dirait tout à fait des Touareg. » Trop de littérature préalable vous gâte la première impression : il n'y a plus de surprise possible quand on a déjà vu, décrits ou figurés, tous les détails de l'habit ou de l'équipement. Et, au lieu de s'étonner, on remarque ce qui manque : « Tiens, où sont donc les boucliers de peau d'antilope à appliques de cuivre ? »

Tamanrasset, 24 octobre 1927

PÈRE DE FOUCAULD

Moussa Ag Amastane, l'aménokal du temps du Père de Foucauld, est mort. Mais Dassine, l'héroïne de ses poèmes, vit encore ; peut-être la verrai-je.
J'ai couru à la tombe du saint : malheureusement on a édifié une sorte d'obélisque sous lequel on a réuni Foucauld et le général Laperrine, celui qui a séché dans le Tanezrouft après une chute d'avion. À quelques mètres, le petit bordj où Foucauld a été assassiné. Plus loin, sa maison. Je vais visiter tout cela.

Tamanrasset, 24 octobre 1927

Suis retourné à la tombe de Foucauld. Je m'étais heureusement trompé. À côté de la hideuse pyramide, il y a une toute simple tombe, un peu de terre avec une croix de bois. Je vais photographier le bordj avec la croix placée des mains du saint, et la porte devant laquelle on l'a tué.

Tamanrasset, 26 octobre 1927

1. Chef de tribu élu par les guerriers.

J'ai visité l'ermitage du saint et vu avec émotion sa chapelle, son cabinet de travail, la petite porte par où on l'arracha de son asile, le mur contre lequel il fut tué.

Tamanrasset, 29 octobre 1927

Aujourd'hui, ai été dire les béatitudes et la Lex Orandi (Credo, Auro, Spero) sur la tombe du Père de Foucauld.

Tamanrasset, 4 novembre 1927

J'ai trouvé ici un volumineux manuscrit de Foucauld : *Statuts de l'Union des Frères et Sœurs du Sacré-Cœur de Jésus.* C'est un recueil émouvant concernant cette espèce de tiers ordre que voulait Foucauld. Le chapitre XL, « Fin d'exil », serait à citer en entier :

« Voici l'Époux qui vient, sortez au-devant de lui », c'est sous cette forme qu'apparaîtra la mort aux frères et sœurs qui auront fidèlement rempli le devoir de l'Union... leur lampe sera allumée, l'huile de la charité y brûlera et jettera sa lumière. La mort sera pour eux l'entrée dans la maison de l'Époux, de l'Époux qui les a choisis pour Lui être intimement unis... "Voici l'Époux qui vient, sortez au-devant de Lui." Voici l'heure de paraître devant cet Époux qui nous a tant aimés, qui nous a tant prouvé Son amour, qui est mort pour nous, qui nous aime tant en ce moment même, et qui veut, à Son heure, si nous n'y mettons pas obstacle, achever ce qui manque à Sa complète union avec nous, et la rendre immuable et parfaite pour l'éternité...

« La maladie, le danger, la vision de la mort, c'est l'Appel. "Voici l'Époux qui vient, sortez au-devant de Lui." C'est l'espoir d'être bientôt unis pour toujours, sans pouvoir jamais ni L'offenser ni Lui déplaire, ni cesser de L'aimer et de L'adorer, ni être privé de Sa vue ou de Son amour, dans une connaissance et un amour que l'œil n'a pas vus ni l'oreille entendus, ni l'intelligence compris. »

Autres extraits de ce manuscrit :

« On fait du bien, non dans la mesure de ce qu'on dit et de ce qu'on fait, mais dans la mesure de ce qu'on est, dans la mesure de la grâce qui accompagne nos actes, dans la mesure en laquelle Jésus vit en nous, dans la mesure en

laquelle nos actes sont des actes de Jésus agissant en nous et par nous. »
« Nous serons détachés de nos propres cœurs en ne cherchant ni ne désirant les consolations ni intérieures ni extérieures, mais en désirant uniquement que la volonté de Dieu se fasse en nous, souhaitant, toutes choses égales d'ailleurs, plutôt la douleur que la joie, pour être plus capables de glorifier Dieu en payant un plus grand tribut de souffrance. »
« Saint travail des mains. Non seulement tous devront travailler, avoir une vie laborieuse, mais ceux d'entre eux dont le travail est surtout intellectuel devront y joindre, au moins pendant quelques instants par jour, un travail manuel bas et humble, pour se grandir par cette imitation de "l'artisan fils de Marie", pour vivre quelque chose du Saint Évangile, pour comprendre l'Évangile qu'on comprend non en l'entendant mais en le pratiquant, pour apprendre à ceux qui les entourent la noblesse, la grandeur du travail manuel et leur en inspirer l'amour et le respect. »

Tamanrasset, 6 novembre 1927

T.S.F.

Notre poste de T.S.F., habilement manœuvré par Besnard, commence à fonctionner. La nuit dernière, la voix d'un Londonien et le carillon d'une horloge milanaise sont venus se poser au centre du Hoggar : cela fait tout de même un certain effet. C'est émouvant cette petite boîte de bois où viennent de si loin se concentrer les ondes éparses dans le ciel.
La T.S.F. nous servira à prendre les signaux horaires de la tour Eiffel pour pouvoir faire le point en longitude.

Tamanrasset, 4 novembre 1927

COMPAGNONS

Augieras est charmant, intéressant, peu causeur, pas blagueur, vraiment épatant.
Le météorologiste, lieutenant Gierzynski, est d'une pâte moins fine. Il est chargé de la popote, ravitaillement,

« Compagnons » de la mission Augieras et Draper.

convoi, toute l'horreur de l'organisation matérielle, les querelles avec les chameliers, les soucis alimentaires. C'est une charge énorme. Naturellement, le personnel scientifique est indispensable à la réussite technique de l'expédition, mais sans Gierzynski nous n'irions pas fort et pas loin, malgré nos filets à papillons ou nos théodolithes !
Quant à Draper, il est correct, décent, poli, mais reste et demeure un amateur et un touriste. Qu'il se rende compte qu'il n'est pas lui-même un *scientist,* parfait, mais au moins qu'il réunisse des documents pouvant être mis en œuvre par d'autres ! Il ne travaille pas lourd.
Je lui ai fouillé une tombe ancienne, extrait un squelette, emballé le dito dans du crottin d'âne pulvérisé de mes blanches mains !
Comme si je n'avais pas assez à faire avec *ma* zoologie et *ma* botanique !

Tamanrasset, 4 novembre 1927

DÉPARTS

Départs, départs, je vous louerai, et la grande aventure, les aubes grises et l'aigre vent qui tourbillonne – le cœur incertain vacille –, les flamboiements du midi – oh ! les pauvres lèvres gercées, en carton bitumé et qui éclatent –, les crépuscules mauves ourlés de rose et la douceur des soirs dans l'immense fatigue des étapes accomplies, les nuits pures sous le signe incliné du scorpion, départs, départs, je vous louerai.
Plus loin, plus loin encore, il est temps. Marche encore ô cœur inquiet, dans la perpétuelle révolution des choses, dans les écroulements des mondes, remâche la cendre amère de tes doutes et de tes misères...
Les chameaux sont arrivés et on procède au chargement au milieu d'un prodigieux brouhaha. Mon méhari blanc est sellé. Tout est prêt. Le vent s'est levé brassant le sable en panaches fumeux. Il est temps, mon âme, partons, partons vers des horizons plus vastes encore, des paysages plus solennels, vers la paix de Dieu.

Tamanrasset, 7 novembre 1927

FRUSTRATION

La mission, en débâcle, a abouti à Tombouctou : le Sahara est bien fini – pour cette fois. Nos chameaux sont vendus, nous rentrons vers le Sénégal et la France par le Niger.
Suis très affecté par notre déroute qu'Augieras ne paraît pas ressentir beaucoup.
Depuis que le Sahara m'a échappé, je suis dégoûté de tout et de tous et plus rien ne m'intéresse. Je n'aspire plus qu'à retrouver le Muséum. En somme, je n'ai eu que deux mois de vrai Sahara !

Tombouctou, 22 janvier 1928

SOCIALISTE

Entendu quelques férocités politiques : ça n'empêche pas le socialisme révolutionnaire d'être en marche, Dieu merci. Quel chemin a fait l'organisation révolutionnaire et syndicale depuis seulement cinquante ans ! Que n'en peut-on attendre ? Chez les socialistes, je suis à la droite du parti, puis, en face de la stupidité ou de la férocité bourgeoise, je me rejette avec passion et ferveur à l'extrême gauche. Socialiste de droite ou de gauche, je reste passionnément socialiste, sans plus, et c'est assez.

Paris, 25 avril 1928

SERVICE MILITAIRE

On a beau dire, si je fais mon service militaire sans un jour de vraie caserne et sans un jour d'instruction militaire proprement dite, je m'en serai tiré à bon compte et même à compte honorifique, car c'est une situation exceptionnelle, invraisemblable, jamais vue et qui ne se reverra sans doute pas. Les scribes de Paris, Marseille, Alger n'en reviennent pas et se frottent les yeux : « Monsieur est saharien ? » (et saharien, à partir d'Alger, on sait ce que c'est !), « Monsieur désire passer par Touggourt ? » « Une feuille de route pour Monsieur qui voyagera isolément comme "chef de détachement" (*sic*)... Qu'est-ce que nous pouvons faire de plus pour

Monsieur ? » Et puis, quelle belle revanche sur les charitables sarcasmes que me prodiguaient mes bons oncles, espérant que, malgré tout, je finirais bien, quand même, par être happé par une caserne française, et astreint aux basses besognes de celle-ci ! Mais non, avec votre permission, le filet s'est rompu et je me suis échappé !

Tout ceci et le reste m'apparaît parfois miraculeux, providentiel : ce service militaire est très honorable et je ne le dois nullement à des influences extérieures, mais au ministère, au gouvernement militaire de Paris, au général Lamothe (Alger), au commandant Gauthier (Ouargla), au commandant Augieras (In Salah) qui ont décidé d'une situation aussi étrange.

J'en suis très fier : ne fait pas qui veut son service militaire aux Compagnies sahariennes !

Biskra, 19 novembre 1928

SERVICE MILITAIRE

Drôle de service ici où je ne suis qu'une sorte de pensionnaire à la caserne, où personne ne s'occupe de moi, où je suis libre d'aller et venir à mon gré du lever au coucher du soleil. Le soir, vers 21 heures, un sergent passe devant la porte, frotte une allumette blafarde et gémit : « Manque personne ? » Puis la flamme de l'allumette atteint le doigt, elle tombe par terre, la nuit se refait et le sergent s'éloigne.

La vie est aussi peu militaire que possible. D'ailleurs, ce n'est pas banal, ces compagnies où le soldat doit s'équiper et se nourrir à ses frais ! Je vais sans doute devoir me payer un chameau... Dans l'ensemble, ce service ne sent ni la banalité ni le renfermé : c'est invraisemblable.

Ouargla, 23 novembre 1928

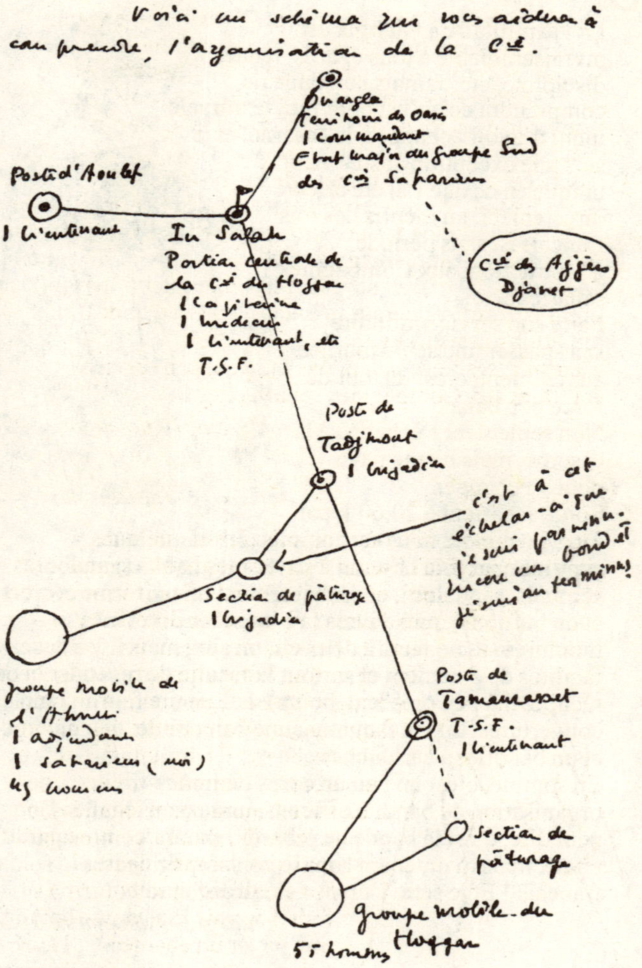

Organigramme et organisation des compagnies sahariennes en 1928.

COMPAGNIES SAHARIENNES

La vie militaire à Ouargla est invraisemblable à tous égards, tenue, discipline, etc. Jamais personne ne comprendra ce qu'est pour moi le miracle inouï d'avoir échappé à la caserne, et je suis une exception absolument unique en ce que j'ai été affecté directement, au mépris des lois françaises, sans période d'instruction, aux Compagnies sahariennes.
Faire son service militaire sans passer une seule journée au régiment, c'est un tour de force peu banal.
Non seulement j'échappe à la caserne, mais on me paye pour y échapper.
Solde saharienne 20,60 F par jour. La popote nous est comptée 7 F et quelques centimes par jour. J'aurai à payer mes habits (gandouras, sérouals, sandales... et probablement un uniforme correct et un burnous), mes vivres (à l'intendance) et mes montures (il me faudra deux chameaux, mais il y a des facilités de paiement et surtout la faculté de revendre et de récupérer à peu près le débours). L'État me fournit cinq couvertures, un mousqueton, une baïonnette, une djebira [1] et un baudrier à cartouches.
En somme, c'est un peu un corps de francs-tireurs, une organisation de bandits officiels, un rezzou légal, si l'on peut dire, c'est la bande de pillards opérant comme par le passé, mais maintenant sous le contrôle de cadres français ! Et je serai l'un de ces hardis bandits !

Ouargla, 7 décembre 1928

1. Sacoche portée en bandoulière, contenant les réserves de cartouches.

APOSTASIE

Ma vocation monastique et ma lourde hérédité ecclésiastique ne sont pas mes moindres soucis. Je ne me consolerai jamais, jusqu'à la mort, de n'avoir pas su devenir l'héritier spirituel de mon père et de l'avoir laissé sans postérité dans ce domaine-là, trahissant ma race, une race qui saura se venger de mon infidélité. Par exemple, si j'ai des fils, puisse Dieu les prendre pour cloarecs [1], puisse-t-il leur communiquer l'héroïsme que leur père n'aura pas su avoir (ou conserver) : ils rachèteront mon apostasie et, par-dessus la médiocrité et la lâcheté paternelles, prendront des mains de leur grand-père le flambeau de la tradition.
Cela, c'est le rêve : peut-être seront-ils la proie de l'incroyance, du fanatisme ou, pis encore, du vice ?

Ouargla, 10 décembre 1928

VOLONTÉ DIVINE

Tout le drame de la vie humaine vient de ce que, Dieu ne pouvant parler qu'à travers nos consciences individuelles, nous sommes perpétuellement tentés de considérer comme approuvés ou sanctionnés, voire imposés par Dieu, des actes que peut-être notre seul égoïsme, notre seul orgueil, ou la seule tyrannie des processus chimiques de notre être physique nous obligent à accomplir. Bref, c'est toujours sur cette difficulté, sur cette impossibilité de discerner la volonté divine, que l'on se fracasse le crâne.

Ouargla, 12 décembre 1928

PROJETS UNIVERSITAIRES

Je pense parfois à reprendre la philosophie, et plus souvent encore à tenter l'agrégation. C'est une question délicate car il faudrait y consacrer du temps, beaucoup de temps, enlevé aux recherches professionnelles : ce serait un travail nocturne en tous les cas. Et puis, il faut voir si

1. En Bretagne, le fils cadet destiné au sacerdoce.

j'aurais la possibilité matérielle de préparer et de passer le certificat de chimie. C'est peut-être bien difficile une fois lancé et enfoncé dans une carrière ? Mais cela ne m'ennuierait pas, après un service militaire sans caserne, de m'offrir une agrégation sans « rue d'Ulmisme [1] », une déformation mentale assez peu sympathique et passablement contagieuse ! Enfin, on verra bien.

Ouargla, 13 décembre 1928

ETHNOGRAPHIE BIBLIQUE

Cela m'amusera peut-être un jour de réunir, sans aucun souci d'édification, des citations bibliques (traits comiques, histoires juives, détails ethnographiques, existence dans les régions désertiques), pour une comparaison entre la vie des méharistes israélites et celle des goumiers touareg : c'est prodigieux d'analogies. Que d'histoires, de mots, de phrases (pour qui sait lire et pour qui connaît le Sahara) que l'on peut traduire en termes actuels : rezzous, contre-rezzous, puits comblés, le problème du pâturage, du partage des prises, l'oasis, la contribution du guerrier *au* marabout, puis le prélèvement du guerrier *sur* le marabout, les disputes pour la question de l'eau, la piste perdue, le guide, les eaux salées, etc. Il n'est d'ailleurs pas étonnant que la connaissance du désert communique au vieux folklore des *Banou Israel* un relief et une vie extraordinaires : même milieu physique et, parfois, même race, puisque si les Touareg sont de purs Berbères, tout ce Sahara algérien est aux mains des tribus arabes, sémites. Quelle leçon d'histoire sainte !

Ouargla, 15 décembre 1928

MASSACRE

L'armée, à certains égards, pour celui qui veut, est encore le meilleur succédané de cloître pour ceux qui ne sont point moines : l'armée, en tout, sauf en sa raison d'être, bien sûr, qui est de tuer des hommes. Ce rappel m'a

1. Allusion à l'enseignement dispensé par l'École normale supérieure de la rue d'Ulm à Paris.

consolé d'un tout chaud massacre dans l'Ouest saharien où ont péri plusieurs militaires. Je plains les survivants, les familles ; mais les morts ? Pourquoi les plaindre s'ils ont devancé l'appel ou s'ils s'imaginent avoir devancé l'appel ? La mort tragique – et encore, qui peut savoir ? – est celle de l'ouvrier qui interrompt une œuvre saine et noble, mais les autres ? Et ces militaires, ils avaient embrassé un métier qui consiste à jouer avec la mort (autant que possible avec celle de l'ennemi), mais quand même, l'hypothèse de *leur* mort était prévue aux règles du jeu. Et ces officiers, s'ils n'ont peut-être jamais tué eux-mêmes de leur main, ils ont collaboré de près ou de loin à d'autres massacres et se sont réjouis de ce que « les chassepots avaient fait merveille ». Moi aussi, puisque je paye des impôts ; mais ce sont des choses auxquelles il ne fait pas bon trop songer, car ou bien on menace son équilibre cérébral, ou bien on risque d'avoir à constater qu'au contraire, des questions aussi tragiques nous prennent moins aux entrailles que nos laryngites ou nos ampoules !

Ouargla, 16 décembre 1928

Mode de Vie

Je hais le monde et cette prétendue civilisation qui par son luxe et ce qu'elle appelle le *progrès* veut étouffer (et réussit admirablement) la santé morale, l'amour de la simplicité, la vie saine, c'est-à-dire les seules conditions, je le crains, où puisse germer la semence évangélique. La vie en société ? Oui, mais courageusement dégagée de tout ce qui la pervertit et la corrompt.

El-Golea, 19 décembre 1928

El-Golea

Quelle merveille que cette oasis d'El-Golea ! C'est quelque chose de tout à fait unique. Petite oasis, mais d'un pittoresque extrême, d'abord par sa position même, entre la belle falaise de calcaires crétacés et le moutonnement doré du grand erg à l'ouest. Puis l'acropole, où je suis grimpé hier matin, dans l'air pur et poudré de clarté d'un beau jour d'hiver : un socle de 90 mètres de haut posé sur la palmeraie et couronné d'une ville féodale, en ruine, avec ses murs, ses défilés, ses escaliers, ses mille passages tortueux, ses abris souterrains, ses terriers, et tout en haut, cette plate-forme juchée en plein ciel et d'où l'on a l'un des points de vue les plus grandioses, les plus émouvants que l'on puisse rêver.

Et puis les arbres. Ce qu'il y a d'inouï, à El-Golea, ce sont ses jardins. À In Salah, à Ouargla, il y a des palmiers et que des palmiers. Ici, des cyprès à rendre l'Ombrie jalouse, des eucalyptus énormes à faire crever d'angoisse l'Australie, des palmiers rôniers à précipiter le Sénégal dans une frénésie de concupiscence ! Et puis : des cerisiers, abricotiers, cognassiers, framboisiers, citronniers, mandariniers, orangers (qui n'a pas vu les orangers vert sombre tout chargés de sphères d'or dans l'ombre des palmiers n'a rien vu), grenadiers, rosiers, etc.

Et de l'eau, de l'eau partout, jaillissante, artésienne, de l'eau vivante pleine de petits mollusques noirs et de grenouilles. Comme on se sent, parfois, tenté de trop aimer l'Univers et d'oublier que le plus petit mouvement de charité vaut des mondes !

El-Golea, 21 décembre 1928

TÉLÉGRAMME

C'est désolant. Décidément les télégrammes, dès que l'on sort du « bien arrivé, départ demain, lettre suit », sont à peu près inutilisables. Quant aux langues étrangères, cela devient du pittoresque et ce qui part en tchèque de Paris arrive à Ouargla en patagon et à In Salah en maori.

Je badine, mais c'est fort cruel.

El-Goela, 24 décembre 1928

DÉTERMINISME

Je vais lire Schopenhauer : ce me sera un excellent exercice intellectuel. J'ai éprouvé pour *Zarathoustra* énormément d'admiration (et parfois de pitié), et l'étude d'une philosophie pessimiste m'intéressera au plus haut point. Je suis curieux de connaître son avis sur la liberté et la responsabilité, je crois bien que je suis en train de sombrer dans le déterminisme le plus foncier : nous avons fait ce que nous *ne pouvions pas* ne pas faire, nous sommes ce que nous *ne pouvions pas* ne pas être, nous deviendrons ce que nous *ne pourrons pas* ne pas devenir. Seulement, il faudrait savoir si la cause de nos actes c'est la teneur en chlorure de sodium de notre liquide cérébro-spinal ou *Deus omnnipotens* ! Mais renoncer à la liberté, c'est nier la responsabilité ; il n'y a, partant, plus ni bien ni mal : il y a ce qu'il y a. Alors ? Alors, zut.

In Salah, 7 janvier 1929

Morale Conjugale

Je demeure vivement préoccupé par l'aspect biologique des questions et je déplore l'incapacité de la chrétienté évangélique à dégager les éléments d'une morale conjugale bien définie. C'est, peut-être, aussi difficile que de se mettre d'accord sur le sacrement.

La boutique romaine, au moins, ne mâche pas ses mots et parle clair. La nôtre ne paraît guère se rendre compte que la vie humaine est tout entière dominée par deux questions : la religieuse et la sexuelle. Sans doute désire-t-on marquer, par cette carence, qu'il s'agit de cas d'espèces et d'affaires ne concernant que la conscience individuelle.

Mais une parole forte et autorisée (comme celle de l'Église romaine) est une bonne chose en pareille occurrence : si l'on y croit, alors tout est clair, on sait qu'ici Dieu permet, et que là commence le péché. Seulement, il y faudrait pouvoir croire !

In Salah, 14 janvier 1929

Sainteté

Le saint n'est tel que parce qu'il est obligé à la sainteté, contraint, violenté : peut-être a-t-il même rêvé de quelque douceur en la vie, mais le feu qui le ronge intérieurement va le conduire en d'autres aventures ; il faut qu'il parvienne au but, brisé, sanglant peut-être, mais il doit arriver, et, de loin en loin dans l'histoire, il arrive.

In Salah, 14 janvier 1929

PROGRÈS MATÉRIEL ET PROGRÈS MORAL

En quoi le progrès matériel favorise-t-il le progrès moral, le seul qui importe ?
Est-ce qu'il ne le retarderait pas plutôt ? Je ne veux nullement dire que les primitifs soient plus vertueux que nous : mais est-ce que le primitif, acceptant la loi évangélique, ne pourra pas lui obéir avec moins de difficultés que l'ouvrier d'usine d'une cité occidentale ? Est-ce que le progrès matériel ne se fait pas aux dépens de la vie spirituelle ? Songeons au rôle néfaste du luxe et de l'exclusive recherche du bien-être matériel dans nos civilisations. Maintenant, le luxe est quelque chose de relatif, et la concupiscence de monsieur X pour une auto est psychologiquement, peut-être, équivalente à celle de Matéhé Bibongo pour une peau de cabri particulièrement élégante. Où va la civilisation occidentale ? Il est trop tard pour faire machine arrière : même les individus ne pourraient parvenir à reconquérir la simplicité que le milieu – dont ils demeurent solidaires qu'ils le veuillent ou non – leur interdit.

In Salah, 1er février 1929

MARIAGE

Quelle loterie que le mariage ! Quel triomphe de la chance et du hasard ! Quelle aubaine, parfois, mais souvent quel drame ! Réduire la part du hasard, oui, l'annihiler : impossible. Nous ne connaissons jamais d'une femme, avant le mariage biologique, qu'une certaine proportion de ce qui fait sa personnalité morale ou intellectuelle et sa personne physique. Quelle tragédie si l'accord spirituel allait se compliquer d'incompatibilités physiologiques, organiques ! Oh ! que ces jeux sont dangereux ! J'aime beaucoup, pour l'élégance de leur parure ou la perfection de leur chant, les oiseaux de paradis, mais que le ciel me préserve de jamais en épouser un. Et revoilà l'antithèse : on n'épouse pas qu'un visage, certes, mais on n'épouse pas non plus qu'un cerveau. Alors, quelle improbable coïncidence faudrait-il pour réunir les deux, le visage qui plaît et le cœur qui attire !

On n'épouse pas une femme pour la seule raison d'une communion d'idées ou de sentiments. Mais on n'épouse pas non plus – et moins encore peut-être – une femme au seul titre de remède contre les désordres physiologiques et spirituels qu'entraîne la continence. Nos pères, les martyrs, avaient encore cette conception d'un mariage considéré sous ce seul aspect du remède à la débauche. Je ne suis pas de cette école ; nous ne sommes ni tout corps ni tout esprit : et voilà précisément le drame.

In Salah, 2 février 1929

Marches Forcées

Alors, ce coup-là, ça y est, et en brute, mieux, en vache. Il y en a qui entrent dans l'eau froide tout d'un coup, avec une certaine ostentation, un apparent mépris de la douleur, un vaste « splach » et moult éclaboussures aux voisins qui ménagent entre l'épiderme et l'élément glacé un contact graduel : un pied, une cheville, un doigt pour vérifier la température, le genou – deux pas en arrière, un en avant –, le nombril, etc.

C'est ce que j'aurais peut-être fait pour le Sahara : *poco a poco,* car je suis fort ennemi de l'effort physique (mais si, mais si !) ; une toute petite étape jusqu'à en entamer une forte dans quelques mois.

Mais le destin en a voulu autrement et, après tout, c'est peut-être bien comme cela, au moins c'est franc, c'est brutal. Donc, au lieu des savantes graduations dont je rêvais, j'ai tout de suite, sans avoir eu le temps de seulement voir venir, été précipité au *very heart* des ascèses sahariennes ! Entre In Salah et le Mouydir, il y a un Tanezrouft – il y a la chose sinon le nom (crénom de nom) –, c'est-à-dire un désert maximum et rien à manger pour les chameaux. Or ici, on dépend, de la façon la plus étroite, des montures : l'homme passe ensuite. Alors, pour franchir cette zone infernale, on a recours à des

marches forcées très relativement voluptueuses. Quand, sur 24 heures, on a eu une journée de 16 heures dont 12 de marche effective, partie à pied (à la tienne pour les pieds : ampoules, ongles écrabouillés et *tutti quanti*), partie à chameau (à la tienne pour les fesses), par une température à crever de froid à midi sous le burnous, ce qui n'empêche pas le soleil d'être brûlant et de vous ravager la figure, on en a plein les bottes.
Un jour, on souhaite que le vent cesse car on grelotte, le lendemain, on désire qu'il se lève car on meurt de chaud... (le Sahara : « un pays froid où le soleil est chaud »).
Cochon de pays, va ! Salaud !
Mais, quels crépuscules, quelles nuits sous les étoiles et des étoiles peu familières : Orion au zénith, tête en bas ; le Scorpion tout droit sur sa queue en plein ciel, au lieu de hisser péniblement le rouge fanal d'Antarès au ras des peupliers de Ménard ; la Croix du Sud retrouvée, etc. Je me promets force astronomie : après tout, cela vaut encore mieux que d'aller au café.

Vers Tadjmout, 12 février 1929

MÉHARISTE

Quel extraordinaire organisme que le corps humain ! Quelle puissance adaptative ! Quel mécanisme ! S'écrouler, au bout de l'étape, avec les pieds douloureux, recru d'épuisement, avec le sentiment qu'on est à bout, qu'on ne repartira pas... et, dans l'aube fraîche, la chéchia sur l'occiput, le burnous noblement drapé, s'en aller vers une nouvelle étape d'un pas guilleret en tirant son chameau par le nez ! Car le méhariste ne monte pas sur un chameau, c'est un monsieur qui marche à pied, en tirant son chameau par la figure.

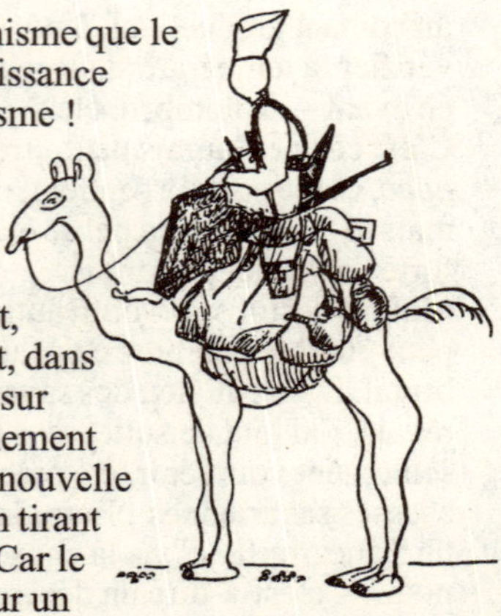

Je veux exceller dans le métier de méhariste. J'avance

rapidement d'ailleurs : harnachage, campement, équitation, tout va de front et il le faut, car le temps n'est plus où mon méhari tout sellé m'attendait devant ma tente : il faut tout faire, tout apprendre, mille détails, mille recettes, ne rien oublier. Mon chameau et moi formons maintenant une unité, un microcosme qui doit se suffire : j'ai *ma* marmite, *mes* guerbas [1] (sacro-saintes guerbas, payées fort cher, et qui me sont aussi précieuses que la vie puisque celles-là conditionnent la continuation de celle-ci), *mon* sac à farine, *ma* cuvette qui sert à tout, depuis les ablutions pédestres jusqu'au pétrissage du pain azyme. Ce n'est pas précisément une vie embêtante, tout ce qu'on voudra : niaise, héroïque, folle, dangereuse, stupide, tout ce qu'on voudra, mais pas embêtante !

Tadjmout, 13 février 1929

TADJMOUT

Tadjmout... J'étais ici en octobre 1927 ! Coin infiniment pittoresque dans une région de hautes falaises de grès : une source – une vraie source qui coule –, quelques palmiers. Quel site pour un ermitage ! L'ermitage existe c'est le bordj, l'ermite aussi (le brigadier), mais il n'a pas l'air très pieux !

Tadjmout, 13 février 1929

1. Outres en peau de chèvre.

Alimentation Carnée

Je commence à n'être pas loin de croire que l'homme qui se nourrit de farine depuis six mois doit être bien près d'accepter, sans trop hésiter, un gigot de gazelle, et, par conséquent, de ratifier le meurtre de cette aimable bestiole. J'ai toujours admis que trois cas pouvaient se présenter où le meurtre de l'animal était, sinon louable, du moins défendable :

1. défense de sa vie ;
2. but scientifique ;
3. alimentation en cas de réelle nécessité.

Les méharistes auraient-ils le droit de revendiquer l'absolution, eu égard à la troisième hypothèse ? Naturellement, on peut vivre (= ne pas mourir) avec de la farine et même avec de l'écorce d'acacia ou de la fiente de lézard. Mais il ne faut pas non plus se laisser grever (le *g* est euphonique), et un vieux pot-au-feu des familles, même emprunté à un mouflon, peut devenir une quasi ou totale nécessité. Par principe, je suis végétarien. Le massacre inutile, non ; mais nourrir les méharistes pour l'effort qu'ils ont à fournir, ce n'est pas du luxe. D'ailleurs, il peut y avoir des cas où, retard de convoi par exemple, il n'y a plus le plus léger embarras du choix.

Tadjmout, 13 février 1929

En Route

Toujours dans cet admirable Tadjmout, loin du monde, avec un légionnaire hanovrien et deux soldats arabes. Le courrier d'In Salah sera ici dans quatre ou cinq jours, celui de l'Ahnet aussi, et il me faudra repartir pour atteindre, enfin, le terme de mon voyage. On ne peut pas aller plus loin, c'est le terminus. Au point de vue militaire – il faut employer les mots exacts – c'est le « front », un front calme cette année, un front où on ne s'est pas battu depuis 1926, mais un front quand même. In Salah, c'est le dépôt ; Tadjmout, c'est le cantonnement de repos.

Tadjmout, 16 février 1929

VICTOR HUGO

Lu pas mal de Victor Hugo. Du beau par endroits. De beaux sentiments de générosité humaine mais ce panthéisme perpétuel et grandiloquent me donne la nausée : et il appelle cela « Dieu » ! Trop de nids, trop de papillons, trop d'ailes, trop d'aurores, de vents, d'orages, d'étoiles : quelle salade ! Mais quand même, V. H. nous fatigue. Un souffle prophétique par endroits : les anathèmes au « roi » et au « prêtre » ont une certaine fougue, mais évidemment, c'est un peu simpliste. Et puis cette religion filandreuse (mais sonore !) du progrès, du peuple (qui n'a bien entendu ni les vices des rois ni la bêtise des prêtres), de l'humanité, cet optimisme vertueux ne me dit pas grand-chose : il n'y manque *que* le péché ; à part cela !...

Tadjmout, 16 février 1929

BAIN DE SIÈGE

Au Sahara comme au Sahara... Je possède, comme vaisselle : une cuvette, une marmite, une bouilloire. Aussi ne faut-il pas s'étonner que ces instruments servent à bien des choses, à des usages variés, très variés, trop variés même. C'est sans doute condamnable au point de vue civilisation, mais le moyen de faire autrement ?
Hier, par exemple, ayant les fesses passablement à vif et irritées, j'ai pris, dans la cuvette, un bain de siège émollient, détergent, adoucissant, lénifiant du plus splendide effet, et, faut-il le dire ? une heure après, on nous servait un délicieux couscous aux lentilles dans une cuvette qui, ma parole, avait avec celle du bain de siège une troublante ressemblance : on eût juré la même ! Et pour cause... Mais, que voulez-vous, à la guerre comme à la guerre !

Gueïla, 20 février 1929

ARGENT

J'ai malheureusement – c'est peut-être très coupable pour un chef de famille – un dégoût, une terreur, un mépris pour l'argent tout à fait considérable et incontrôlable : je serais volontiers prodigue et négligent à cet égard, tant ce qui concerne l'argent me répugne. C'est très mal, je suppose, et je n'en peux mais.

Oued Arak, 21 février 1929

VENT DE SABLE

Depuis hier soir, vent de sable : c'est extrêmement désagréable – pas à regarder d'une maison au travers d'une vitre étanche, mais à subir au ras du sol, au niveau du sable. C'est un de ces vents de poussière qui ne sont pas violents, mais qui déposent sur tout, et sans arrêt, une poudre impalpable mais terriblement mobile et pénétrante. Mêmes rapports entre cette pluie de poussière et les grands vents de sable propres et brutaux qu'entre notre crachin rouennais et une belle et franche averse.
Donc, du sable partout, sur soi, dans les yeux, le nez, les oreilles, la bouche (les dents crissent), les lèvres (en carton bitumé), les cheveux (on pourrait y semer des radis, seulement il faudrait pouvoir arroser !), les livres, les bagages, tout était jaunâtre ce matin. Quelle déplorable invention ! Je ne la saurais trop condamner, c'est une cochonnerie, je main-tiens-l'mot, une co-chon-nerie. Mais patience, je verrai mieux ! Et les mouches ! Autre cochonnerie ! Rien de plus agaçant que d'avoir la figure pleine de ces sales bêtes et de ces bêtes sales.
Enfin, cela fait partie du programme et il faut bien que le métier rentre.

Oued Arak, 24 février 1929

NOURRITURE

Je crois bien que, après avoir appris à mépriser la qualité, ce dur pays va m'enseigner à ne pas compter non plus sur la quantité et cela est un jeu à côté de ceci, surtout pour moi, gros mangeur et sans aucun entraînement à une frugalité autre que qualitative. C'est encore une leçon à apprendre. Ici, il n'y a pas de boutique où l'on puisse acheter à manger quand on a faim ! Et quand on a devant soi un petit sac en cuir avec 15 kilos de farine et qu'on sait qu'il n'y a rien à espérer d'autre avant trente et un jours (si le convoi de ravitaillement n'a pas de retard), cela fait réfléchir. Excellente chose. Mais 500 g de farine par jour, quand on n'a rien d'autre, c'est peu et cela nécessite une éducation de l'estomac à laquelle je ne suis pas encore parvenu. Mais il n'y a aucune raison que je n'y puisse parvenir, tout comme mes compagnons d'infortune.

Gorges d'Arak, 27 février 1929

NORMANDIE

Ah ! oui, les forêts normandes, la mousse, l'âpre senteur des feuilles mouillées et, parmi les brindilles cassées par le dernier grand vent, le corail jaune des clavaires ! Oui, l'hiver à la campagne ; la grève de Vaux et sa dune solitaire où siffle le vent dans les rudes graminées des sables ; la Seulles où, entre les banquettes de vase grise, monte, silencieuse, gonflée, énorme, triomphante, poussant jusque sur le sentier noyé son liseré ondulant de bouchons, de fétus, une glorieuse marée de pleine eau. L'arc livide, blafard entre deux nuées d'orage, entrevu à travers les pins violacés d'un bois Ménard, et de l'observatoire gazonné, au bas de 300 pieds de craie blanche zébrée de silex noir, le choc écumeux du ressac sur le Rateau ou le Chicart ! Ah ! Normandie, Normandie, pluvieuse terre de Normandie...

Vers Alegnenou, 10 mars 1929

ADAPTATION

L'homme est le plus merveilleusement adaptable de tous les bestiaux : cela tient du miracle. À Ouargla, je trouvais la viande de chameau dure et les pois cassés fréquents ! À In Salah, je jugeais le riz moisi et aigre et le vermicelle

terriblement quotidien. Et maintenant – dans une section en panne de vivres – je me délecte des bouillies les plus canines, et, s'il y en avait encore, j'en reprendrais !
Et, avouons-le, ce tréfonds me plaît ; j'y ai des propensions étranges, des dispositions naturelles.
Je ne sais pas trop comment je pourrai retrouver l'usage des maisons, des fourchettes, des lits, de tout ce qui a été inventé d'inutile et de superflu ! Voilà quatre mois déjà que je ne me suis pas déshabillé pour dormir, et que je n'ai pas dormi dans un lit.

Oued Arak, 10 mars 1929

Angoisse existentielle

Ce matin, au départ, il y avait dans la caravane un esclave, berger de chameaux, qui pleurait... Je m'enquis de son désespoir, étant quelque peu de ses amis : « Ces départs, ces éternels départs sans arrivée, sont trop la poignante figure de notre voyage spirituel pour ne nous point déchirer l'âme... Nos pas, nulle part, ne se pourraient fixer et si l'ombre tiède, un moment trop fugitif, s'offre à la lourde fatigue des corps épuisés, bientôt retentit de nouveau l'ordre impérieux : "Prends ton bâton, et marche vers ta douleur, ô voyageur", et il faudra repartir, repartir encore et, sur le sentier rocailleux où le pied se meurtrit, avancer, mais sans but, marcher, sans but, marcher toujours mais sans espoir d'arrivée, dans l'universelle incertitude. »
« Heureux ceux qui pleurent car ils seront consolés », dis-je à l'esclave qui pleurait encore. Consolés ? Peut-être, mais ailleurs... Ô sainte Sion, où tout est stable et où rien ne tombe !

Dans les montagnes du Mouydir, 12 mars 1929

Humanité

Une humanité parfaite n'aurait plus besoin de se reproduire (peut-être même pas le droit, de peur de mutations brusques dans le mauvais sens), car je ne pense pas que l'humanité sanctifiée soit elle-même chargée de régénérer le monde animal pour lequel la disparition de l'homme serait déjà un si prodigieux bienfait.

Dans les montagnes du Mouydir, 13 mars 1929

Esprit Critique

L'adjudant a de l'esprit critique : c'est prodigieux, pour un primaire. Il n'a pas la superstition du texte imprimé ; le « c'est su' l'journal » ne lui tient pas lieu de preuve. D'ailleurs je l'encourage perpétuellement dans un universel doute. Savoir, c'est consentir à admettre que l'on ne sait pas. Or le primaire ne veut pas : il croit savoir, il affirme (et il n'y a pas plus affirmatif qu'un ignorant !) et il généralise, ce qui est encore un défaut mental de la plus extrême gravité ; rien ne m'exaspère comme d'entendre les crétins prononcer des oracles définitifs sur *les* Anglais, *les* curés, *les* Arabes ; abrutis ! Vous n'avez pas honte, menteurs ? Quel Anglais, quel curé, quand, où, comment ?

Oued Alegnenou, 29 mars 1929

Systématisation

On ne doit jamais dire : *les* curés, *les* Anglaises, *les* nègres, *les* méhara sont ceci ou cela. Il n'existe que des *individus,* et la notion d'espèce, indispensable en zoologie systématique, est tout artificielle et subjective.

Oued Alegnenou, 9 avril 1929

Sur le Mariage

Un vrai mariage est un acte assez grave, assez solennel, assez sacré pour que l'on ose tenter de lui consacrer le maximum possible de poésie véritable, de signification spirituelle et de joie sérieuse. (Il y a des gens qui confondent la joie et toute espèce de choses, le bruit, le tintamarre, les couleurs criardes, etc. C'est une erreur funeste.)
Les mariages des jeunes sont trop souvent :

– premièrement, pour ceux-ci, l'occasion de s'occuper de puérilités matérielles au risque d'oublier l'essentiel qui, lui, ne se coud ni ne se mange, dieux, non, Dieu merci !
– deuxièmement, pour les adultes, l'occasion d'un jeu : on dirait qu'ils jouent à marier X et Y ; ils se passionnent à ce jeu et se préoccupent de mille détails futiles qu'ils discutent avec ardeur, voire âpreté, et fort longtemps.
C'est à la fois assez comique et très lamentable.
Ce n'est pas nouveau et cela s'est toujours fait ?
Peut-être, mais plus ou moins. Sans doute on n'échappe pas totalement aux contraintes et aux tyrannies de l'Usage et du Monde : on laisse forcément à ces molosses quelque lambeau d'âme en pâture, mais du moins faut-il limiter, autant que faire se peut, la « part du feu ».

Oued Alegnenou, 11 avril 1929

Sur son Mariage Proche

Si vraiment la solution (mariage) à Paris peut se réaliser dans les conditions de simplicité que je crois indispensables, alors parfait. Mais, si elle paraît seulement masquer un engrenage magique où les mots *petit, simple, naturel, calme, occupé du seul essentiel* se métamorphoseraient tout à coup, comme par enchantement, et sans qu'on n'y puisse plus remédier, en *grand, compliqué, artificiel, bruyant, hypnotisé par des mesquineries,* alors, merci beaucoup, chers amis, je vous tire ma révérence.

Oued Alegnenou, 11 avril 1929

Maginot

Délicieux, le couplet de Maginot[1] : « La traversée du Tanezrouft a été particulièrement pénible à cause de la chaleur épouvantable que nous avions le jour et à laquelle succédait, la nuit, un froid glacial. Pendant quatre jours et quatre nuits, rien que du sable et des pierres, pas une

1. Maginot, alors ministre de la Guerre, était en inspection en Afrique.

herbe, pas un oiseau, pas un être vivant. » S'il n'a pas rencontré âme qui vive dans le Tanezrouft, c'est qu'il dormait. Le groupe mobile de l'Ahnet, déplacé exprès pour lui présenter les armes, était sur la piste.

C'était la nuit, l'auto ministérielle est passée sans s'arrêter, toutes fenêtres closes, devant les pauvres Sahariens. Mais ensuite, le lendemain, il a fallu, quand même, s'excuser d'une semblable goujaterie et Maginot fit dire aux méharistes que si eux ne l'avaient pas aperçu, lui, LUI, les avait parfaitement vus ! MENTEUR !

Ahnet, 13 avril 1929

« GIDISME »

Dévoré des Gide ces jours-ci. Il est difficile d'imaginer plus démoniaque. D'ailleurs « inquiéter, dit-il, tel est mon rôle ». On y peut réussir avec des aphorismes comme celui-ci : « Les plus douteux égarements de la chair m'ont laissé l'âme plus tranquille que la moindre incorrection de mon esprit. » Ou encore cette citation des *Faux-Monnayeurs* qui se répercute étrangement en moi : « Ne jamais exposer d'idées qu'en fonction des tempéraments et des caractères... Les opinions n'existent pas en dehors des individus », et encore : « Le renoncement à la vertu par abdication de l'orgueil. » Voilà un très subtil poison. Enfin : « ...la nouvelle éthique que Vincent se trouve devoir inventer, pour légitimer sa conduite ; car il reste un être moral, et le diable n'aura raison de lui qu'en lui fournissant des raisons de s'approuver ». Ça, c'est très fort. Il nous en fournit à tous, des raisons. Le diable joue un rôle considérable dans Les *Faux-Monnayeurs* : il y a un étonnant essai sur « l'identification du démon » avec un projet de dialogue avec Satan, commençant ainsi : « Pourquoi me craindrais-tu ? Tu sais bien que je n'existe pas ! » et se terminant par ceci, qui pourra servir d'épigraphe au gidisme : « Et je sens en moi, certains jours, un tel envahissement du mal, qu'il me semble déjà que le mauvais prince y procède à un établissement de l'enfer. » Tout à fait d'accord.

Ahnet, 15 avril 1929

PHYSIOLOGIE CONJUGALE

Le christianisme protestant n'a pas de doctrine en matière de physiologie conjugale, c'est dommage, parce que l'histoire naturelle n'en a que trop. Reste celle du christianisme romain ; c'est à tout le moins un guide précis et sûr, puisque la Bible se tait trop et la nature pas assez. Je ne vois pas du tout pourquoi, en général, on a honte d'aborder des sujets aussi dramatiques et d'une importance aussi primordiale pour la destinée humaine.

Ahnet, 17 avril 1929

CHALEUR

La chaleur arrive doucement, mais sûrement. On plaisante entre soi, mais ce n'est pas sans une sourde angoisse qu'on se sent entraîné, sans espoir de délivrance, dans la fournaise qui demain va être portée au rouge.
Je suis dans l'état d'esprit d'un type enfermé, cadenassé dans une cellule aux parois d'acier. Il sait que l'on allume du feu sous sa prison ; il entend résonner les pas du bourreau, il sait que, chaque fois que celui-ci approche, c'est pour ajouter un fagot au brasier. Il ne peut déjà plus sans douleur poser le pied sur un sol qui s'échauffe peu à peu... et voici de nouveau le rythme infernal des pas et le bruit sourd du fagot qui s'écrase sur les dalles... et demain ?
Non, ce n'est pas gai, cette plongée dans le feu ! Mais ensuite, dans cinq mois, quand on aura derrière soi ces épouvantes, alors quels cris d'allégresse !
Mais, pour le moment, il fait encore frais (!) : à peine

40 °C le jour, 34 °C le soir et 25-29 °C à l'aube. Plus que 10 °C à grimper, mais quels degrés !

Ahnet, 28 avril 1929

ZERIBA

Voici l'intérieur de ma hutte

Oued Souf Mellen

CONTRADICTIONS DE L'ÊTRE

Le drame spécifique de mon existence consistera toujours dans ce *décalage*, pour ne pas dire plus, entre la réalité actuelle et les exigences profondes de mon cœur. Il y faudrait un *ajustement.*

– Avec, dans mon sang, toute la foi de mes ancêtres, je suis incrédule ;

– avec la perpétuelle et intuable nostalgie de la prêtrise, je suis laïc ;

– avec l'indéniable idéal de la virginité, je serai père de famille ;
– avec le plus accentué des pacifisto-humanitarismes, me voici, pour mon service, dans l'un des très rares points du globe où les fusils français tirent parfois (de très loin en très loin heureusement) autrement qu'à blanc ! Ce n'est pas gai.

Oued Alegnenou, 29 avril 1929

NOTION DU « VRAI »

Le gros obstacle à la foi et à la certitude, chez moi, est que quand une idée (ou n'importe quoi) me paraît *vraie,* je me dis automatiquement : est-ce vraiment vrai, ou bien es-tu parvenu à le trouver vrai parce que tu as envie ou besoin que cela le soit ? Et ne pensez pas qu'on ne puisse avoir envie de trouver vraies que des vérités aimables ! Il peut y avoir des aberrations intellectuelles comme il y en a de physiologiques : le christianisme pessimiste, antinature, tragique, prônant la beauté de la souffrance, torturé, etc., est peut-être une de celles-là.

Oued Alegnenou, 29 avril 1929

INIQUITÉ

Il n'est que trop possible que le traité de Saint-Germain ait consacré des iniquités. En ce qui concerne la Roumanie, ce n'est que trop évident. Je souhaiterais qu'il ne soit pas de même pour la Tchécoslovaquie, mais c'est un pays comme les autres, qui a son impérialisme comme les autres, ses péchés nationaux comme les autres...
Si encore j'étais chauvin, je serais malvenu à m'indigner ; mais, aussi injuste que je sois vis-à-vis de la France, de par ma mystique germano-sécurito-christiano-socialisto-maboulique, on ne peut plus m'accuser de ne voir que la paille *in the brother's eye* !
J'ajoute que, naturellement, toute iniquité est odieuse *en soi*, mais qu'elle l'est tout spécialement quand on la déguise de vertueuses apparences.
Si telle férocité nationale exige l'oppression de telle

minorité, soit, allez-y, mais avec franchise ; n'invoquez pas le « droit des peuples »... Ce n'est pas la peine, faites l'économie de cette hypocrisie-là.
C'est le perpétuel scandale de la colonisation française : que l'on aille voler, spolier, piller, soit, mais au moins sans pathos humanitaire ! C'est plus propre et je hais le rite aïnous qui consiste à chanter au nez de l'ours sacré : « Nous ne voulons pas te faire du mal, nous voulons seulement (*sic*) te tuer ! »

Ahnet, 19 mai 1929

PHILOSOPHIE CONDITIONNELLE

Je suis passablement fataliste, le dévot aussi qui croit qu'il n'a ni diarrhée ni rhume de cerveau sans un décret-loi de son Dieu. Quant à la philosophie dite du conditionnel passé, c'est une arme à double tranchant. Supposons que le stupide X aille passer ses vacances de Pâques au Gran Chaco et que, de ses tibias, les Botocudos fassent de superbes clarinettes (d'une étonnante sonorité)* : les spectateurs amusés diront-ils que c'est vraiment trop bête de consacrer son anatomie au perfectionnement de la musique indienne et à la dotation en clarinettes de luxe à la Société philharmonique des Llanos ? S'ils le disent, on répondra : qui donc vous dit que, demeuré au bercail, X n'eût pas reçu sur la tête un pot de fleurs, dans le ventre un tramway ou dans le derrière une motocyclette, perdant la vie, cette fois, sans nul profit pour l'art et le progrès humain ? Et si X n'est pas mangé par les Bottes-au-cul-dos (ce qui est encore sinon le plus romanesque, du moins le plus vraisemblable), qui sait si, demeuré au bercail, etc. Comme quoi, avec un conditionnel et quelques *si* habilement placés, on a réponse, satisfaction et sécurité à tout !

* Les Touareg ne jouent pas de la clarinette, rien que du violon, qui est en bois – il est vrai qu'il faut du boyau pour les cordes.

Ahnet, 22 mai 1929

DU DÉTERMINISME

Nous ne plions pas le réel aux exigences de nos principes et de nos convictions, mais ceux-ci se moulent sur les données nécessaires de la réalité. Hélas ! je sombre, je le crains, et de plus en plus, dans un déterminisme et un fatalisme qui peuvent conduire au désespoir ou à l'omnipotence. J'ai de moins en moins le sentiment de la liberté morale : nous pensons, nous disons, nous faisons ce que nous ne pouvons pas ne pas penser, dire, faire. Je n'arrive pas à m'imaginer les gens ni moi-même différents de ce qu'ils sont : un tel a adopté telle philosophie, il croit l'avoir choisie, y reconnaissant telle ou telle vérité ; mais la doctrine qu'il professe, il n'est pas plus en son pouvoir personnel de la modifier que de changer la couleur de ses cheveux ou la forme de ses oreilles !
Le déterminisme devrait donner la paix, il devrait, à tout le moins, tuer le remords, l'inquiétude, la détresse : il ne le fait pas. Et si nous conservons en nous la sourde et dévorante angoisse des *inutiles servi,* c'est donc bien qu'au fond, nous nous sentons coupables, donc libres.
Impossibilité de concevoir un passé différent de ce qu'il a été, et aussi de se concevoir, dans le présent, meilleur ou pire que l'on n'est. Si l'on pouvait sortir de soi, un moment, et se regarder en spectateur objectif ! Mais c'est impossible : nous sommes enfermés dans la machine ; le ressort est remonté, les engrenages fonctionnent, l'automate est en marche ; il nous emmène avec lui sans nous demander notre avis sur la route à suivre, et sans tenir compte de celui que – présomptueux – nous croyons quand même en notre puissance de lui donner.

Oued Alegnenou, 25 mai 1929

POIREAUX

Nous vivons de blé et de riz ; c'est même tout notre menu, avec un peu de lait, car il y a des campements à proximité : c'est d'une monotonie incomparable, mais ce n'est pas pour me déplaire : rude école de simplicité. Je ne serai jamais un homme difficile en matière alimentaire... à condition que l'agonie (ou simplement la nausée) par les poireaux me soit épargnée. Mais ça, c'est un cas de toxicité idiosyncrasique. Pourquoi, si l'œuf est vénéneux pour certains, le poireau ne le pourrait-il être pour d'autres ? C'est un dégoût d'ordre physiologique, organique : je peux faire appel à la volonté, soit, mais ce pendant (en deux mots et au vieux sens du terme), l'organisme fait appel de son côté à des mouvements œsophagiens antipéristaltiques qui – si l'on prolonge l'expérience – amèneront rapidement une très involontaire restitution ou résurgence de ce maudit et vénéneux légume ! Et de celui-ci, je ne puis dire, comme l'ivrogne en proie aux mêmes restitutions, d'un ton légèrement attendri, nuancé d'une certaine béatitude admirative devant la double vertu d'un tel nectar : « Ah... cochon de vin... C'est bon même quand il repasse... »

Oued Alegnenou, 29 mai 1929

REZZOU

Courrier rapide arrivé ce matin d'In Salah avec de vagues nouvelles d'un rezzou de quatre-vingts fusils dont les traces auraient été recoupées dans le Hank et dont l'objectif serait le territoire algérien. Est-ce vrai ? D'ailleurs, en fait de territoire algérien, c'est peut-être le Soudan qui recevra la visite de ses héroïques malfaiteurs. Nous redoublons de méfiance, naturellement : des patrouilles sont expédiées. Et puis on verra bien. On ne remonte pas le cours du destin. Aucune raison de s'inquiéter pour l'instant. Nous allons sans doute nous porter dans l'Ouest pour accentuer notre surveillance et « parer à toute éventualité ».
Maintenant, je ne saurais trop condamner cette entorse aux vieilles traditions sahariennes et cette nouvelle mode, inaugurée en juin 1926, de faire des opérations en été. C'est très peu galant pour nous, car la température incite peu, très peu, aux vastes et longues chevauchées !
Mais il n'est pas de programme saharien sans histoires de rezzous. Je n'ai pas le goût ni le courage de discuter la question guerre et je sais trop que les principes au contact de la réalité éclatent comme boules de verre et que le jour où il faut défendre sa peau, on fait bon marché de celle

des autres. À distance, on peut pérorer et légiférer (cela fait passer le temps agréablement et cela vaut mieux que d'aller au bistrot, où il y a, parfois, des gens fort mal élevés), mais, sur le terrain, hors de la théorie et des joutes dialectiques, je crains fort que le dogme n'admette, ou ne subisse, d'étranges simplifications. D'ailleurs, il est oiseux et malsain de toujours vivre dans l'attente du pire, mais on a le droit et le devoir de ne pas laisser le Fatum fondre sur un cœur impréparé.

Oued Alegnenou, 2 juin 1929

Rezzou (suite)

Et voici encore un départ, un de ces éternels départs sans arrivée qui font pleurer les bergers de chameaux. Étrange existence. Hier je pensais, longtemps encore, demeurer ici, dans ce voluptueux et confortable oued : bonne hutte de paille, peu de vipères, puits proches et abondants, une table, ô miracle, faite d'une planche sur deux blocs de schiste, mais une table, ô merveille !
Et maintenant, dans quelques heures, je retourne à la vie d'aventure. Je dois être possédé et fortement colonisé par le démon car c'est *moi* qui ai demandé à partir.
Nous allons établir notre camp dans le sud de l'Ahnet. Ce déplacement n'a aucun rapport immédiat avec le rezzou regueïbat[1] annoncé ; ce n'est pas un contre-rezzou ; nous gagnons seulement un centre d'où nos patrouilles pourront plus aisément battre le pays et le surveiller.

Oued Souf Mellen, 8 juin 1929

Camp Antirezzou

Journées torrides. On ne vit que la nuit (30 °C au minimum), mais, dès 6 heures et jusqu'à 17 heures, on ne vit plus du tout ; on reste immobile, écrasé, anéanti, absorbé dans l'universel embrasement. On passe des heures étendu, nu ou presque, à somnoler et à tâcher (à coups de rasades énormes) de ne pas éclater. Mais tout cela est sain, fort, âpre.

1. Nom d'une tribu.

Et puis, nous ne sommes pas des messieurs de plus de 85 ans, ni des dames en instance de maternité : nous sommes les rudes compagnons du tour d'Afrique, durs pour eux-mêmes et pour les autres.

Le camp est organisé ; chacun d'entre nous a un abri individuel de pierre (étrange analogie avec un tombeau) pour le cas où... Curieux paysage, ce reg semé de sarcophages : nous ne couchons pas dans ces alvéoles que nous n'habiterons qu'en cas d'alerte. Ce fameux rezzou signalé au Hank a dû aller au Soudan ou rentrer chez lui. Il n'y aura rien ici : je ne puis pas le jurer, naturellement, car l'imprévu joue un rôle considérable au Sahara, mais je le crois. D'ailleurs l'essentiel est d'être perpétuellement sur ses gardes : nous le sommes et une sentinelle le jour, deux la nuit veillent sur notre sommeil.

Tiens, encore une analogie maritime, cette perpétuelle présence d'yeux qui interrogent la nuit tandis que dort le reste de l'équipage : je ne dis pas les passagers parce qu'ici nous sommes tous matelots et ce n'est ni un yacht de plaisance ni même un cargo.

Idikel, 12 juin 1929

Analyse Psychologique

Je suis plus inquiet et désemparé que jamais. Et si l'homme ne peut de lui-même conquérir la grâce et que celle-ci soit un don gratuit et arbitrairement réparti, et que pour une raison ou une autre (décret divin ou obstacle inconscient de mon cru), elle m'oublie ?... Mais le diable ne m'oublie pas.

L'horrible chose c'est de se sentir prêt à croire ce que l'on désire croire. De ne jamais savoir si l'on croit ou si l'on s'imagine croire, si l'on aime ou si l'on s'imagine aimer, et même, peut-être, si l'on est ou si l'on s'imagine être. Gide – que je pratique ferme car ce gredin est fascinant – a fort bien dit tout cela et combien « cette question de la sincérité est irritante ». « L'analyse psychologique a perdu, pour moi, tout intérêt du jour où je me suis avisé que l'homme éprouve ce qu'il s'imagine éprouver. »

Ce qui est tragique, c'est que ce désarroi, lâchons le mot : cette « misère de l'homme sans Dieu », comme dirait

Pascal, ne semble pas prêt de s'apaiser et n'est peut-être pas apaisable.
Quand même, il y a quelque satisfaction à songer qu'on n'a fait que ce qu'on ne pouvait pas ne pas faire, qu'on ne pense et qu'on ne croit (tous) que ce qu'on ne peut pas ne pas penser ou croire, qu'on n'est que ce qu'on ne peut pas ne pas être. Ou n'est-ce qu'un truc suprême pour échapper au sentiment de culpabilité ?
Autre satisfaction : l'avenir, tout l'avenir, le *post mortem* inclus : il y a du temps ; même ici-bas il y a des apostasies qui se rachètent, et ailleurs, en tout cas, on aura le temps de les expier.

Dans les dunes, 16 juin 1929

Vent de Sable

Tempête de sable. C'est monotone, quelle indigence dans l'imagination ! Toujours des vents de sable : ça va bien, nous les avons, tes vents de sable, on en a mangé, on en a plein les yeux, plein les oreilles, on en a partout. Il faudrait varier un brin les attractions. Parlez-moi d'un vent d'écailles de harengs, d'un cyclone de peaux de saucisson, d'un ouragan de trous de gruyère, d'une tempête de pépins de potiron, à la bonne heure ! Mais toujours du vent, des cyclones, ouragans, tempêtes, trombes de sable ! Non, c'est révoltant. Ah, le bandit !

Dans les dunes, 17 juin 1929

Sincérité

Ce qui m'embête, et ce qui est un douloureux côté de « l'irritante question de la sincérité », c'est que j'ai très souvent le sentiment, quand j'émets un avis, un jugement, une opinion, que je pourrais très aisément, avec autant de sincérité, avec autant et d'aussi excellents arguments, soutenir exactement le contraire !
C'est très ennuyeux, évidemment, parce que ce n'est pas précisément un facteur de stabilité et de décision.
Mais qu'y faire ? Un Éthiopien peut-il changer sa peau et un léopard ses taches ? dit le prophète (Jérémie, 13, 28) et Gide ajoute que nos opinions nous sont aussi « fatales »,

aussi « prescrites » que « la couleur de nos cheveux et l'odeur de notre haleine ». Mais au fond cette disponibilité, si elle paralyse l'action, a du bon : elle permet de perpétuellement légitimer le réel, de l'innocenter, d'y consentir.
Simple exemple : je ferai, quand on voudra, un aussi beau discours sur les mérites de la chasteté et du célibat ecclésiastique que sur la notoire prééminence du mariage sur le célibat.

Oued Alegnenou, 18 juin 1929

ARCHÉOLOGIE ET GRAVURES RUPESTRES

Découvert et étudié, ces jours-ci, quelques intéressantes gravures rupestres (animaux, hommes) que je publierai un jour [1]. Si je puis visiter les stations de l'Ahnet déjà étudiées (par Gautier), j'aurai la matière d'un travail complet.
Repris aussi les fouilles. Ce matin, j'ai mis au jour un vieux squelette replié en chien de fusil à la mode libyque dans une fosse circulaire recouverte d'un tumulus. Malheureusement, aucun objet mobilier.
C'est très émouvant ce pays actuellement vide et déménagé, couvert des traces de son ancienne prospérité : partout des tombeaux ; le désert, jusque dans ses parties aujourd'hui inaccessibles, en est semé : partout des pistes où aucun pied, depuis bien des milliers d'années, ne s'est posé. Et que d'énigmes en tout cela !

Ahnet, 23 juin 1929

Grosse émotion, ce matin : trop épuisé par les terrassements archéologiques de ces derniers jours, je décidai, à l'aube, d'aller à la chasse aux gravures rupestres. Je m'apprêtais à rentrer bredouille quand je suis tombé sur une station extrêmement ancienne (et par conséquent d'un haut intérêt) contenant plus de cent gravures d'animaux et de personnages ! Hélas ! c'est si vieux que c'est fort usé et beaucoup de ces dessins sont

1. *L'Adrar Ahnet, contribution à l'étude archéologique d'un district saharien,* Travaux et mémoires de l'Institut d'ethnologie, 1932.

inutilisables. Mais le reste sera copié. Quel mystère que cette civilisation dont nous ne savons à peu près rien, pas même la date : certains de ces traits sont actuellement patinés en noir et de la même teinte que le roc support ! Combien de siècles a-t-il fallu pour cela ? Peut-être des milliers d'années ?
César poussait à peine ses chaussées à travers les marais bajociens et le Christ n'était pas né que déjà aux falaises d'Idikel paissaient, entaillés dans le roc, des troupeaux d'antilopes et de girafes...

Idikel, 24 juin 1929

ANCIEN TESTAMENT

Lu, laïquement, l'Ancien Testament. Cela ne manque pas d'intérêt. Mais avouons qu'avec les textes qu'en conscience on peut qualifier d'édifiants pour des chrétiens on ne ferait qu'une faible brochure, car les psaumes eux-mêmes seraient passablement écornés ! Quant aux pornographies, nous en abandonnerons sans regret le cloaque aux folkloristes de profession qui savent se munir, avant de descendre aux sentines, d'un « grand nez rempli de parfum ».
Avouons encore que rien n'est embêtant, rasoir, fastidieux comme les généalogies, les dénombrements, les manuels de boucherie rituelle, les descriptions de villes futures à la Ézéchiel (qui par la minutie de ses mensurations passe, je crois, sur nous la mauvaise humeur – légitime ! – où l'avait jeté le déplorable incident du petit pain au lait cuit à la crotte), les vaticinations apocalyptiques à la Daniel : « Alors je vis une corne en fer, et derrière il vint une sauterelle avec les yeux par-derrière, et la sauterelle s'écria d'une voix forte : "Gloire, gloire, gloire" et je tombai assis par terre ; et la corne se fendit depuis le septentrion jusqu'à la base... », etc. Autant c'est, je suppose, précieux à l'historien, autant la piété trouve peu à glaner dans ce grandiloquent fatras.

Ahnet, 28 juin 1929

PATROUILLE

Nous voilà en route depuis quatre jours : marches de nuit, sommeil écourté, journées de fournaise (47 °C), tempêtes de sable, toutes les voluptés à la fois de la vie de chevalier errant saharien. Sans compter les eaux fétides et corrompues qui ne sont pas parmi les moins exquises. J'ai compté ce que je buvais en un jour : plus de dix litres. Il le faut. On périrait si on ne réparait pas sans cesse les pertes dues à une évaporation fantastique. Après les cailloux, le sable. Nous voici dans une région de dunes ; paysage vraiment beau, très « idée-que-le-vulgaire-se-fait-du-Sahara ». Mais, avec le vent, qu'est-ce qu'on déguste ! Aujourd'hui, il y a eu environ huit heures de tempête véritablement infernale : mais, dès que c'est passé, on en plaisante (même pendant d'ailleurs) et cet étrange pays, aux yeux de ses amants aveuglés, conserve toute sa fascination.

Combien de temps passerons-nous ici ? Quinze jours, un mois, plus ? Cela dépend de tant de choses : eau, pâturages, ordres de commandement, etc. Je suis désireux de voir le plus possible d'endroits. Mais je dois avouer que l'été n'est nullement une saison pour se promener au Sahara. D'ailleurs, les promeneurs n'y sont plus : missions scientifiques, inspections militaires, tournées administratives, explorateurs, tous ont fui ; il ne reste que ceux qui ne peuvent pas partir : les indigènes et les soldats.

Oued el-Ouatia, 3 juillet 1929

SÉRÉNITÉ

Il y a des jours où je trouve quelque sérénité dans des pensées de cet ordre : nous ne sommes pas le bon Dieu ; nous n'avons ni ubiquité ni omnipotence ; on n'exige pas de nous de réformer l'Univers d'un coup, ni même en quinze ans ; nous ne sommes pas astreints au général, mais au particulier, au détail, à la petite tâche quotidienne... Naturellement, cela confine rapidement au « tendre au mieux dans la mesure du possible », et cela n'a rien de commun avec les exigences inhumaines et totales de l'Évangile.
Tant pis ? Espérons.

Dans les dunes, 14 juillet 1929

DIRECTEUR DE CONSCIENCE

Je suis le type qui aurait eu besoin d'un directeur... à condition de pouvoir prendre celui-ci pour le porte-parole de la divinité, de pouvoir accepter ses conseils et ses ordres comme émanant du Très-Haut, et de pouvoir renoncer à y voir un pauvre humain, comme tous les autres, aussi troublé que moi (le sachant) par les complexes intrications des problèmes charnels et aussi pataugeant que moi dans les incertitudes spirituelles. Mais, pour sûr, à celui qui, honnêtement, peut parvenir à croire que l'abbé X = le bon Dieu, quelle force, quelle paix, quelle délivrance, quelle sérénité !

Ahnet, 21 juillet 1929

PARABOLE

Le fils prodigue peut-il revenir à la maison ? Théoriquement, oui. Pas toujours matériellement : et *si* le pays où il garde les pourceaux se trouve outre-mer, *s'*il a pris, *s'*il a – l'insensé construit une barque pour fuir et aborder à l'île des joyeuses débauches et *si* – ah ! le malheureux, le maudit ! –, parvenu à l'île fortunée, il a, en manière de fanfaronnade et pour épater les copains, brûlé sa barque sur le rivage, ou *si* (« Elle te plaît ? Prends-la donc, imbécile ! Qu'est-ce que tu veux que j'en fasse,

moi, penses-tu que je veuille retourner chez mon vieux ? ») il en a fait cadeau à quelque étranger ?...
Alors, il s'assiéra sur le rivage ; la grève est déserte ; plus de ronde vive et dansante autour du feu de joie de l'été passé, plus de robes claires frémissant sous la caresse des brises marines, plus de pieds légers sur le sable de la plage : la nuit tombe, elle tombe vite ; le ciel est chargé de lourdes nuées déchirées encore de plaies sanglantes aux lèvres bientôt rapprochées et cicatrisées par les nappes plombées qui s'élèvent de l'occident. La mer monte, la côte est plate, plate à perte de vue : oh ! quelle immensité en tous sens ! Où qu'il se tourne, l'œil inquiet ne rencontre que le vide, le vide immense, le vide infini : la dune basse où le roi de gramen grince et gémit d'un son quasi métallique sous la morsure des vents du large ; le sable, gris maintenant, avec le double feston d'une laisse noirâtre de goémons fanés et d'un mouvant liseré d'écume d'argent ; la mer, la mer qui monte, et le ciel – il est noir maintenant –, qui, lui, a l'air de descendre comme un couvercle.
Rien. La solitude totale, au-dehors comme au-dedans.
Le fils prodigue s'est levé : « Oh ! un signe, l'indice, si faible soit-il, d'une présence humaine, ne fût-ce qu'un pas sur le sable ! »
Mais depuis longtemps les moindres empreintes d'autrefois se sont évanouies, le vent en a nivelé la place, les marées de vives-eaux elles-mêmes les ont atteintes, tapissées d'écume d'abord, puis léchées d'un essai timide, puis plus hardi, englouties d'un flot vorace. Et puis, ce ne sont pas ces pieds-là qu'il voudrait discerner d'un œil avide, et baiser à genoux au rivage désert. Il songe à d'autres empreintes, à une autre empreinte, à celle qu'il connaissait si bien – et qu'il connaît encore. Oui, comme il la revoit, avec quelle précision il s'en remémore les détails, la vigueur de ce pas assuré, la plante large, le talon robuste et jusqu'à la cicatrice familière qui faisait une si drôle de petite crête sur la poussière de la route ! Lui seul de tous ses frères la connaissait si bien, cette empreinte, lui seul était capable de la distinguer et de la suivre, fût-ce parmi les pas confondus et croisés de tout un peuple de moissonneurs ou de chameliers. Et le fils ne peut réprimer un mélancolique sourire au souvenir

de ce pari gagné sur ses frères, le jour où, comme ils abreuvaient les chameaux, à deux jours de marche de l'oasis, en plein désert, il avait soudain affirmé – au milieu des rires incrédules – que l'un des pas, marqué là sur le sable de cet oued écarté, était celui du père. Ce qui fut, ensuite, vérifié et reconnu.

Mais la grève, tout enténébrée maintenant, est vierge de toute empreinte. « Mais ceci ? » Hélas ! ce ne sont que les siennes ; il avait oublié ! « Et ça ? » Guère davantage, ce sont les deux doigts aigus de ce pourceau qui, avant de regagner les vases du marais, derrière la dune, fourrageait tout à l'heure, avec des grognements de plaisir, dans la charogne d'un chien dont le ventre laissait échapper un pâle et bleuâtre écheveau de tripes ballonnées.

Rien, toujours rien. Le fils prodigue a-t-il faim ? Il n'en sait rien, probablement que si, car, depuis hier matin, depuis qu'il a disputé à un porc, à coups de trique, deux poignées de caroubes, il n'a rien mangé. A-t-il soif ? Il n'y pense pas, et puis, s'il avait soif, mais *vraiment* soif, une de ces soifs qui font oublier tout le reste... n'a-t-il pas la mer devant lui ? Mais il délire, peut-il boire de l'eau salée ? Comment a-t-il pu penser cela ? Et il rit, tout en quittant le sable sec, pour avancer vers la mer qui monte, qui monte, d'un mouvement lent, hésitant, mais tout ensemble irrésistible et implacable.

Il traverse une flaque, l'eau est tiède ; une crevette lui chatouille le pied. Le vent s'est tu, on entend, tout près, une sorte de bouillonnement, il se penche : c'est un crabe qui bave et fait des bulles, est-ce que ça l'amuse ?

La mer a atteint le banc de sable : la vague avance puis se retire, on dirait qu'elle va s'en aller pour de bon, qu'elle renonce à son projet de monter, aujourd'hui, jusqu'aux dunes ; voyez, celle-là est déjà plus courte que la première, puis celle-ci plus que la seconde... Mais la quatrième, d'un élan vainqueur, dépasse d'un seul coup la première, poussant devant elle le frêle rempart de mousse sale qu'un vent léger émiette à mesure qu'il s'édifie.

Le fils est debout : il regarde le large ; il ne cherche plus d'empreintes humaines, il sait qu'il n'y en a pas à espérer, et puis, en espère-t-il seulement ? Il ne s'est pas retourné vers la rive, vers le pays des caroubes, ce n'est pas son corps qui a faim. Il fixe des yeux le large et ne remarque pas que déjà l'eau lèche ses pieds ; ou peut-être a-t-il, au contraire, très bien remarqué, car le voici qui fait un pas... mais en avant. Il en a maintenant jusqu'aux chevilles, mais il fixe toujours le large. Il regarde quelque chose, il regarde avec des yeux étranges, des yeux où brillent bien des ardeurs inassouvies et toutes les faims que ne savent pas guérir ni les caroubes d'hier, ni même les festins de l'an dernier...

L'an dernier ! Il baisse la tête, pleure-t-il ? Il sait que ses actes seront transformés, travestis, il sait qu'auprès de son père, ses vertueux frères le calomnient et qu'ils mentent. Ils mentent parce qu'ils ont l'orgueil de leur hypocrite vertu, de leur probité – que l'on se renseigne auprès des bergers, leurs complices ! –, de leur miséricorde – qu'on en demande la preuve aux cadavres des garçons amalécites qu'ils ont battus à mort pour avoir laissé échapper du troupeau une chamelle qui devint la proie du lion –, de leur chasteté – faites comparaître les esclaves noires ou la fille, la toute jeune fille d'Ezra ben Ahmar, le jardinier qui est pauvre –, de leur piété – ah ! ici, Dieu soit loué, ils ne mentent pas, ils sont pieux, très pieux même, et ils sont en règle avec la loi divine, celle du moins qui a le visa des prêtres.

Il sait que ses proches, ces miséricordieux, ces purs, ces pieux, l'accablent auprès du père : « Il vit avec des prostituées... » Ce n'est pas vrai, ils mentent ; au début, oui, mais si peu de temps... Oui, même pas une lune entière ! Mais ils continuent à dire : « Il vit avec des prostituées », parce qu'ils sont sans reproche, eux. Ensuite, c'était fini ; ensuite... mais non, il n'y veut plus penser... et pourtant, quel amour, quel saint amour, quel pur amour ! N'a-t-il pas cru, un moment ?... mais non, aimer loin du père, aimer hors de la maison paternelle... il n'a pas pu, il a tout quitté et le voilà sur le rivage, fixant le large de nouveau. Il a de l'eau jusqu'aux genoux maintenant.

Les yeux sont grands ouverts, que voit-il sur la mer sombre ou que voit-il au ciel sans étoiles ? Un pas encore ? Mais il marche ! Il avance vers la haute mer ! Il s'est arrêté, il n'a de l'eau que jusqu'à la ceinture, la mer est toujours aussi calme, de petites algues plumeuses fines comme des mousses flottent dans l'eau et le frôlent

d'une caresse à peine perceptible. Tiens, il y a des choses qui bougent, on ne voit pas ce que c'est, des poissons, peut-être, ou des méduses ? Ça sûrement c'est une méduse. Il l'a vue, il s'est penché pour tenter de la distinguer ; elle arrondissait, dans l'eau tiède, l'opaline et gélatineuse coupole de sa cloche et, tentacules abandonnés au jeu des courants, elle contractait son ombrelle en de molles et paresseuses pulsations.
Il a de l'eau jusqu'aux épaules, car il vient de faire, encore, quelques pas. Il est las d'attendre. À quel banquet est-il convié ? Il a l'air inquiet, peut-être a-t-il peur ? Mais il doit voir, maintenant, ce qu'il attendait, sur l'horizon, ou bien ce qu'il voyait déjà lui fait signe et l'appelle...
Le voilà qui se remet en marche ; on entend le remous de l'eau qu'il repousse de sa poitrine : ses bras sont dressés, sans doute pour aller plus vite et offrir moins de résistance aux flots.
Il n'a de l'eau que jusqu'au cou, il peut faire encore quelques pas avant de perdre pied... Non, mais quelle drôle d'idée de se baigner ainsi, est-ce qu'il va nager ?
Alors le fils prodigue, las d'avancer (il ne croyait pas que cette côte fût si plate), s'arrête. Les yeux, paisibles maintenant, toujours fixés sur cet horizon mystérieux où il voit déjà ce que tout à l'heure il va posséder, les bras levés, il s'écrie – d'une bouche qui, depuis un moment au ras de l'eau, savoure déjà le baiser salin de chaque vaguelette successive : « Enfin ! Enfin ! mon père... mon père... mon père... », puis baisse la tête qui disparaît, mais lentement, encore quelques boucles de cheveux noirs où s'accroche un flocon d'écume, puis plus rien.
Si, deux bras tendus vers le ciel qui se rapprochent, et deux mains qui se cherchent. Deux mains jointes maintenant dont la prière muette encore un instant se mouvait au-dessus des eaux : « Mon père... mon père... mon père... »

Ahnet, 27 juillet 1929

Gravures Rupestres Impudiques

Ces derniers jours, excursion à une guelta énorme, de plus de 100 mètres de long où l'on perd pied, avec des joncs, des roseaux, des algues. Un vrai petit lac saharien. J'ai fait une ample moisson, sur les bords, d'inscriptions touareg et copié quelques gravures rupestres. Certaines d'entre elles sont d'une telle impudeur que je ne sais pas trop si je pourrai les publier avec les autres. C'est, à ma connaissance, le premier cas de figurations sexuelles dans le Sahara central.

Ahnet, 28 juillet 1929

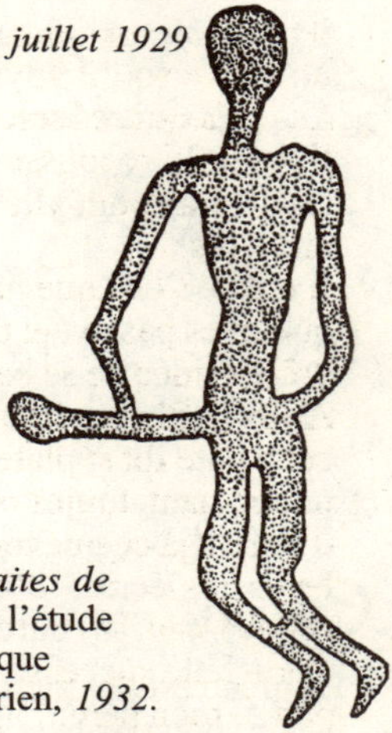

Gravures extraites de Contribution à l'étude archéologique d'un district saharien, *1932*.

Vipère

Hier soir, un céraste sous mon oreiller : il fut tué un moment avant que je ne me couche, à quelques mètres du lit qu'il venait d'abandonner, peut-être pour me laisser la place. Je sais ces bêtes innocentes, comme le bouquetin de ce pitoyable fou de Bavière, elles ne mentent pas, ce qui suffirait à les distinguer de l'espèce humaine. Si elles tuent, c'est par peur, par réflexe défensif. Seulement, quand même, je n'ai aucune envie d'expérimenter *in carne mea* la voracité passablement toxique de ces

animaux d'autant plus que l'outillage médical du groupe est inexistant.
C'est inouï de constater combien les vipères pullulent et combien les morsures sont rares... Seulement, comme dit la sagesse des nations, « il suffit d'une fois » et, pour celui qui est mordu, c'est une fréquence très exagérée !

Ahnet, 28 juillet 1929

COIFFURE

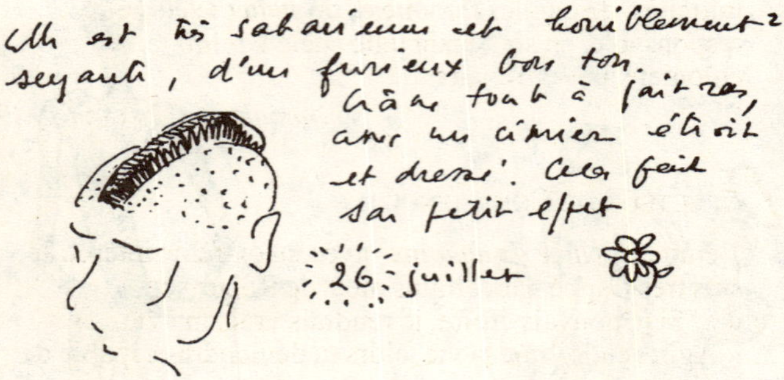

SUR LA GRÂCE

La grâce est un don : on lui prépare les voies, mais on ne la convoque pas. La vie ordinaire n'est peut-être pas moins héroïque que le « je vous donne tout » des saints. Et le sacrifice peut être parfois de renoncer au sacrifice sous sa forme éclatante et tumultueuse, pour le retrouver, non moins douloureux, et plus lent, et indéfiniment renouvelé, et toujours à nouveau nécessaire dans la vie quotidienne.

Oued el-Ouatia, 4 août 1929

PLACEMENT D'ARGENT

J'ai fait venir mon premier chameau du pâturage, il est méconnaissable, guéri, engraissé, très honorable méhari maintenant. Je vais peut-être le vendre, au prix qu'il m'a coûté bien entendu (malgré la hausse des prix), car tout gain est immoral qui ne correspond pas à un travail effectué. J'y pensais ces jours-ci à propos de la question du rapport de l'argent placé me demandant si : premièrement, un chrétien, deuxièmement, un socialiste, a le droit de tirer des ressources du loyer de son argent et surtout par la spéculation sur telle ou telle valeur. L'idéal (on ne peut naturellement pas conserver son argent dans son armoire) serait une banque ne distribuant pas d'intérêt. Ce qui me gêne, ce sont les titres, non seulement le principe, mais les cas d'espèces. Sait-on de quelles iniquités, de quelles férocités l'on se fait le complice responsable, en soutenant telle société minière, ou coloniale, ou ferroviaire ?...

Amoukrouz, 24 août 1929

Directeur de Conscience

J'étudie la *Nuée de témoins* [1] avec un extrême intérêt. Je suis très frappé par certains mots de Robertson.
« ... Si je pouvais croire, je rendrais vraie ma vie... »
« Agis, rends vraie ta vie, alors tu deviendras capable de croire. »
« On sait dans la mesure où l'on fait. »
Cela pourrait devenir le germe de ma résurrection, mais il faudra savoir agir où et comment.
Après tout, je comprends très bien le rôle d'un *directeur,* car si l'on s'en rapporte à sa seule propre conscience, on risque – je dis on risque ; beaucoup ne l'ont pas connu, ce risque – de se trouver en face de la question douloureuse suivante : cette vocation que je crois actuellement posséder, est-elle véritablement, réellement un appel de Dieu manifeste et par conséquent un appel auquel il faut répondre, et nécessairement tout quitter (tout !) pour y pouvoir répondre ? Ou bien n'est-elle que le produit irisé et temporaire de mon exaltation d'un moment, d'une pieuse lecture, du vocabulaire ou de la pression du milieu, etc. – bref, un simple mirage sans consistance ?
L'individu est incapable de répondre : le verdict de

1. Livre de Wilfred Monod, son père, publié en 1929 chez Fischbacher.

l'homme de Dieu lui dit un mot, juste ou faux, mais qu'il accepte. Et tout est là, dans un consentement à quelque chose qui vous dépasse. La paix est à ce prix.

Guelta de Trisouine, 16 septembre 1929

DÉSERT

Beau, très beau et grave pays. Ce matin, ascension d'une montagne d'où l'on découvre un immense paysage à perte de vue... Quel admirable pays : il ne ment pas, pas de fioritures, pas de bavures, rien pour amuser, une immense sincérité, un total dépouillement, une farouche austérité, une exacte virginité, une brutalité sans ménagements !
C'est tout cela, et bien d'autres choses encore, par exemple une sereine impudeur. Admirable pays !
Au retour, repas spartiate : *kesra*[1] émiettée dans une cuvette (toujours mon ex-bain de siège) avec du beurre touareg et du sucre. Et c'est tout. Et ceci aussi est admirable : j'ai sûrement des dispositions peu ordinaires à la vie simple. C'est ici, après avoir vu et expérimenté de quoi l'homme peut vivre, sainement et hygiéniquement, que la nausée vous monte à la gorge en songeant aux perfectionnements que la civilisation a apportés. On ne dira jamais assez ses méfaits, et le tragique, c'est qu'il est parfaitement inutile de la combattre. Mais, au moins, doit-on, pour soi, refuser de fléchir les genoux devant cet autre Baal.

Guelta de Trisouine, 16 septembre 1929

ÉVANGILE

Ce que je disais de nos tentations – et hélas ! de nos réussites de justification individuelle *a posteriori,* je le redoute aussi pour toute la chrétienté. J'ai peur que nous ne tentions – et n'y réussissions parfois – d'adapter l'Évangile au monde moderne et non celui-ci à l'Évangile.

Guelta de Trisouine, 16 septembre 1929

1. Galette de mil cuite sous la cendre.

JÉSUS-CHRIST ET BIBLES PÉRIODIQUES

Autre chose qui me tourmente : est-il impie de songer que la perpétuelle actualisation de la Révélation nécessitera, au cours des âges, l'apparition de nouveaux Jésus-Christ et de nouvelles Bibles ?

Nouveaux Jésus-Christ ou re-Jésus-Christ : aucune impiété à cela ; et le prochain sera, peut-être, américain.

Nouvelle Bible ? Entendons-nous : le même message sous une forme partiellement différente serait-il nouveau ?

Rien ne presse d'ailleurs ! Naturellement, le Vrai ne vieillit pas, le Vrai est éternel et la part de vérité dans toutes les mythologies religieuses, y compris celle d'Israël, parlera encore au cœur des hommes de l'an 10 000. Mais à ceux de l'an 100 000 ? Et à ceux de l'an 500 000 ?

Mon inquiétude est toute théorique, puisque, pour nous, nous avons de quoi vivre et mourir, et que, pour bien des siècles encore, on pourra vivre et mourir de l'actuelle formule du message éternel.

Mais est-il blasphématoire de croire que le même message pourra un jour revêtir d'autres formes ?

Je me demandais, par exemple, ce que les hommes de l'an 100 000 pourront savoir de l'archéologie méditerranéenne indispensable à la connaissance et à la compréhension de la Bible ; peut-être ce que nous savons des hommes du quaternaire ancien : une mâchoire inférieure !

Le Christ Jésus, c'est le message de Dieu au monde pour les années 1 à 100 000.

Ensuite, il y aura un autre message, toujours un Christ, mais pas forcément juif, cette fois, asiatique ou nègre ou samoyède. Et qui sait si, comme il en faudra dans l'avenir, il n'y en a pas eu dans le passé ?

C'est déjà miracle que la littérature chrétienne primitive, les débris que nous en avons, soit arrivée jusqu'à nous. Quoi d'étonnant que les Évangiles sur écorces ou sur omoplates ou rupestres nous soient inconnus ? Et qu'importe ? Nous avons l'autre, l'Évangile sur parchemin.

Encore un coup, tout cela est purement théorique : nous sommes pourvus.

Amoukrouz, 18 septembre 1929

MESSIE PÉRIODIQUE ET SCHOPENHAUER

Étrange, cette idée d'une Révélation et surtout d'un Messie périodique. Pas plus que la Terre n'est le centre de l'Univers, comme on l'a cru, ni l'homme le centre du monde, le christianisme ne doit prétendre constituer la Vérité, mais seulement contenir le maximum actuellement perceptible à l'homme de vérité morale et spirituelle ; ce n'est pas une impiété, je suppose, que d'imaginer qu'à un éternel contenu il faut, d'âge en âge, des contenants nouveaux.
Je retrouve cette idée, ce matin, dans l'ami Schopenhauer : « Une religion qui a pour fondement un seul événement et qui prétend faire de cet événement, qui s'est passé ici ou là... la période critique du monde et de toute existence, une telle religion a un fondement si faible... Combien est sage de la part du bouddhisme, au contraire, l'acceptation des mille Bouddhas !... Les nombreux Bouddhas sont nécessaires parce que, à la fin de chaque kalpa, le monde meurt et avec lui la doctrine. Un monde nouveau exige donc un Bouddha nouveau, le salut est toujours sous la main. »

Amoukrouz, 19 septembre 1929

GÉOLOGIE

Très satisfait des travaux effectués à Amoukrouz. Avec le froid, je reprends courage. J'ai bien débrouillé la géologie de ce coin et découvert un pli synclinal dissymétrique qui fait affleurer le mésodévonien sur le flanc ouest de l'anticlinal Aqam-Amoukrouz-Ahnet. C'est passionnant de comprendre la structure d'un district ; le paysage devient autre chose qu'un rébus pittoresque. On comprend le pourquoi des formes, pourquoi il y a une vallée ici, pourquoi il y a une montagne là, etc.
Et quelle enivrante satisfaction on ressent à reconstituer, par la pensée, la continuité des couches décapées par

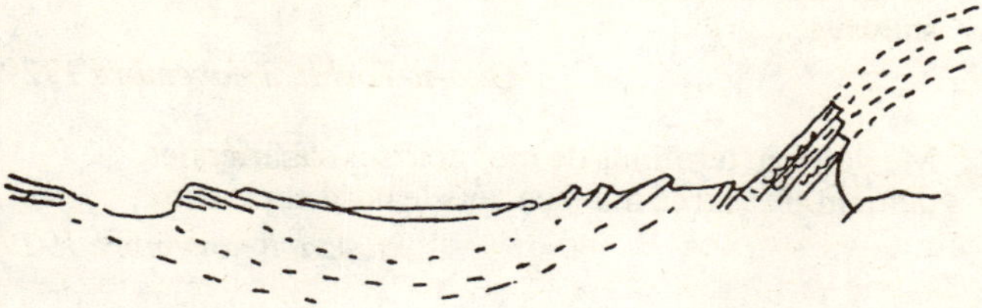

l'érosion et à lancer, en plein ciel, le pli gigantesque dont le sol actuel ne contient plus que la base, tel un pont disparu que ses coulées permettraient de reconstituer !

Oua-n-Torha, 28 septembre 1929

Revitalisation du Christianisme

Ah ! qu'un peu de persécution ferait du bien à l'Église ! On se compterait. Et je suis sûr que de notre lâche et somnolente troupe, on reverrait jaillir les plus complets héroïsmes.

Oua-n-Torha, 27 octobre 1929

Fin de Programme Géologique

Demain, départ pour In Ziza, dix jours de promenade dont j'espère tirer quelques bénéfices scientifiques.
Je vois maintenant la fin de mon programme : après Oua-n-Torha, le groupe mobile va camper sans doute à Tin Tajart. De là j'irai à Ouallen pour étudier le massif de l'Asegrad. En revenant sur In Salah, je pourrai revoir et, avec ce que je sais aujourd'hui, comprendre toute la zone Alegnenou. J'aurai une vue d'ensemble de l'Ahnet et assez de documents pour envisager un volume sur l'Ahnet (contribution à l'étude d'un district saharien).
Mais ne vendons pas la peau de l'ours, etc. On frémit en songeant que tout peut être perdu. Je ne suis pas immortel ; ou mes notes peuvent brûler dans la Zebiza, être noyées dans l'oued, capturées par un rezzou... Mes collections peuvent être anéanties. Je suis heureux de partir. Je suis toujours heureux de partir même quand le

départ me fait pleurer : je suis fait pour la vie errante et sauvage.

Oua-n-Torha, 3 novembre 1929

Me voici au terminus de mes courses sahariennes, demain. Je tourne ma face vers le nord et je rentre.

In Ziza, 8 novembre 1929

Mode de Vie

Savez-vous ce qui fait la bonté, la salubrité de la vie de soldat méhariste ? Deux choses entre mille qui sont : la première, qu'on n'a pas la tentation de se plaindre parce qu'on n'en a pas la possibilité. C'est admirable, personne auprès de qui geindre et niaiser, personne à qui dire que l'eau est pourrie, la bouillie infecte ; personne à qui confier qu'on n'en peut plus, que le soleil vous a fait les lèvres saignantes, le sable et la fumée des bivouacs les yeux douloureux, que l'on a froid, que l'on a chaud, etc. Ah ! la belle, la magnifique école, et que de bien elle ferait à 99 % de nos civilisés ! Et le deuxième bienfait, c'est l'absence et l'impossibilité des soins médicaux, ce qui implique le recours au meilleur des remèdes : le mépris.

Oua-n-Torta, 8 novembre 1929

Évangile et Civilisation

On voudrait savoir non ce que sont un industriel, un officier ou un colonial chrétien, mais avant cela, si on a seulement le droit d'accoupler un pareil adjectif à de tels substantifs. Cela pose non le problème de la christianisation de l'ordre social, mais la question : l'ordre social actuel est-il christianisable ou non ? L'Évangile est-il applicable à la civilisation ? L'homme, par sa fureur de Progrès (avec un grrrand P !) matériel, ne s'est-il pas placé carrément en dehors des conditions de vie et de l'ambiance où se pouvait épanouir et vivre l'Évangile ?
Le cœur humain est identique partout, sous le burnous du pâtre nomade comme sous la salopette du plombier. Soit,

mais tout de même, il semble d
message évangélique, étant né
milieu de telle civilisation, pou
exclusivement (que sais-je ?),
audit milieu. Tout cela est affr
pas de tendresse pour une civil
vers le perfectionnement méca
– soyons francs – un accroisse
plaisirs.

Oua-n-Tohra, 15 novembre 1929

SAUTERELLES

Re-sauterelles. Hier, pour la première fois de ma vie, j'ai vu des nuages de criquets, de véritables nuages, panaches de fumée s'élevant des montagnes transformées en volcans. Spectacle inouï. Quand on regardait en l'air, dans le soleil, une voie lactée d'étoiles brillantes, mais une voie lactée mouvante, frémissante, avec des courants d'étoiles, des fleuves d'astres, des anneaux étranges qui se font et se défont, des boucles qui s'enroulent, de tourbillonnantes nébuleuses spirales. Cela donne le vertige.
Au crépuscule, les nuages ont crevé, les sauterelles sont descendues se coucher : ce fut une pluie crépitante, bruissante, membraneuse, sèche ; une averse de jolis criquets rose vif aux ailes finement mouchetées de noir.
Ce matin, les paresseuses se sont levées tard et sans enthousiasme. À 11 heures, le reg, par places, était rouge de sauterelles.

Oua-n-Torha, 24 novembre 1929

MARIAGE ET VIRGINITÉ

Qui a jamais dit qu'une chambre conjugale fût moins chaste que la cellule d'un héros ? La *chasteté* n'est ni la *virginité* ni même la *continence* ! Personne n'a jamais songé à obscurcir le sens grammatical des mots. Quant à savoir, ou à discuter pour savoir, si la chambre susdite vaut la cellule susnommée, cela me paraît difficile, les choses envisagées étant incomparables. Pourquoi les états

s forcément *supérieurs* et *inférieurs* les uns par aux autres ?
par exemple, j'aimerais bien une fois entendre nter la prééminence du mariage par un moine, et la upériorité de la virginité par un homme marié !
Cela ne s'est jamais vu, mais ceci le sera peut-être.

Oua-n-Tohra, 28 novembre 1929

Sexualité

Il existe chez l'animal (homme inclus) un certain petit instinct qu'en termes non pas militaires, mais biologiques, nous appelons sexuel. Et voilà précisément le hic : savoir si les sources de la vie sont impures est un problème à laisser à la stupidité des théologiens. La nature n'est ni morale ni immorale, elle est, radieusement, glorieusement, amorale : les sources de la vie ne sont pas impures et nous ne naissons pas dans la corruption.

Oua-n-Tohra, 15 décembre 1929

Étouffement des Civilisations Africaines

Je doute de la valeur de notre prétendue civilisation matérielle et mécanique ; et si je la crois défavorable au progrès des idées morales en Europe, je la crois encore plus néfaste chez l'indigène (africain) dont on fera un pseudo-Européen au lieu d'en faire un type original d'espèce humaine, apte à donner sa note propre, sa couleur spéciale, sa tonalité spécifique. Annihiler tout cela sous la standardisation du faux col et de l'enseignement primaire, ce sera faire faire au monde humain une perte énorme, colossale. On s'en rendra peut-être compte un jour. Ces vues n'ont pas chez moi pour mobile le désir d'entretenir l'ignorance de l'indigène pour le mieux gruger, ni la croyance à une inégalité foncière des races.
Au contraire, c'est précisément parce que je crois que l'art foulbé ou samoyède a un droit égal au nôtre à s'épanouir et à se manifester que je déplore l'étouffement tragique de l'originalité indigène, partout en cours.

In Salah, 8 janvier 1930

EUROPE EN VUE

Pour l'instant, je suis salement en panne. Quand je pense que si les gens du Hoggar avaient bien voulu expédier à temps mes papiers, ma solde, etc., je serais déjà sur la route du Nord, ça me fait rager.
Mais, après tout, ils sont dans leur droit et si on me lâche trop tôt, ce sera pure miséricorde. Mais si on me lâche trop tard, aux dépens de ma permission, qui en style militaire n'est pas un droit mais une faveur, ce sera pure férocité. Enfin, on verra. Le métier des armes est une longue patience, dit la sagesse des nations. Et cela ne servirait à rien de désespérer.
Je m'assieds par terre, car ma « chambre » comporte comme seul ameublement un plancher en ciment qui me sert de lit, et j'attends que ça soit fini. Ça ne va plus tarder. Je vais essayer de travailloter : j'avoue que jusqu'ici j'ai royalement lézardé, plus souvent assis que debout et plus souvent vautré qu'assis.
Je n'aime pas les transitions. J'aurais voulu passer d'un coup d'In Ziza à Echinopolis. Mais le bordj d'In Salah me déplaît. C'est encore trop près de mon désert que je vois chaque jour par-delà la palmeraie sombre, et c'est encore trop loin de l'Europe.
Tout ou rien, une chose à la fois, mais, de grâce, pas de flou, pas d'informe, pas de provisoire ; cela me ruine.

In Salah, 11 janvier 1930

MÉTAPSYCHIE

L'Institut de recherches métapsychiques est vraiment une belle institution, scientifique, probe, impartiale et, par conséquent, honnie des croyants *a priori* et des négateurs *a priori*.
Tout ce domaine est passionnant, tant qu'il s'agit de recherches objectives et désintéressées. Mais aux loufoques et aux détraqués, ne cessons pas de recommander *one world at a time* [un monde à la fois] comme bien suffisant.

Paris, 4 octobre 1931

TEMPS PERDU

Je n'aurai presque rien fait durant ce séjour dont j'attendais tant. Et comme toujours, les beaux projets ont été cruellement déçus par la réalité et les promptitudes de l'esprit victorieusement bafouées par les faiblesses de la chair.
Ainsi la vie, qui se passe à habiter un avenir que l'on peuple de grandes choses et que l'on ne réalisera jamais, tandis que l'on néglige le présent, notre seule possession. Le petit bien que l'on pourrait faire, on ne le fait pas, perdu dans la contemplation du grand bien que l'on voudrait faire et que l'on ne fera pas non plus.
Et le temps se gâche, et la nuit vient où personne ne peut travailler, mais où se retrouveront, justement mérités, les cruels remords et le châtiment.

Paris, 4 octobre 1931

CHAPITRE IV

TRAB MOUNEK

(Le beau pays)

Campagne d'exploration saharienne
1934-1935

Marié depuis le 24 mars 1930 et père de deux enfants, Théodore Monod entreprendra, de mars 1934 à mai 1935, sa première véritable campagne d'exploration scientifique saharienne. Conduite à pied et à dos de chameau, accompagnée de quelques Bédouins, ce sera déjà une expédition à la limite de la démesure. Des milliers de kilomètres parcourus et d'observations recueillies, d'innombrables sites décrits et échantillons récoltés, le ton est donné. Mon père pensera déjà à la traversée du Tanezrouft et à l'exploration de la Majabat-al-Koubra.
Plusieurs années seront nécessaires pour répertorier, analyser, classifier l'abondante récolte, pour rédiger articles et communications destinés à la communauté scientifique, puis, plus tard, le livre de référence des voyageurs sahariens : Méharées, Exploration au vrai Sahara *(Je Sers, Paris, 1937. Actes Sud, Arles, 1989).*

CIVILISATEUR

Que les gens sont donc médiocres, sales et pénibles à fréquenter ! Je vois d'assez près une série de petits fonctionnaires qui vont représenter la France en Afrique et participer à la grande œuvre civilisatrice que, disent les discours ministériels, nous avons entreprise là-bas : triste mentalité ; de quoi parlent-ils ? De ce qu'ils mangent, du prix des objets à la colonie, de leurs petits intérêts individuels (soldes, indemnités...), des femmes (beaucoup), et des sales nègres (énormément). Lamentable ! Mais si c'est cela que nous exportons, il ne faut s'étonner de rien. Pourquoi les meilleurs d'entre nous n'ont-ils pas le courage, ou l'idée, de partir aussi ? Ne fût-ce que pour faire voir aux indigènes que, tout de même, l'Européen (et par conséquent – ô scandale – le chrétien...), ce n'est pas ça seulement et qu'il y a autre chose ?

Au large des Canaries, 21 mars 1934

VÉGÉTARISME

Mon végétarisme tient. Ce n'est pas toujours facile : refuser le gigot, c'est l'enfance de l'art, mais arriver à avaler une omelette au jambon en ne mangeant que de l'œuf, c'est déjà plus calé. D'ailleurs, depuis mon débarquement à Dakar, j'ai déjà deux petites entorses à me reprocher : des beignets de cervelle (je ne pouvais pas refuser) et des tomates farcies où peut-être (?) il y avait un peu de viande.

Aleg, 3 avril 1934

ODETTE DU PUYGAUDAU

La môme Puygaudau* et sa copine (les demoiselles qui voulaient d'abord aller à Smara et que j'ai canalisées sur Port-Étienne) ont passé à Aleg récemment. Elles font, tout de même, un grand tour en Mauritanie, comme des potaches en vacances, habillées en Maures, enturbannées, s'amusant comme des petites folles, se faisant raconter dans les postes les histoires les plus extraordinaires et se préparant à pondre, non seulement X articles de journaux, mais, dit-on, un... roman ! Il est possible que je les rencontre quelque part : j'ai une peur terrible qu'elles ne s'accrochent à ma caravane pour gagner l'Adrar où on ne les autorise à pénétrer qu'à la condition d'utiliser une *occasion*.

Aleg, 6 avril 1934

* La biographie de Monique Vérité : *Odette du Puygaudau, une Bretonne au désert,* éd. Picollec, 1992, aura amplement prouvé que cette dame désormais célèbre est très loin de mériter ces propos humoristiques (Théodore Monod).

Boisson Saharienne

On boit des mixtures étranges : j'avale maintenant le lait avec sa peau, sa paille, ses poils de bouc et son sable. Et l'eau ! Ce matin j'avais le malheur d'être au puits quand on remplissait la guerba dont je bois : on prenait l'eau dans un bassin où buvait le bétail et où un Maure était en train de tremper ses pieds, calmement assis au bord du bassin.
Je dois avouer, par souci d'exactitude, que je n'ai pas remarqué à l'eau le moindre goût spécial imputable à l'infusion pédestre du copain.

Douera, 15 avril 1934

Indigènes

Cela ne marche pas trop bien avec les indigènes : leur imprécision, leur bavardage (ah ! le flot de paroles inutiles !), leur mauvaise volonté et, au besoin, leurs mensonges commencent à m'impatienter terriblement. J'en arrive à laisser percer mon déplaisir, et en réalité mon mépris. Ah ! qu'il est plus facile d'aimer les gens (le peuple et l'indigène du moins) de loin que de près !
Et pourquoi est-ce que je méprise mes compagnons ? Uniquement parce qu'ils sont différents et que nos cerveaux n'ont pas le même mode de fonctionnement ! C'est très mal de ma part, évidemment.

Tartega, 20 avril 1934

Solitude

J'ai pas mal pleuré ce matin, en piétinant dans les cailloux, et ensuite encore, au sommet de mon chameau. On arrive le plus souvent à échapper à cet effrayant tête-à-tête avec soi-même que nous passons notre vie à essayer d'éviter : on a son travail, les mille obligations de la vie matérielle, on a tout le fatras dont nous avons bourré notre existence pour étouffer la voix intérieure, on a les livres et *Le Petit Journal,* on a les films sonores. Mais tout de même, en dépit de nos habilités, il y a des heures où, tout à coup, il faut bien regarder ailleurs

qu'au-dehors, vers les mille tableaux changeants du monde intérieur qui nous masquait l'autre, et ce qu'on voit n'est pas plaisant : je comprends que l'on n'aime pas ça et que, d'instinct, on fasse tout pour ne pas voir.
Il s'agit toujours, bien entendu, du problème central de chaque vie humaine et hors de la solution duquel (et il n'y en a qu'une, mais il faut la trouver) il n'y a pas de paix intérieure possible. Problème qu'il faut résoudre seul, car si Pascal a dit « on mourra seul » il s'avère, dans une très large mesure, que, de même, on vivra seul.

Gueïla, 25 avril 1934

... ils ne nous aideront pas. On mourra seul. Pascal.

DIVERTISSEMENT

Je n'ai jamais connu d'autre activité que le divertissement, la curiosité scientifique en étant une forme plus noble sans doute que le turf ou le tripot, mais leur exact équivalent psychologique.
Ce n'est pas la science considérée comme une activité féconde, joyeuse et innocente, mais le succédané de cette tâche plus essentielle dont je conserverai toute ma vie la nostalgie, et le remords de n'avoir pas su (ou pas voulu) m'y consacrer. En fait, je continue à vivre dans le

provisoire, attendant je ne sais quoi qui me donnera la paix intérieure et la sérénité spirituelle. Attitude des plus périlleuses, car vivre dans l'avenir et ruminer les grandes choses que l'on voudrait faire, c'est négliger le présent et donner des gages à l'orgueil et à l'amour-propre.

Talorza, 26 avril 1934

Voyage du Centurion

Chose curieuse, je refais, étape par étape, le pèlerinage du centurion : Moudjeria, Ksar el-Darsa, demain Ilÿ, Atar, etc. Ici même, Psichari [1] a subi une tempête de sable. Étrange ; mais le plagiat finira-t-il comme l'original, par la conversion ?
Et par-delà tant de dunes, tant de cailloux, tant de plaines calcinées et nues, par-delà cette misérable petite besogne humaine qui n'est que l'accessoire, ces minuscules occupations décorées de grands noms : archéologie, biogéographie et les autres, trouverai-je l'Essentiel, est-ce que Dieu m'attend ?

Dans les dunes, 29 avril 1934

Un Doigt Blessé

Menus désagréments physiques : terribles coups de soleil et, maintenant que la chose est entièrement cicatrisée, il me faut avouer un malencontreux accident survenu entre Aleg et Moudjeria : en bouchant un bocal, ce dernier a éclaté et un morceau de verre m'a si bien ouvert la main (gauche très heureusement) qu'il a coupé un vaisseau des plus juteux et sectionné le tendon adducteur de l'index. Ce doigt stupide, privé de la ficelle qui le fléchissait avec grâce, restera désormais rectiligne : tant pis pour lui, mais c'est grotesque, impayable (et impliable). Et puis je ne suis pas violoniste et cela me fera toujours un souvenir de la Mauritanie.

Atar, 5 mai 1934

1. Officier saharien (1883-1914). Petit-fils de Renan, auteur de *Le Voyage du Centurion*.

GÉOLOGUE

Je ne dois pas être beau à voir, rouge, brun, sale, débraillé, entouré d'un tas de bricoles qui me « tartarisent » (baromètre, boussoles, musette, marteaux, etc.), un crayon au bout d'une ficelle, un carnet à la main, et cavalcadant (*pedibus,* hélas ! c'est la damnation du géologue) dans les cailloux.
Le travail marche bien et on a la joie, en revoyant de loin la montagne qu'on a grimpée la veille, de se dire : « Toi, ma vieille, ton compte est réglé, c'est fait, je sais, mètre par mètre, en quoi tu es. » Et la joie de comprendre peu à peu la structure de cet Adrar étonnant.

Adrar, 12 mai 1934

PRÊTRES

Au désert, nous serions devenus sans peine des gandhistes intégraux. Il n'y a pas de pays où le brahma-charya soit plus aisé. Cela tient-il uniquement à la fatigue physique ? Je ne pense pas. En tout cas, avis aux amateurs. Si l'on infligeait 25 kilomètres par jour à chameau, au soleil, aux séminaristes (10 kilomètres suffiraient pour les bonnes sœurs), on faciliterait grandement aux jeunes prêtres l'observance de leurs vœux.

Akjoujt, 19 mai 1934

MODE DE VIE

Je suis le seul civil à un grand nombre de centaines de kilomètres à la ronde, et certainement le premier chrétien à se promener sans fusil dans un pays certes sûr, mais où, enfin, de loin en loin il y a bien quelques menues affaires. Je dois passer pour un fou ; pensez donc : un chrétien sans fusil, qui ne s'enivre pas, qui ne mange pas de viande, qui distribue des Évangiles arabes, qui casse des cailloux, qui ne porte pas de casque, qui vit de *kesra,* de riz et de dattes... un vrai phénomène, quoi !

Atar, 29 mai 1934

NATURE

Le jardin de l'hôtel Conti [1] me paraît un peu clos : on est comme dans une fosse, des murs tout autour et un bout de ciel au-dessus seulement, et qu'il faut lever les yeux pour apercevoir.
À dire vrai, je préfère mes grands horizons dévastés, sans limites, moins confortables sans doute, moins rassurants, moins domestiques, mais plus grandioses dans leur tragique et inhumaine immensité. Ici, c'est la nature que nous invitons à nous servir, élaguée, mutilée, muselée, taillée, alignée, asservie. Là-bas, nous sommes des hôtes, sans la moindre voix au chapitre, et des hôtes qui lui demeurent totalement indifférents. Ce n'est pas en notre honneur que la machine fonctionne et nous ne sommes pas le centre du monde : il est salutaire, parfois, de se l'entendre répéter par quelque coin de nature sauvage, vierge, et qui ne ment pas.

Atar, 31 mai 1934

GRAVURES RUPESTRES

Après le riz, les dattes, le thé, j'ai laissé le convoi et suis parti pour visiter une station de gravures rupestres. Elles sont sur des dalles de calcaire bleu, les unes pas anciennes (inscriptions et dessins en arabe), les autres beaucoup plus vieilles, mais si patinées qu'il est à peu près impossible de les déchiffrer ; c'est quand le soleil est très bas qu'on les voit le mieux. J'ai trouvé ainsi des choses intéressantes, qui rapprochent cette vieille couche de la couche « libyenne » du Sahara central : il y a ici, aussi, des javelots et des boucliers ronds. Et puis, ce qui est le plus surprenant, c'est la découverte de deux lignes en tifinar parfaitement reconnaissables, et paraissant tout à fait « contemporaines » des dessins libyens.

Adrar, juin 1934

1. L'hôtel Conti se trouve à Paris.

VENT DE SABLE

Hier soir s'est élevé un vent de sable des plus réussis ; et nous étions installés contre une dune vive ! Avec les bagages, il a fallu construire une sorte de muraille en demi-cercle et c'est derrière cet abri précaire qu'on s'est installé. Ça manquait de confort, il est vrai que ce n'est pas ce dernier qu'il faut attendre ici. Mais enfin, il ne faut tout de même pas exagérer. Je me suis endormi la bobine couverte d'une mousseline. Dormi royalement, et, au réveil, ciel pur et clair, sable calmé, la dune redevenue vierge de nos traces d'hier, mais déjà marquée de celles de la gerbille et de la vipère à cornes.

Dans les dunes, 5 juin 1934

MÉTÉORITE DE CHINGUETTI

J'ai commencé l'enquête sur la météorite dite de Chinguetti [1] : négatif, personne ne sait rien. Le chef des Lagthal me déclare : « Tu peux attendre jusqu'au jugement dernier que tu ne trouveras jamais quelqu'un qui connaisse la pierre... » C'est encourageant ! Je lui ai répondu, d'ailleurs : « D'ici le jugement dernier, il y a du temps... »
J'ai promis publiquement 1 000 F à celui qui me mènerait à la pierre. Cela va faire du bruit dans le village : qui sait ? un hasard heureux peut, d'un jour à l'autre, révéler l'emplacement du caillou que les gens ne dissimulent pas, mais ignorent tout simplement.
Le récit de Ripert est des plus romanesques et plein de mensonges (certainement involontaires) : et en France, ils prennent cela pour de l'argent comptant ; on y croit dans le monde entier, à cette maudite pierre, sauf à Chinguetti où personne n'en a jamais entendu parler.

Chinguetti, 5 juin 1934

1. De Brigitte Zanda et Théodore Monod, *Le Fer de Dieu, histoire de la météorite de Chinguetti,* Actes Sud, 1992.

FREUD

Presque terminé Freud avec des sentiments mélangés. Au point de vue pratique, il en ressort avec éclat la terrible importance des premières années de la vie (3 à 5 ans) pour la constitution des tendances qui régiront l'adulte : les perversions sexuelles de ce dernier sont en germe dans le comportement du bébé, affirme Freud, et en somme, à 5 ans, tout est décidé, les comptes sont arrêtés, l'individu est orienté, déterminé (en bien ou en mal). Quelle responsabilité pour les parents ! Et que de précautions il faudrait savoir prendre !

Chinguetti, 6 juin 1934

TORNADES

La nuit du 14 au 15, surpris par une série de tornades qui ont duré ensemble une douzaines d'heures, nous étions dans l'oued Timagazine, sans abri, trempés jusqu'à l'os (et au-delà), en pleine obscurité dans la tempête, cernés par plusieurs torrents, obligés à un moment d'évacuer le camp envahi, avec la joie de pouvoir se demander si les bagages n'allaient pas être noyés d'un moment à l'autre avec le journal de route et tous mes documents. On a eu froid, on a eu chaud, parce que, réfugié à côté d'un feu qui crépitait sous l'averse (mais a tenu toute la nuit), j'avais un côté du corps rôti et l'autre battu par la pluie. Ce matin, il est tombé une rosée telle qu'un bain ne nous eût pas mouillés davantage.
Et malgré cela, la machine humaine fonctionne. C'est une admirable mécanique. On peut lui demander beaucoup et celle que je ramènerai en Europe ne sera pas engraissée, mais en tout cas durcie, trempée (au sens métallurgique du mot cette fois-ci), osseuse à souhait.

Chinguetti, 16 juin 1934

RESPECT DE L'ANIMAL

Dommage que le christianisme n'ait pas été végétarien et ait accepté des égorgements d'agneaux, avec de mauvais

couteaux de poche ébréchés, et, bien entendu, une pieuse formule à la gloire du Compatissant.
Dommage, dommage. Il y avait une belle occasion d'orienter le monde vers le respect de l'animal : c'est une des plus graves lacunes de nos livres saints et de tout le christianisme.

Chinguetti, 17 juin 1934

VÉGÉTARISME

Au fond, le problème de la viande se pose de la même façon ici et en Europe. Sans doute rien n'est plus pacifique, plus anodin et moins évocateur de visions sanglantes qu'une escalope dorée, roulée dans la chapelure ou la fibre débonnaire et violacée d'un pot-au-feu. Devant des nourritures si paisibles on a peine à en imaginer l'origine, que l'on n'a pas vue. Mais je suis certain que si l'on savait, si l'on osait savoir, alors l'escalope vous resterait dans le gosier. L'existence de boutiques de bouchers nous permet d'être, en conscience, carnivores, mais s'il nous fallait acheter notre bifteck à l'abattoir, nous n'irions pas tous les jours. Superstition de la variété nécessaire : je refais de nouveau l'expérience salutaire que la plus effroyable monotonie dans le menu n'est nullement mortelle et peut même coexister avec un violent (et prolongé) effort physique.

Dunes de l'Ouarane, 26 juin 1934

PROSÉLYTISME

Je ne fais pas mystère de mes distributions de textes bibliques : bien des officiers savent que j'ai des brochures arabes. D'autre part, à Saint-Louis, j'ai eu à solliciter une autorisation d'importation (desdites brochures) au bureau politique du Sénégal et à la police : j'ai ouvertement expliqué la chose et obtenu l'autorisation. Cela dit, ici, il n'y a aucun inconvénient à répandre l'Écriture sainte, dont les Maures sont infiniment plus proches que nous : ils y sont chez eux de plain-pied (alors que nous...). Tout cela est bien antérieur à l'islam et ne contient pas de polémique, par conséquent.

D'ailleurs, tous connaissent de nom déjà la Thora (de Moussa), le *Labour* (de Dawud) et l'*Injïl* (de Aïssa Ould Myriam). Naturellement, auprès des lettrés qui connaissent leur théologie, l'Évangile doit faire une impression mélangée, car il contient, au point de vue musulman, quelques énormes hérésies ; si grosses que l'orthodoxie actuelle considère le texte évangélique comme tripatouillé depuis sa rédaction (par exemple pour en faire disparaître la mention de Mohammed !).

Ouarane, 29 juin 1934

Compagnon

J'ai avec moi un interprète, un garçon de l'école de Boutlimit, extraordinairement poli : « Oui m'sieur, oui m'sieur. » « Pardon m'sieur, est-ce que je peux monter (à chameau) ? » etc. Hier, cela a même été jusqu'à me demander cérémonieusement la permission d'uriner ! Cela vaut mieux que l'insolence, mais, tout de même, cela va un peu bien loin. Demain, il me demandera sur papier timbré l'autorisation d'éternuer !

Ouarane, 30 juin 1934

Rationnement en Eau

Le juif errant continue : je viens de me taper neuf jours de dunes assez pénibles à cette époque-ci avec des hommes qui ne savent pas se discipliner pour l'eau, qui liquideraient (c'est le cas de le dire) la provision en un jour, en comptant sur... l'Éternel pour la boisson du lendemain. C'est odieux. S'il y a un pays où le « à chaque jour suffit sa peine » soit périlleux et malfaisant, c'est celui-ci. Il faut prévoir la peine du lendemain. Plusieurs fois, j'ai dû rationner les types et leur distribuer l'eau à heures fixes, dans mon quart (et à moi aussi qui suivais la loi commune). Ce n'est pas le moment de badiner avec l'eau : tous les ans, le vent d'est, cet *irifi* qui nous a comblés de ses caresses ces derniers jours, tue des hommes, des imprudents partis sans guerbas, ou avec trop peu d'eau, ou ayant trop vite avalé leur provision.

Il faut être très prudent. Je le suis car je n'ai pas la plus légère envie de sécher dans un trou de dune.

Dunes de l'Ouarane, juillet 1934

ANGOISSE

Et demain matin, je reprends le large. « Ô mer, c'est toi ?... Je rentre ! »
Et il y a d'autres océans que ceux d'eau salée. « C'est un aigre breuvage que la solitude, et il saoule », disait Psichari en une phrase dont le style rappelait Pascal. « Prends ton bâton, et marche vers ta douleur, ô voyageur », disait le même.
On se sent accablé par le chiffre astronomique des kilomètres à avaler : tant de dunes, sans cesse renaissantes et semblables, tant de falaises bleuâtres, tant de graviers où se recroqueville la petite main sèche et close de la rose de Jéricho, tant de jours et tant de nuits, et tant de tempêtes au-dehors et au-dedans. Et puis, pour conclusion, pour avertissement, pour appel, le coup de tonnerre de la Vérité : que servirait-il à un homme de connaître le Sahara occidental s'il perd son âme et galvaude dans le divertissement son unique vie terrestre ?

Chinguetti, 19 juillet 1934

« VERTUS » GUERRIÈRES

Tant qu'on ne parle que du devoir de « défendre la patrie », de « sauver la civilisation » (*sic*), de « protéger les faibles », de « lutter pour le Droit », etc. (les variantes sont innombrables), c'est parfait, on ne pense pas à ce que cela implique dans la réalité. Et même, tuer de loin, ce n'est pas si malpropre : l'artilleur qui tue de façon si indirecte, si anonyme, ne voit jamais la couleur du sang qu'il fait jaillir ; le tireur lui-même, opérant à distance, participe à un jeu de massacre qui rappelle davantage la fête foraine que la boucherie : la pression du doigt sur la détente, un claquement sec, une silhouette sur l'horizon qui change de position et de verticale devient horizontale : et c'est tout.
Mais si l'on disait aux héroïques « 835 Françaises

protestantes » qui nous conjurent de ne pas émousser l'ardeur belliqueuse chez les mâles ; si on leur disait que leur fils un jour se tiendrait un coutelas à la main, à la porte d'un abri où il vient de lancer des grenades asphyxiantes, pour égorger un à un les êtres hagards, épuisés et chancelants qui essaient de s'en évader, insisteraient-elles davantage en faveur des « vertus » guerrières ?
Mais on ignore, ou, ce qui est plus criminel encore, on oublie quand on a su, et on continue à se goberger de mots solennels qui, anodins en eux-mêmes, n'en sont que plus dangereux.

Oued Touchat, 20 juillet 1934

Volonté de Dieu

Au fond, la seule chose qui importe dans une destinée humaine, ce n'est pas de faire des visites, des livres, de bons repas, des parties d'échecs, des enfants, ni même des prières, c'est de faire la volonté de Dieu. Évidemment, mais encore faut-il :
Premièrement, la discerner (c'est-à-dire avoir le courage d'avouer qu'elle est limpide) ;
deuxièmement lui obéir dans la pratique.
Tout de même, la vie est pleine d'imprévus, et, rien que chez nous, le futur médecin est devenu typographe, le futur professeur de lettres et de philosophie fonctionnaire colonial, et le futur pasteur naturaliste-méhariste ! Ce n'est pas mal !

Lemqader, 22 juillet 1934

Géologie de l'Adrar

Je viens de découvrir les argiles à graptolites du gothlandien [1] ! (J'avoue que vu de Sirius...). C'est d'un seul coup toute la géologie de l'Adrar, si désespérément confuse jusqu'à aujourd'hui, accrochée à un point de repère solide.

1. Ou silurien ; en géologie, désigne la troisième période de l'ère Primaire.

C'est une grosse affaire et, à elle seule, elle valait le voyage. Je tiens enfin la stratigraphie de l'Adrar : au lieu des deux simples tassilis de l'Ahnet, en voilà déjà six superposés.

Niemilane, 28 juillet 1934

FOU

J'ai eu quelques désagréments variés ces derniers jours. D'abord un convoyeur devenu subitement fou, et j'ai compris ce qu'était un possédé et comment l'hypothèse de la possession par un « esprit impur » s'impose à tout cerveau non corrompu par la science et qui voit sortir de la dune, à l'aube, à demi nu, complètement hébété, aphasique et hagard, un homme qui, quelques heures plus tôt, quittait le camp à l'état normal : fatalement, on doit supposer qu'un djinn lui est tombé dessus. L'étape n'a pas été comique et il a fallu attacher le fou par une main, derrière un chameau, pour l'empêcher d'aller se perdre et crever de soif, misérablement, entre deux dunes.
C'était bien un peu assyrien ou romain comme mode de transport. Mais que faire ?
Demain, mon fou sera dirigé sur Chinguetti.

El-Moïnane, 30 juillet 1934

CALVINISTE

Galoubet a beaucoup d'assurance, c'est vrai. Il est en possession d'une certitude. Je l'envie. Il m'a écrit une lettre pour me reprocher, en somme, d'être un mauvais protestant puisque je ne vis pas dans l'intimité de Calvin et que je flirte avec *Esprit*[1] et autres mouvements où les problèmes de la vie pratique, de la morale, passent avant ceux de la spéculation théologique.
Galoubet a un cerveau de philosophe, ce sont les problèmes de la pensée qui le hantent : la Vérité, le dogme, les systèmes philosophiques. C'est parfait, il n'est pas mauvais qu'il y ait des cerveaux de type divers. Mais

1. Revue fondée en 1932 par Emmanuel Mounier.

tout de même, avouons qu'il est assez rigolard de voir ce « vieux huguenot » plus royaliste que le roi me reprocher ma tiédeur protestante !
Tordant – et même, peut-être, un petit peu indécent (?).

Gueïla, 17 août 1934

SÉPARATION

Finies, bien entendu, les lettres « Atar par avion ». On peut m'envoyer naturellement du « par avion » à ma nouvelle adresse soudanaise, mais au fond, cela ne servira à rien et ne gagnera aucun temps. Et puis, à partir de novembre, je vais disparaître dans un trou de silence pour une période, hélas ! assez longue. J'en suis peiné pour toi, car, évidemment, c'est sur toi que repose le poids de la séparation.
Pour moi, ce n'est pas la même chose : je vis une vie d'un prodigieux intérêt et ne suis pas enchaîné à une routine domestique fastidieuse : je suis libre et errant.

Lettre à sa femme, Soudan, 17 août 1934

VIE

Il y a longtemps que je ne pense plus à l'avenir, à ce que nous devrons faire plus tard. Ai-je abandonné la partie et suis-je résigné ? Ou est-ce l'inutile stérilité de ces ruminations qui m'en préserve ? Ou indifférence ? Je ne sais. D'ailleurs il y a la tâche quotidienne, faite d'une foultitude de menus détails et qui parvient admirablement à nous empêcher de réfléchir à des choses sérieuses, à la chose sérieuse : l'emploi que l'on fait de sa vie.
Et puis, tout de même, il y a des moments où je m'aperçois avec épouvante que la vie s'écoule, que les années passent, que déjà j'ai « un bel avenir derrière moi » et que l'on mourra demain les mains vides, plus mauvais serviteur encore que celui qui n'avait reçu qu'un talent, car j'en ai reçu plusieurs – je dois le reconnaître –, sans savoir les faire fructifier. Je ne parle pas du domaine scientifique : ça, c'est le passe-temps, la rigolade, le Divertissement au sens pascalien du mot, cela n'a rien à

voir avec « la seule chose nécessaire » dont parle l'Évangile.

Soudan, 18 août 1934

GROUPE NOMADE SAHARIEN

En route vers le groupe nomade (caravane de neuf animaux : cinq de bagages, deux partisans, un domestique) où j'arrivais doucement dans le courant de l'après-midi et où l'on attendait aussi quatre ou cinq officiers venant de Tidjidka. Arrivée grotesque parce que la sentinelle a cru qu'il s'agissait des militaires, le clairon a sonné le rassemblement, les types ont couru comme des lapins pour présenter les armes, etc. Voyant cela de loin, je me suis arrêté et ai fait porter un mot au capitaine pour lui dire que ce n'était « que moi » et qu'il n'y avait donc pas lieu de faire cavaler les soldats. Je me suis avancé ensuite. À la fin du jour, arrivent les officiers de Tidjidka. Soirée assez « gaie » mais passablement « corps de garde » : c'est fatal entre militaires mais j'ai constaté avec humiliation que cela me dépayse moins qu'il ne faudrait et qu'il me vient rapidement à l'esprit, et parfois, hélas ! au bec, des blagues qui, si elles peuvent faire marrer les copains, ne sont pas toujours de la plus exquise distinction.

Gueïla, 19 août 1934

ALIMENTATION

Évidemment, si j'ai une alimentation saine, elle n'est pas très fortifiante : du blé à midi, de l'orge le soir, un peu de riz les jours de fête ou quand j'ai été sage, cela permet de ne pas mourir, mais ce n'est pas très réconfortant. Ce n'est certes pas la viande qui me manque, mais, tout de même, on accepterait, de loin en loin, une assiette de lentilles ou de haricots secs, ou quelques fruits.

Gueïla, 23 août 1934

GUERRE

J'ai reçu des papiers du groupe Amiral de Coligny : on nous y apprend la vérité sur les origines de la guerre et l'on s'y indigne des atrocités allemandes.
Certes, la guerre est atroce, mais fatalement telle. Cette idée qu'il peut y avoir une façon polie, amicale, élégante, évangélique de faire la guerre, c'est-à-dire, en français, d'assassiner son prochain, est comique. Mais, bons amis, de quoi vous étonnez-vous ? Et oubliez-vous le but de la guerre ? Je veux bien qu'il se soit trouvé que les Allemands aient eu plus d'occasions que nous de faire des saletés, mais cette occasion aidant, qu'aurions-nous fait, nous ?
Le lieutenant qui commande au Tagant, un hobereau percheron de bonne souche, très militaire, m'avouait l'autre jour à quel point il était certain qu'en Allemagne les troupes françaises auraient, elles aussi, commis ce qu'on appelle des atrocités.
Ce brillant officier sait ce qu'il dit. Il nous a vus à l'œuvre en Syrie où il a longtemps guerroyé sous les ordres du protestant Clément Grandcour. Il sait de quoi nous sommes capables et m'a cité cette péroraison d'un ordre du jour du général Gamelin : « Faire aux habitants le plus de mal possible dans leurs biens et dans leurs personnes. »
Il paraît qu'on a obéi ! Et l'on s'étonnera de ne pas être idolâtrés des Syriens !

Tamchakett, 24 août 1934

LETTRE À L'ÉPOUSE

En songeant aux années que nous venons de passer ensemble, j'ai deux reproches à me faire – « Deux ? Tu es modeste ! » Alors, mettons deux principaux en négligeant les petits. D'abord, il est certain que ton association avec moi a signifié pour toi le passage, et le passage subit, brutal, sans transition ni ménagement, d'une vie colorée, intéressante, variée, kaléidoscopique, mondaine (au sens non péjoratif du mot), à la vie du couvent le plus austère, le plus terne, le plus sombre, le moins rigolo qui soit. J'aurais dû savoir fléchir un peu les règles de la vie monastique en l'honneur de la nouvelle recrue et placer quelques fleurs dans le cloître. En somme, j'ai, assez stupidement et très égoïstement, admis comme tout naturel de te plier d'un seul coup aux exigences de la vie monastique ; ce n'était pas « naturel » du tout ; tu as accepté sans protestations, mais cela t'a été cruel de quitter la campagne ensoleillée pour le clair-obscur de la cellule du moine. Cela aurait dû et pu être autrement. J'aurais dû savoir sacrifier, au besoin, des heures de travail pour t'assurer une existence plus distrayante et moins grise. En somme, faire des concessions, mieux comprendre, me sentir davantage responsable de ta tranche d'existence, et admettre qu'il n'était nullement nécessaire qu'elle fût simplement identique à la mienne, calquée sur celle-ci, incorporée à elle. Je n'ai pas su, en fait, respecter assez ton individualité.

Je m'en veux, en particulier, de l'inintérêt total, et même, hélas ! de la déplaisante et discourtoise impatience avec lesquels j'ai toujours accueilli les problèmes vestimentaires. Il est vrai que la prose des journaux de mode et de la « page de la femme » des quotidiens me met hors de moi, mais de là à se désintéresser des habits de sa femme, il y a loin.

Sans aller aux excès grotesques et méprisables de la coquetterie, on a le devoir d'être correct, et le droit – puisqu'en tout cas il faut des habits – d'en avoir plutôt des jolis que de laids, plutôt de seyants que de difformes. Je sais bien que le manque d'argent est un obstacle sérieux à la réalisation de ce programme. Mais, tout de même, et tu en sais quelque chose, on peut à force d'habileté, d'ingéniosité et de soins, être habillée correctement à relativement peu de frais.

Et puis, j'aurais dû insister pour accroître les dépenses sur ce chapitre, au lieu de les laisser baisser par indifférence et avarice, à un niveau qui a dû, bien souvent, te paraître (à juste titre) scandaleux. J'aurais dû comprendre que le vice de la toilette qui est condamnable et l'honnête désir d'être bien tenue et d'aspect agréable sont deux choses tout à fait différentes et que la seconde est parfaitement légitime. Je te demande pardon de ma stupidité et tâcherai d'être moins bête à l'avenir. Rappelle-moi ma promesse à l'occasion !

L'autre reproche est plus grave encore. Comprenant que de la *Judengasse* de Náchod aux voûtes calvinistes de l'oratoire du Louvre il y avait un long chemin, tu m'as demandé, tout de suite, en toute simplicité, d'être « ton pasteur », et, en réponse à cet appel, je n'ai su que donner l'impression que je considérais l'union des corps comme suffisante à constituer le mariage parfait.
Or, ce n'était pas le cas, et, dès le Sahara, je t'écrivais : « Ni l'un sans l'autre, ni l'autre sans l'un. » Alors pourquoi cet étrange silence, et cet apparent refus ? Indifférence à l'égard de la vie intérieure ? Non. Excès de respect pour ton âme, et crainte de paraître, fût-ce un peu, faire acte d'autorité spirituelle et empiéter sur les droits de ta liberté morale ? Peut-être. Timidité naturelle, sorte de pudeur secrète empêchant de mettre au plein jour, même devant son autre moitié, un tel bagage de sentiments, d'aspirations, de certitudes, toutes choses peut-être trop intimes pour supporter la lumière du jour ? Oui, encore.
Et puis, l'impossibilité d'exprimer l'inexprimable, de dire l'indicible, de traduire en mots qui durcissent et déforment l'intraduisible, l'indicible, le confus ? Oui, encore. Enseigner un catéchisme, où le dogme est débité en propositions mathématiques qu'il suffit d'encaisser, est aisé ; on peut exposer un système cohérent, on peut donner des « leçons de religion », mais comment communiquer systématiquement l'incommunicable ?
Enfin, la vraie raison est sans doute celle-ci : pour pouvoir donner, il faut avoir, et le pauvre qui cherche à tâtons, dans la nuit, des miettes de nourriture et des étincelles de clarté, n'est guère en état de rassasier ses compagnons de misère et de les illuminer.
Je ne t'ai rien apporté : soit, mais tout simplement parce que je n'ai rien moi-même. On me croit un profond penseur, on me juge « croyant » et « pieux » : on ignore le fond qui est vide. Cette vacuité est habilement dissimulée ? Oui, car on n'aime pas avouer son indicible misère et son amère pauvreté. Mais ce n'est pas cette dernière hypocrisie qui nous enrichira, c'est la recherche persévérante et humble.
En fait, je suis incapable d'enseigner, de montrer, de guider : et n'en ai pas le droit, je cherche moi-même le

Maître et le Guide ; aveu étrange et qui en étonnerait beaucoup, j'ignore ce que c'est que de prier, de prier vraiment, courageusement, avec sérieux : je ne sais que lire ou répéter des phrases, belles assurément, bienfaisantes à l'occasion, mais qui ne sont pas la « prière ».

Cet aveu n'est pas celui d'une fausse humilité qui s'attend à une encourageante contradiction (« mais pas du tout... au contraire... », etc.). C'est celui de la vérité. Il y a des moments où je me demande jusqu'à quel point j'ai le droit de me dire chrétien, au vrai sens du mot, évidemment. Mais on peut essayer de le devenir. Et c'est la seule chose à faire : chercher, mais chercher davantage ensemble. Et en fait ne l'avons-nous pas fait, dans une certaine mesure et souvent sans paroles ? Car, tout de même, j'ai l'impression, bienheureuse celle-là, que, sans effort didactique spécial, nous sommes parvenus, je ne dirai pas à une identité dans la croyance (je ne sais même pas, moi-même, ce que je crois), mais à une très étroite communauté de sentiments, nous faisant partager les mêmes émotions, les mêmes enthousiasmes, les mêmes indignations. Officiellement, tu n'es ni protestante (puisqu'on le devient par la réception dans l'Église) ni même chrétienne (puisqu'on le devient par le baptême). Je ne t'ai jamais jamais demandé – et de quel droit l'aurais-je pu ? – une démarche qui te fût apparue probablement surtout comme une rupture inutile et peut-être douloureuse avec une tradition vénérable, d'ailleurs beaucoup plus familiale que religieuse. La question n'a jamais été, et ne sera jamais, en pareille matière, de savoir ce qui me « fait plaisir ». Tout est bien pour l'instant. D'ailleurs, tu sais à quel point je sais distinguer entre l'étiquette et la réalité et à quel degré je suis convaincu qu'il n'est nul besoin de l'estampille ecclésiastique pour parvenir à la plus haute stature morale.

Et puis, il vaut infiniment mieux être chrétien en fait, sans en avoir le nom, ou même n'être pas chrétien du tout, ni en fait, ni de nom, que d'en porter comme moi l'étiquette sans que la réalité réponde à cette immense promesse.

Tamchakett, 25 août 1934

HERBIER

Gros ennui, hier : me suis aperçu que beaucoup de mes échantillons de plantes étaient en train de moisir ! Je les étale aujourd'hui sur le toit : pourvu qu'il y ait soleil sans vent ! Mais alors, si l'herbier laissé à Tidjidka, dans une caisse fermée, moisit aussi ! Ce serait un désastre : toutes mes plantes de tout un mois ! Et l'herbier laissé à Atar ! Au fond, un herbier, c'est un truc à surveiller, surtout en cette saison ; habitué au Sahara, je ne me suis pas assez méfié de la pluie et de l'humidité de la saison.

Tamchakett, 29 août 1934

CINÉMONDE

Cinémonde du 19 juillet 1934. Grande enquête auprès des vedettes : « Accepteriez-vous de paraître nue à l'écran ? » Et chacune y va de sa réponse. C'est assez curieux, c'est idiot : rien que des histoires personnelles sur la vie privée des acteurs ; c'est évidemment ce qui doit passionner les midinettes... Mais tout de même, j'aime mieux la préhistoire ou les inscriptions rupestres.

Tamchakett, 29 août 1934

Je songeais, tout à l'heure, à chameau, à l'enquête de *Cinémonde* : « Accepteriez-vous... »
Au fond, l'idée n'est pas sotte, mais pourquoi poser la question aux seules professionnelles du cinéma ?
Ce qui serait rigolo, extraordinairement, ce serait de la poser à quelques dames (et demoiselles) de la H.S.P. [1], aux diaconesses, aux sœurs de Saint-Vincent-de-Paul, aux élèves de Saint-Marcel... Là, oui, on aurait des réponses pittoresques, et peut-être terriblement inattendues.

Soudan, 30 août 1934

1. Haute société protestante.

DÉPART

J'ai, une fois de plus, repris le large avec joie : le sable augmente, les graines à piquants diminuent, le Sahara approche. Je ne médis certes pas des toits qui abritent pendant les tornades, ni des journées sédentaires qui reposent un peu des grandes randonnées, ni des repas excellents que l'on prend chez les officiers qui sont d'une hospitalité si cordiale et si généreuse qu'elle en est presque gênante. Mais, tout de même, je préfère encore la solitude de la brousse, avec ma pauvre *kesra* et mon gruau d'orge.

Soudan, 30 août 1934

TEGDAOUST

Toute la journée dans les ruines de Tegdaoust, qui est peut-être la célèbre Aoudaghost des géographes arabes. Il n'y a plus rien que des tas de cailloux, couverts de végétation ; beaucoup de poterie, souvent sans intérêt, mais j'ai recueilli une série de tessons verts qui permettront, je l'espère, des conclusions intéressantes. Je viens de relire le texte d'El-Dekri sur Aoudaghost ; cela a bien changé en mille ans : plus de marché « à toute heure rempli de monde », plus de « macarons au miel », plus de « miel très abondant » et j'ai cherché, en vain, ces jeunes filles « d'une belle figure, d'une taille légère et svelte, qui ont les seins fermes, la partie inférieure du dos bien arrondie », dont le bon géographe arabe nous détaille les charmes avec tant de complaisance.

Tegdaoust, 1er septembre 1934

ŒUF D'AUTRUCHE

Traces d'autruches. Après tout, si je tombe sur un nid, mon devoir n'est-il pas de prélever un (ou deux) spécimen(s) d'œufs pour le Muséum ? Et alors je puis, sans trop de scrupules, en déguster le contenu !

Dans les dunes, 3 septembre 1934

CHASTETÉ

Je n'ai jamais, autant que cette fois-ci, trouvé la chasteté africaine aussi parfaitement aisée, aussi splendidement naturelle, normale, bienfaisante même, peut-être. À ce point, c'est une expérience nouvelle et je la dois, évidemment, au mariage, période d'activité qu'il est normal de voir suivre d'un grand apaisement. Mes Saharas précédents ne furent pas si paisibles, même celui du prémariage, portant fatalement la marque d'une période d'attente, et d'attente pas toujours glacée. Maintenant, c'est tout autre chose. D'abord, il y a le grand fait qu'ici encore, comme pour l'alcool, la viande, etc., la question est résolue une fois pour toutes : le départ implique cela, c'est la loi : mais cela n'est que l'aspect grossier de la question et concerne des faiblesses auxquelles on s'en veut de songer, même en rêve. Le fait que la chasteté est obligatoire ne suffirait pas à la rendre aisée ; or c'est précisément cela qui me stupéfie... Et puis, la bonne, saine, bienfaisante et bénie fatigue physique qui vous remet dans la nature et vous réapprend, comme dit la chanson, que « la nuit est faite pour dormir ».

Gueïla, 4 septembre 1934

MALADIE

Matinée des plus pénibles parce que ma sinusite m'a fait cruellement souffrir. En cet instant, il y a une accalmie... et que faire ? Je ris en songeant à l'ordonnance qu'eût rédigée un médecin : « Garder la chambre quelques jours, éviter les courants d'air... » Très praticable au Sahara ! Non, ce n'est pas ici un pays où l'on puisse être malade. En France, avec la douleur que j'avais aux yeux et au front, je me serais tout simplement mis au lit. Ici, je suis monté à chameau me faire secouer au soleil ! Aucun soin possible, d'ailleurs, pas de médicaments et, en cas de complications, aucun secours humain à espérer. Mais il vaut la peine d'avoir été souffrant pour connaître la joie de la convalescence (en cet instant, sans être encore bien fier, je suis tout émerveillé de ne pas souffrir, « pourvu que ça dure » comme disait le monsieur qui tombait du cinquième en passant devant le premier).

Gueïla, 7 septembre 1934

SILURE

Solide après-midi dans les dunes et les sebkas ; mais j'ai trouvé des objets intéressants : je suis tombé sur un crâne de silure qui m'a fait tant de plaisir que j'ai entonné – étant nourri de poésie biblique – le cantique de Jonas :

Jonas, dans sa baleine
Était heureux quoiqu'en prison
Et s'il respirait à peine
Il mangeait des os de poisson
Laïtou, la chaleur me gêne
Laïtou, j'enlève mon gilet

Je faisais même alterner, avec le texte sacré, un refrain profane appris récemment :

Pourquoi t'es-tu teintée Philaminthe
Pourquoi t'es-tu teintée, c'est affreux
J'aimais beaucoup mieux ta vieille teinte
J'aimais beaucoup mieux tes vieux cheveux.

Gueïla, 8 septembre 1934

OBSERVATIONS

Ce matin, retourné à Hajar, où j'ai beaucoup perfectionné mes observations d'hier. Ce n'est pas à la première visite que l'on voit tout (dans un secteur un peu complexe) ; il faut avoir eu le loisir de rédiger ses premières observations pour voir ce qui leur manque, ce qui est à préciser, à vérifier... À la deuxième visite, on va droit aux points utiles. Je ne regrette pas le mal que je me suis donné dans ces cailloux, après tout, je suis venu ici pour cela et, comme je n'y reviendrai jamais, il faut en faire le plus possible pendant que je suis là.

Gueïla, 9 septembre 1934

FATIGUE

Je commence à me demander avec terreur, en constatant que je ne répare plus, au fur et à mesure, les forces que je dépense, si je ne suis pas en train d'entamer le capital, de vivre sur mes réserves, ce qui serait très grave, parce que cela implique une quantité limitée, dans laquelle on ne pourra pas puiser indéfiniment : et alors, le jour peut venir où il n'y aura plus rien. La nuit, contrairement à autrefois, ne répare plus les brèches du jour et je me lève à peu près aussi fatigué que la veille au soir. Enfin, tout cela est, peut-être, une mauvaise période à passer, avec la fraîcheur, cela peut s'arranger, et, qui sait si je n'aurai pas, à Tombouctou, une petite semaine de repos ? Ce ne serait pas moche !

Gueïla, 12 septembre 1934

VÉGÉTARISME

Végétarisme ? Pas une solution ? Mais êtes-vous bien sûrs qu'en Europe, on ne tue pas une quantité d'animaux de boucherie supérieure aux exigences des industries du cuir ? Est-ce qu'une suppression du carnivorisme ne diminuerait en rien le chiffre des sacrifices ?
En tout cas, dans un monde aussi foncièrement sanguivore que le nôtre, le végétarisme est une petite ascèse personnelle qui ne fait de mal à personne, qui ne complique pas la tâche de l'intendance si l'on renonce à vouloir « remplacer » ce que, précisément, il ne s'agit que de supprimer, et qui constitue une très minuscule, inutile, protestation contre l'hématophilie régnante.

Tichit, 14 septembre 1934

GRAVURES RUPESTRES

Le travail ronfle mieux que jamais, presque trop à mon goût, parce que c'est éreintant. Hier matin, travail dans une station (inédite) de gravures rupestres, grimpette d'une montagne « à préhistoire ». L'après-midi, en approchant de rochers d'assez mauvais augure (pour un œil rupestre comme le mien), je faisais des vœux, implorant les dieux d'enlever les gravures rupestres s'il y en avait, ou de faire qu'il n'y en ait jamais eu. En effet, c'était la fin de l'après-midi et nous partions pour un long trajet sans eau, donc sans temps à perdre. Et bien entendu, j'ai été cuit : une formidable station de gravures libyco-berbères, des images par centaines... Désolé, mais honnête, j'ai arrêté la caravane et commencé le travail à 17 h 30 pour le terminer à 23 heures. Je m'en souviendrai, de ce travail de nuit, avec une lampe à carbure clignotante ! Et ces diables de types avaient perché des dessins dans des sites vraiment indécents. Dans la foulée, je partis pour une autre station qu'un goumier m'avait signalée triomphalement et rentrai à minuit. Et à 2 h 30 il fallait mettre le convoi en route...

Tennegué, 27 septembre 1934

GUERRE

Il y a un truc qui me désole et dont je ne me consolerai pas : tout de même, hein, quel malheur que la belle phrase du général Gamelin [cf. page 169] n'ait pas pour auteur un de ces vilains militaires allemands ou un de ces féroces bolcheviques ! Quelle aubaine ! Quelle affaire ! Quel nanan pour le pudique *Temps* ou le vertueux *Écho de Paris* ! Je vois d'ici les articles : « Leur guerre », « La méthode allemande », « Chez les barbares », « Un monstre », etc.

Il ne faudra pas oublier cette phrase, parce que c'est la preuve qu'il faut, tout de même, renoncer une bonne fois à distinguer entre les guerres : une guerre propre, une guerre sale, une guerre « bien française » où l'on tue avec élégance et courtoisie, et une guerre « boche » où l'on massacre sans déférence.

La guerre est le mal total, l'absolu du péché et le plus complet triomphe que puisse remporter Satan ici-bas.

Cela dit, je reconnais que, pour ceux qui estiment encore que, dans certains cas, la guerre peut être un « moindre mal » et qu'il peut y avoir pire (!), les événements d'outre-Rhin ne sont guère de nature à conseiller le désarmement.

Je comprends très bien que ceux qui croient à l'efficacité

de la violence (défensive) continuent à admettre la possibilité d'un conflit armé, et à le préparer.
Maintenant, « humaniser » la guerre, c'est une rigolade. On n'humanisera ni le cancer ni la syphilis, on les supprimera. La guerre, c'est la bête lâchée en liberté, et la bête (française, patagone ou prussienne) est partout la même.
J'ai eu plaisir à retrouver, démonté une fois de plus dans *La Paix par le droit,* le sophisme qui veut assimiler défense individuelle et défense nationale. D'abord, dans le cas individuel, on a devant soi le coupable, indiscutablement désigné par son geste. Et puis surtout, à supposer qu'un ivrogne armé d'une trique se précipite sur ma femme ou mes enfants, je tenterai de le mettre hors d'état de nuire, mais pas forcément de le tuer ! Si un bon vieux coup de godillot dans les fesses suffit, eh bien, tant mieux.
À la guerre, le but avoué est de tuer.

Nema, 2 octobre 1934

Boisson Saharienne

À la source d'Aouinat, dont je bois l'eau, j'ai trouvé un brave type, arrivant de voyage, suant, crasseux, accroupi *dans* l'eau jusqu'à la ceinture, et en train de remplir sa guerba !
Je me souviens d'un récit de Jules Renard où, à la suite d'un long interrogatoire, le jardinier finit par avouer que le dernier échelon de l'échelle par laquelle il était descendu dans le puits, et sur lequel il était pieds nus, se trouvait *sous* l'eau. Cette dernière révélation enlève sa soif à l'auteur. Qu'eût-il dit de ma découverte de ce matin ?

Aouinat, 2 octobre 1934

Si Jules Renard perdait la soif à l'idée, horrible, que le gros orteil de son jardinier avait effleuré l'eau de son puits, qu'eût-il pensé de la guelta El-Abd ? Hier, nous avons rempli nos guerbas dans ce bain de siège boueux où cent moutons arrivant altérés de la brousse, suant, soufflant, éternuant, urinant, crottant, dissolvaient leur crasse de quinze jours. Enfin, c'est de ça qu'on a bu ; ce n'était d'ailleurs pas mauvais.

Oualata, 7 octobre 1934

ÉVANGILE

L'adjudant de Oualata m'a reçu très gentiment. Je lui ai laissé un Évangile, comme je fais parfois : « Merci bien... Tiens, ça va m'amuser c'machin-là. » Pourquoi pas ? Est-ce que la mère Pin, pour charmer ses loisirs de bergère, ne « s'amusait » pas à « prier l'bon Dieu » ?

Oualata, 9 octobre 1934

ANIMAUX

Oui, c'est rudement dommage que l'Évangile n'ait pas trouvé le moyen de dire un mot pour les animaux. Vous pensez la répercussion qu'aurait eue, à travers la chrétienté, l'histoire du chrétien arrachant des sauterelles aux mains d'un gamin, libérant une gazelle, refusant de consommer de l'agneau ou pansant un chacal blessé. Au lieu de cela : deux tourterelles le crâne ouvert à coups d'ongle par le bourreau, rituel en l'honneur de l'enfant Jésus (bon début !), une noyade monstre de porcs, des passereaux « tombant à terre » (évidemment pour les amateurs de pâtés d'alouette : « *Schâlom, Schâlom, Schâlom aleïkoum*, et qui qu'en veut des schalouettes, schinq pour un schou les schalouettes et pleines de graische... ») avec l'assentiment du Père céleste, un veau gras tué (on devine par quel aimable procédé), et pour finir, un agnelet saigné avec un vieux couteau de marin par le miséricordieux Simon Pierre. Avouez qu'on aurait pu faire mieux. Il y a bien le berger cherchant la brebis égarée, mais c'est seulement à cause de sa valeur marchande, c'est après ses cent sous qu'il court, nullement au secours d'un être vivant en détresse.

Croyez-moi, je vois ici les Sémites d'assez près pour les juger insensibles à la pitié.

Gueïla, 10 octobre 1934

Christianisme et Animaux

J'ai, il faut l'avouer, de plus en plus de confusion, je dirais presque de honte, à appartenir à une religion qui, dans le colossal édifice de ses dogmes et de sa morale, ne réserve pas une place à l'animal.
On est tout de même un tantinet gêné de constater que le Maître, dont on se dit le disciple, n'a pas trouvé une parole de pitié pour la bête et partageait bien vraisemblablement les idées du jour : l'homme roi de la création (*sic*), l'animal bon pour le couteau. Partager « l'erreur de son temps » ? En arithmétique, en zoologie, en astronomie, pourquoi pas ? Mais quand on est prophète, Fils de Dieu, Messie, Lumière du monde, le Sauveur, etc., il n'y a pas « d'erreur de son temps » à partager quand il s'agit d'un problème de telle importance.

Entre Nema et Tombouctou, 17 octobre 1934

Birth Control et Sexualité

Je suis incapable de prendre parti entre deux thèses qui s'affrontent. On nous affirme d'une part que le seul moyen moralement acceptable de pratiquer le *birth control* est la totale abstinence des époux : et je suis prêt à m'enrôler sous cette bannière-là. Mais je songe aussitôt que l'autre camp (je pense naturellement à ses représentants honorables) n'a pas que de mauvaises raisons à mettre en avant ; je pense, en particulier, à ce très digne pasteur anglais qui fait remarquer que l'union des sexes, dans l'espèce humaine, n'a nullement pour objet exclusif la procréation, mais est devenue un mode d'expression, le symbole physique d'une communion spirituelle, le signe visible d'un amour qui vise peut-être autant à donner, et à se donner, qu'à recevoir, bref, ce que le pasteur Wilfred Monod a nommé le « sacrement des vivants ».

Impossible de nier qu'il n'y ait du vrai là-dedans, bien que ce plaidoyer soit tout de même un peu trop bien troussé, un brin trop habile quand on a vu où l'auteur veut en venir. Et il n'en fait pas mystère : l'union des sexes, nécessaire et normale, doit être possible en tout temps, l'abstinence, aisée à distance, est pratiquement irréalisable pour les êtres humains ordinaires ; conclusion du pasteur anglais : « Mes bons amis, adressez-vous en toute bonne conscience au médecin qui vous enseignera un bon truc. » C'est, ouvertement, sous le couvert de la morale, la fraude conseillée.
Au fond, la question est de savoir si, oui ou non, la seule solution parfaite est réalisable sans avoir recours à des artifices ou ridicules ou atroces et trop cruels à la très normale tendresse de ceux qui s'aiment. Si la solution parfaite doit s'acheter à prix de chambres séparées, fermées à clef, ou de cotte de mailles (avec des cadenas dont ni l'un ni l'autre n'ait la clef !), ou de grillages de ménagerie, ou d'interdire (écriteau : « Défense de s'embrasser autrement que sur le bout des doigts de la main et plus du tout passé 21 h 30 »), s'il faut en venir là, alors, foin de la perfection et vive la fraude ! S'il faut se torturer corps et âme quand on s'aime et qu'on est jeune, alors zut, re-vive la fraude !

Bou Zériba, 18 octobre 1934

Grandes Causes

Et puis, ce qui est sûr, c'est qu'un troisième enfant, c'est alors, cette fois, l'écroulement définitif de ces incorrigibles rêves qui me hantent toujours, de ces brûlants espoirs d'une vie – d'un reste de vie – consacrée à quelques grandes causes, de ces appels si souvent entendus et jamais encore obéis. « Mais, vieux sot, quelle différence cela fera-t-il ? Crois-tu donc que ces vains espoirs dont tu te berces, peut-être pour te dispenser d'agir dans le présent, ne sont pas depuis longtemps condamnés à la stérilité ? » C'est archifait, la question est réglée. Tu resteras toujours ce que tu es. Tu continueras, toi et les tiens, à croupir dans ta petite médiocrité bourgeoise, tes petits égoïsmes, ton petit foyer clos, soigneusement fermé aux grand souffles du large, où l'on ne sait plus rien voir que son propre feu, où l'on est sourd aux appels de la souffrance humaine ou animale ; tu resteras, jusqu'à la fin, douillettement empantouflé, contre ta salamandre, entraînant les âmes des tiens dans la même hypocrite sécurité, leur imposant à leur tour l'apparence de la foi, l'apparence du courage, l'apparence de la sincérité et les petits subterfuges qui permettent de se croire en règle avec Dieu et de s'approuver, au moins jusqu'au jour suprême où les façades de papier peint brûleront joyeusement devant le trône de l'impitoyable Juge.

Bou Zériba, 18 octobre 1934

LAC FAGUIBINE

Je suis vengé. Je ne l'ai pas volé. « On » me devait bien cela, entre les voluptés torrides de la Mauritanie et les voluptés glaciales du Djouf, entre les cailloux de l'Adrar, les steppes à initi du Soudan et les gravats de Taoudeni, j'avais droit à un petit dédommagement.

Je l'ai eu aujourd'hui, qui fut une journée charmante, pleine de douceur. J'ai longé, du matin au soir, le grand lac ; il a fait tiède, pas trop chaud, on a fait la halte au soleil (fait inouï et qui sent l'hiver).

Plage de joli sable gris où viennent clapoter les petites vagues et trembler de beaux rouleaux d'écume blanche.

Après la halte, j'ai lâché mes compagnons, j'ai pris mon sac noir et mon petit filet et je suis parti seul. J'ai rigolé comme un enfant aux bains de mer, j'ai pataugé, j'ai fait trempette, j'ai ramassé des coquillages, c'est tout juste si j'ai résisté à la tentation de faire des pâtés !

Et tous ces oiseaux, mes vieux amis les pélicans, les oies d'Égypte qui ont de si merveilleuses pattes roses, les aigrettes, les hérons, les chevaliers, les ibis. Et tout cela vraiment peu sauvage. C'est que les gens d'ici ne sont pas encore assez civilisés pour tuer pour s'amuser : ils ne chassent que pour manger et, par conséquent, épargnent les oiseaux.

J'ai pu voir, par exemple, les ibis de très près, de si près même que j'ai découvert, ce dont je ne m'étais jamais

encore aperçu, que l'ibis sacré, demi-deuil, noir et blanc, un peu austère de vêtement et de mœurs, dissimulait sous son aile un admirable galon de rose pourpre.
Ah ! le petit cachottier, avec ses dehors d'ordonnateur de pompes funèbres, et qui arbore des dessous aussi coquets !

Lac Faguibine, 20 octobre 1934

Introspection

Cela m'émeut de retrouver Tombouctou, car c'est un retour, une fameuse boucle enfin bouclée entre 1928 et 1934 ! Entre mes deux Tombouctou, que de temps et que de choses ! Qu'ai-je fait de ces six années ? Où en suis-je ? Non pas dans mes recherches qui sont des futilités, bonnes tout au plus à vous empêcher (un moment) de songer à ce qui est important, mais dans le domaine de ce qui seul compte ? Ai-je avancé ? reculé ? Je n'ai peut-être pas fait grand mal, mais pas grand bien non plus : la médiocrité bourgeoise en tout, ce qu'il y a de pire. D'un grand coupable, on peut attendre au moins quelque chose, des prodiges de courage même, si la grâce s'en mêle, mais que peut-on espérer d'un plat de nouilles aux œufs, et aux œufs mollets, légèrement gélatineux ? La grâce elle-même n'en saurait tirer la moindre étincelle. « Celui qui n'est ni froid ni bouillant, dit le Seigneur dans l'Apocalypse, je le vomirai de ma bouche. » Ce sera justice.

Tombouctou, 24 octobre 1934

Parti Socialiste

Parti socialiste. Je n'ai jamais officiellement envoyé ma démission et je laissais les choses en suspens, glissant automatiquement en dehors du parti par refus de payer les cotisations réclamées. Je suis assez embarrassé. D'un côté ces gens me dégoûtent (souvent), mais de l'autre, c'est évidemment vers ces idées-là que je penche. J'arrangerai les choses en rentrant en m'affiliant à la Troisième Force (le mouvement d'Izard, l'ami de Mounier, d'*Esprit*), et j'écrirai alors au parti que, me rattachant désormais à un mouvement dont les principes spirituels contredisent le marxisme orthodoxe, je crois devoir, etc.

Tombouctou, 25 octobre 1934

MISSIONNAIRE

Été dîner chez les missionnaires américains, extrêmement gentils et *comfortable,* pas ascétiques. Excellent repas : soupe aux lentilles, pain + beurre + confiture, salade, œufs et haricots, riz exquis (au four, moelleux à souhait), thé, tapioca sucré dans des coupes, lait, le tout servi à peu près simultanément, mais fort comestible.
Ensuite, comme rigolade, on a chanté des cantiques, en américain, et puis en français. Finalement, on m'a demandé de lire la Bible (j'ai lu Isaëe 40, 1-11 et le psaume 23 qui lui fait suite très naturellement). Puis le père Martin a fait la prière ; c'était extrêmement touchant, il a prié pour moi avec affection. Ces gens ont grand cœur et je les regardais vivre avec une secrète envie, une sorte de nostalgie, comme chaque fois que je vois des âmes normales, placées où Dieu les veut, et se donnant joyeusement à une grande tâche et à une tâche en apparence parfaitement vaine, car quoi de plus vain – à vues humaines – que de prêcher l'Évangile dans cette citadelle musulmane de Tombouctou ? Mais quoi de plus grand que cette foi qui a pour devise : « On n'a pas besoin d'espérer pour entreprendre, ni de réussir pour persévérer » ? Ces gens doivent être heureux, en ce sens qu'ils se sentent dans l'ordre, à leur place. Il est vrai que leur certitude religieuse revêt une coloration dogmatique pour laquelle j'ai peu de sympathie : peut-être (après tout, je n'en sais rien) eussent-ils été fort étonnés, peinés, scandalisés d'apprendre que loin d'être un orthodoxe bon teint, j'étais un affreux libéral.

Tombouctou, 27 octobre 1934

RIVALITÉ ENTRE GÉOLOGUES

Je viens de recevoir de Jean Malavoy [1], daté d'Akjoujt [2], un télégramme absolument inimaginable, à se demander si le coco est fou : « Me réserve Primaire, Secondaire, Tertiaire Taoudeni, vous laisse Quaternaire, meilleurs vœux. » C'est envoyé ! Et le plus rigolo c'est qu'il se « réserve » (qu'il dit !) des terrains inexistants vu qu'il n'y a ni Secondaire ni Tertiaire à Taoudeni même. Et je crois d'ailleurs qu'il n'ira pas à Taoudeni. Il ignore encore, c'est sûr, que j'irai à Tinioulig : quand il saura cela, il aura une attaque : pourvu qu'il en réchappe ! En tous les cas, notre rencontre et notre « collaboration » pendant quelques semaines promettent de n'être pas dénuées de pittoresque : les militaires ne vont pas s'embêter à regarder les savants rivaux s'entre-dévorer ! Oui, mais mon petit ami, moi qui ne suis pas chef du Service de mines de l'A.O.F. ni un géologue officiel, j'ai tout de même une jolie avance sur toi : je n'ai pas perdu mes six mois de Mauritanie et je passerai à Taoudeni avant toi ! Enfin, on va rire !

La seule crainte que j'éprouve dans cette affaire comique est, premièrement, que le coco susnommé n'essaye de me barrer la route en faisant agir les autorités, je ne pense tout de même pas qu'il ose, et puis, chance pour moi, je verrai à Taoudeni le général commandant supérieur (qui m'est acquis) et le gouverneur du Soudan (un protestant) et je serai lancé sur Tinioulig. Deuxièmement, ceci est beaucoup plus sérieux : je tremble que le coco susdit ne tente de mettre la main sur mes caisses de collections en les réclamant au nom du Service des mines. Ce serait un peu gros et je doute qu'il puisse y songer sérieusement, mais sait-on jamais ? D'ailleurs, à la moindre alerte, je lance Lemoine, mon chef suprême, sur la piste de guerre : mes documents et collections appartiennent au Muséum qui me paye pour les récolter.

Aurais-je dû répondre au télégramme ? Peut-être, mais je n'aurais pu résister à l'envie d'y placer quelque ironie qui

1. Directeur du Service des mines de l'Afrique occidentale française.
2. Bourgade de Mauritanie.

eût, inutilement, envenimé les choses : « Ignorais existence Tertiaire Taoudeni, félicitations pour sensationnelle découverte », ou bien : « Ne vois aucun inconvénient grave vous autoriser, après mon passage, étudier région Taoudeni, y compris Quaternaire », ou bien : « Sol Sahara n'étant pas propriété privée chef Service des mines, accomplirai mission sans conditions limitatives », ou bien : « Géologue amateur novice, crains ne pas pouvoir distinguer Primaire de Tertiaire et risque empiéter votre domaine réservé ; prière envoyer renseignements précis ou carte géologique détaillée » ou bien, enfin : « Accepte conditions mais serais heureux connaître moyens d'application : bandeau sur les yeux, interdiction de ramasser des cailloux, privation de marteau ? » Évidemment, si je ne réponds pas, il peut croire que j'encaisse ses grotesques prétentions.

Tombouctou, 28 octobre 1934

Culte à Tombouctou

Ce matin, été au culte (en anglais et songhaï) à la mission ; séance très touchante ; cela se passait dans la *sitting-room* de la mission : il y avait là les quatre missionnaires hommes, les trois femmes dont une avait un délicieux petit bébichon recroquevillé comme une petite grenouille contre sa poitrine, un Touareg chrétien, un Arabe chrétien, quelques nègres, deux négresses. Chants en songhaï (j'ai chanté sans rien y comprendre, certain qu'il n'y avait rien là de contraire à la morale). Petit discours en anglais par le révérend Wright, traduit en songhaï par le révérend Martin. Prières par les missionnaires et les indigènes. J'ai eu la surprise de voir, sur une sorte de minuscule guéridon en vannerie, un linge blanc. La Sainte Cène. Une soucoupe avec des petits cubes de pain, un verre à boire à demi rempli d'eau au miel. Je ne m'y attendais pas, mais j'ai communié quand même.
Je suis très heureux que mon voyage, au moment où il se coupe en deux et avant la grande aventure du Nord, soit marqué de cette pierre blanche.

Émouvant petit groupe, cette quinzaine de personnes : c'est comme cela qu'a dû commencer l'Église.

Tombouctou, 28 octobre 1934

Déjeuner à Tombouctou

Déjeuner chez un fonctionnaire civil, avec sa femme (vulgaire, grasse et peinte, mauvais genre, riant fort et se laissant pincer les cuisses, à table, par le colonel), le colonel et trois capitaines. C'est dans des cas comme celui-là que l'on mesure combien l'on est, je ne dis pas meilleur (qu'en savons-nous ?), mais différent : et il est bien difficile d'être un convive normal quand on ne prend ni vin ni viande. Et pour mettre le comble à ma gêne, cet excellent colonel (c'est extrêmement touchant) avait fait faire chez lui et apporter deux plats spéciaux pour « Monsieur le végétarien ». Et moi qui ne demandais qu'à passer inaperçu ! Et puis, s'il suffisait de refuser une bonne fois, mais les gens remettent ça et insistent, cela devient un supplice, on fait figure de rustre invivable, odieux. Ensuite, il faut traîner... Je n'ai été libre que vers 15 heures.

Tombouctou, 28 octobre 1934

Absolu

Mes pages sur les problèmes conjugaux sont si contradictoires et si dépourvues de toute certitude que je crains qu'elles ne fassent qu'accroître les indécisions. Mais puis-je faire semblant d'y voir clair et d'avoir trouvé une solution à un problème peut-être insoluble ? Le drame, le déchirement, c'est qu'après avoir entrevu et salué l'Absolu, qui seul satisfait nos âmes, il faut ensuite, bon gré mal gré, reconnaître et constater les limites imposées à notre idéal par les conditions mêmes de notre vie terrestre. Nous sommes irrémédiablement condamnés à des « diagonales » qui ne peuvent pleinement satisfaire la conscience.

Tombouctou, 29 octobre 1934

MARCHES

Aujourd'hui, on devait marcher sans arrêt de l'aube à la nuit : et puis voilà qu'à 13 heures, on baraquait dans un pâturage de *had*[1]. Je suis partagé entre la joie de n'avoir à subir que douze heures de marche et le regret d'avoir si peu avancé, car nous devons être à Taoudeni le 18 au soir et abattre 454 kilomètres en huit jours : par conséquent, toute journée de 40 kilomètres sera expiée par une autre de 60 ou 70, ce qui ne m'enchante pas.

Le soleil se couche, voici la nuit qui arrive, le bon sommeil sur le sable et puis le lever en pleine nuit, et de nouveau la marche en avant.

À distance, vous ne pouvez pas imaginer ce que représentent de fatigue, d'inconforts, de désagréments de toutes sortes, des trajets comme cet Azolaï qui, sur votre atlas, vous paraît une partie de plaisir en banlieue ! Vous regardez la carte d'Afrique et vous vous écriez : « Mais c'est tout près, à peine 2 centimètres de Tombouctou à Taoudeni... Une promenade ! » Merci de la promenade ! et ce n'est qu'un début. Et je me plains déjà ! Que sera-ce dans huit jours ? Et après Taoudeni, quels efforts encore : Teghazza, El-Ouettara, le coup de Tinioulig (qui ne sera pas « dans une musette » comme l'on dit) et peut-être le Tanezrouft ! Le cœur me défaille d'avance parce que je ne suis pas certain d'avoir jusqu'au bout la force physique nécessaire à une dépense aussi considérable et aussi prolongée.

Gueïla, 12 novembre 1934

« Bonne » nouvelle : il paraît que demain, on va marcher peut-être seize heures. Cela promet. Au fond, dix heures sont très suffisantes à mon bonheur. 50 kilomètres par jour, c'est déjà très honorable. Il est vrai que sur cette piste maudite de Taoudeni, on n'a guère le loisir de faire du tourisme, il faut marcher « à fond la culotte ».

12 novembre 1934

1. Plante indigène servant de nourriture aux chameaux.

Une paille ! Dix-huit heures trente de marche, de 3 h 30 à 22 heures ! Énorme. Ce qui m'étonne, ce soir, c'est d'être moins éreinté que je ne m'y attendais. J'ai seulement grand-faim, n'ayant mangé depuis hier soir que quelques cacahuètes.

13 novembre 1934

TAOUDENI

Me voici dans un immense reg mauve et orangé, sous d'admirables nuages roses. Que la terre est belle ! Pas trop de vent, une température fraîche. C'est exquis. Et je suis à une étape de Taoudeni ! Demain soir, j'y serai. Ce Taoudeni, l'ai-je assez regardé, interrogé, envié sur la carte ! Et qu'il est donc étrange que le rêve se soit réalisé : ce n'est pas une mince réussite, car ne va pas à Taoudeni qui veut, c'est assez compliqué, il faut une longue série de coïncidences heureuses, d'événements providentiels, de menus miracles... Si j'aborde ensuite le Tanezrouft, ce ne sera pas par hasard, ni avec une sotte imprudence. Il n'y a rien d'alarmant à envisager.

Gueïla, 17 novembre 1934

HUMANISER LA GUERRE

Il y a des gens qui m'ont fichu en colère ces derniers jours ; ce sont les cocos (des médecins, je crois) qui se sont réunis en congrès pour chercher les moyens – tenez-vous bien – d'humaniser (*sic*) la guerre. Et je vois d'ici les propositions de ces braves gens : « défense d'arracher plus d'un œil à la fois ; de faire des blessures de plus de 10 cm de long et de 8 cm de profondeur ; de prolonger inutilement l'agonie d'un combattant frappé à mort au-delà de 45 minutes, et tout au plus de 60 minutes si la majorité des spectateurs le réclame... » Admirable, admirable, « humaniser » la guerre, chers bons amis ! Ô comble de l'hypocrisie, parce qu'il est plus aisé d'humaniser la guerre (sur le papier) que de travailler à la supprimer.

Taoudeni, 20 novembre 1934

VÉGÉTARISME

Végétarisme ; bien entendu que ce n'est pas une solution et qu'on n'est pas désolidarisé du péché contre l'animal parce qu'on boude la côtelette. C'est un geste, une prophétie, et une excellente ascèse qui expose à de menus désagréments. Ce n'est pas toujours aisé, chez les autres, c'est vrai, mais il y a maintenant tant de végétariens que personne n'oserait plus se formaliser de notre « assiette vide », d'autant plus qu'il y a toujours quelque chose de végétal dans un repas, et qu'on peut s'arranger habilement.

Quant à croire que le végétarisme à ma manière, la saharienne, « complique les menus », c'est une erreur. D'ailleurs, de nos bombances, on pourrait tout bonnement soustraire la viande sans rien changer au reste autrement qu'en quantité : une demi-livre de pain en plus, quatre patates de plus, et la viande est amplement remplacée. Je m'arrangerai admirablement, et si j'ai faim, qu'est-ce que la bouillie de châtaignes, le gruau d'orge, la farine de maïs vont prendre ! Je suis fait pour les féculents, inutile de s'en priver.

Taoudeni, 20 novembre 1934

SÉPARATION

Il ne faut tout de même pas que je m'éternise dans cet affreux désert. L'amour à distance, sur du papier, finit par devenir un simple exercice littéraire et il ne sera pas mauvais de retrouver le contact avec la réalité : chaude, solide et vivante. Les séparations trop longues ne sont pas sans dangers : il ne faut pas laisser trop longtemps bifurquer des chemins qui doivent demeurer parallèles, ou même se confondre.

Gueïla, 5 décembre 1934

VOCATION

À l'avenir, il faudrait tout de même parvenir un jour à un peu de stabilité intérieure et extérieure, choisir une bonne fois, se résigner définitivement à une carrière scientifique ou accepter l'aventure et ses risques. Il me faut, évidemment, renoncer à la médecine et, par ailleurs, je serais tout à fait incapable de m'inféoder comme simple « porte-dogme » à une société de missions trop férocement orthodoxe. Et puis, je m'en rends bien compte, je ne suis pas fait, du tout, pour le contact des hommes et, par conséquent, pour l'activité religieuse directe. Mais une activité littéraire, linguistique, documentaire, au besoin enseignement, me conviendrait. Comment y voir clair ? Comment parvenir enfin à discerner la volonté de Dieu ? C'est au moins aussi important que de passer des jours entiers à tâcher de préciser le point de contact des calcaires carbonifères avec les grès de Khrachiche !

Gueïla, 13 décembre 1934

NOSTALGIE

Encore une petite étape. Je commence déjà à ronger mon frein et à prendre en horreur ces après-midi de fainéantise, dans des sites où rien ne me retient et où je suis inutile. C'est l'inaction qui me tue, comme d'habitude.
J'ai hâte de reprendre le grand labeur... et quand j'y serai, je regretterai les bons repos sous la tente.
Et puis, de temps en temps, j'aimerais bien être ailleurs... Si cela continuait trop longtemps, je finirais bien par oublier que le carbonifère moyen n'est pas la seule belle chose au monde, que je suis marié, que j'ai quelque part, à quelques milliers de kilomètres, une femme et deux petits.

Gueïla, 14 décembre 1934

CADAVRE

Trouvé ce matin un cadavre humain, au creux d'une dune, sans doute celui d'un des razzieurs regueïbat tués ici par le capitaine Poggi. Des os blanchis et de la peau parcheminée.

El-Kseib, 23 décembre 1934

COMPTE RENDU

Je viens de commencer la liste des chapitres sur le Sahara occidental [1] (auquel je cherche un titre). Cela va devenir une affaire bien copieuse, avec des illustrations, panoramas, cartes, photographies, schémas... Et il me faudra bien une ou deux planches en couleurs pour mes poteries et mes verres fondus si jolis. Cette fois-ci, j'aimerais bien faire une publication unique, en un seul volume.
L'approbation et l'estime de savants véritables me suffiront, de même que la certitude d'avoir fait faire à nos connaissances des progrès solides.
Bien sûr, ce n'est guère la façon de se préparer une carrière « brillante », humainement parlant. Évidemment, je dois manquer d'ambition ; mon frère, plus perspicace, dirait : « En réalité, tu es simplement ou trop paresseux ou trop lâche, ou les deux pour oser laisser paraître ton immense vanité ! »

Gueïla, 28 décembre 1934

LÈVRES

Je n'arrive pas à guérir mes lèvres qui demeurent crevassées, ulcérées, plus ou moins sanguinolentes. C'est parfois un peu douloureux, mais, au fond, cela n'a pas grande importance ici ; le seul inconvénient est que cela m'empêche de rire aussi largement que je le voudrais.

Gueïla, 31 décembre 1934

BILAN ANNUEL

Encore une année d'engloutie dans un irrévocable passé. Qu'ai-je fait en 1934 ? Extérieurement, humainement, rien que d'honorable : je n'ai pas « perdu mon temps » comme disent les hommes, c'est vrai : j'ai travaillé et accompli ce qu'il est convenu de nommer « mon devoir ». Mais dans le domaine des choses essentielles, et

1. « À l'Ouest du nouveau, une exploration scientifique au Sahara occidental » – *Science et voyages, juin et juillet 1936.*

aux yeux du seul Témoin que nous ne puissions tromper ? Quels progrès réalisés, quelles décisions prises ? Et si l'an de demain ressemble à celui d'aujourd'hui, et le suivant à celui de demain, le dernier de tous viendra vite à son tour et me trouvera les mains vides de richesses solides et éternelles, riche de science, de « bonnes intentions » et c'est tout.

Gueïla, 31 décembre 1934

DÉCOURAGEMENT

Il y a des moments où j'en ai rudement assez du tour d'Afrique, et rudement envie de rentrer, et de rentrer vite, retrouver ma famille, ma femme, mes enfants. Je suis peut-être, au fond, moins impitoyable, moins ingrat, moins dur que je n'en ai l'air et il y a des heures où l'on enverrait tout promener.

Gueïla, 9 janvier 1935

ÉLÉPHANT FOSSILE

Excellent travail ces jours-ci : un pays neuf où la géologie est à débrouiller entièrement, en partant de zéro, ce qui est plus amusant que de préciser simplement les observations d'un prédécesseur ou même de relever ses erreurs. Trouvé, ce matin, un énorme squelette subfossile dans une argile lacustre quaternaire. C'est probablement un squelette d'éléphant ; malheureusement je n'ai pu en extraire que des débris, et n'ai trouvé ni le crâne ni les dents.

Agueraktem, 14 janvier 1935

VOL

Un peu gêné, tout de même, moi, seul civil à tant de centaines de kilomètres à la ronde, de me trouver spectateur et presque le complice des brutalités des militaires vis-à-vis des Regueibat : « nous » venons de nous faire « offrir » une chamelle, ce qui est en fait un simple vol. C'est toujours la même histoire, celui qui a la force et les fusils abuse aussitôt de sa situation.

Gueïla, 16 janvier 1935

ÉDUCATION DES ENFANTS

Tous ces beaux projets, ces belles résolutions, ce grand désir de bien faire, de mieux faire, d'avancer à la conquête de la Vérité qui seule rassasie et de l'eau vive qui seule désaltère, qu'en adviendra-t-il ? On frémit. Il est si facile, voire si agréable de se laisser engluer par la médiocrité générale, les mille petitesses de la vie quotidienne et ce qu'il faut bien nommer le démon de la matière.

Et pourtant, qui n'avance pas recule, qui ne monte pas descend. Il faut grandir, ne fût-ce que pour faire grandir nos enfants, car comment oser leur présenter un idéal que nous-mêmes consentirions à trahir, leur enseigner une pureté que nous ne saurions nous-mêmes pratiquer, une foi que nous ne partagerions pas ? Grandir, donc, pour eux.

Gueïla, 16 janvier 1935

BIVOUAC

J'ai moins mal aux pieds et la graisse de bosse de chameau que j'ai introduite dans mes crevasses a fait merveille, je crois que j'éviterai les inflammations. Les vivres commencent à baisser singulièrement, à 6 h 50 nous avons allumé du feu, nous nous sommes blottis autour pour essayer de nous réchauffer. Casse-croûte : *kesra* (un tout petit bout) et un peu de nougat de dattes : le morceau avait été divisé en six parts, la sixième devant être tirée au sort avec des dés (nous avions déjà fait cela l'autre jour pour un fruit cuit). Je n'ai pas gagné, mais le gagnant a abandonné un fragment de sa conquête à son voisin qui m'en céda un débris. Je n'arrive pas à me rassasier et suis d'ailleurs désavantagé vis-à-vis des carnivores qui s'envoient du chameau, du bœuf, etc.

Tegbazza, 31 janvier 1935

LIVRES

Je manque cruellement de lectures. Comme je voudrais avoir ici tant de ces livres que l'on n'a pas le temps de lire en France, des livres copieux et substantiels, bien instructifs ! Et puis, comme on jouirait ici de la compagnie des bons classiques internationaux, d'un Molière, d'un Shakespeare ! Si j'avais seulement les *Essays* de Lamb ou les *Leaves of Grass* de Whitman, et quelques autres poètes, par exemple une anthologie de vers allemands... Hélas ! tout cela est aussi impossible que les camemberts et les chaussons aux pommes qui hantent notre imagination d'ascètes faméliques. Mais la prochaine fois, s'il doit jamais y avoir une prochaine fois, on ne m'y prendra plus. Je m'en veux surtout d'avoir laissé à Tombouctou mon Pascal, mon Larielle [auteur d'une grammaire arabe] et mes livres musulmans.

Gueïla, 4 février 1935

CAPRICE DU TEMPS

Quel drôle de temps : tonnerre toute la journée, il pleut moins qu'hier, mais ce matin, il y avait un brouillard épais, une véritable mer de nuages qui s'étendait à nos pieds dans la vallée (nous sommes sur une colline) et de laquelle émergeait le sommet des dunes ! Des dunes dans une mer de nuages ! Que nous reste-t-il à voir ? Un tremblement de terre ? un déluge ? Finirons-nous la traversée du Djouf en pirogue ? Il faut désormais s'attendre à tout et ne plus s'étonner de rien.

Gueïla, 8 février 1935

LIVRES

Je suis de plus en plus désolé de manquer si cruellement de livres ; que ne donnerais-je pour un dictionnaire étymologique, un manuel de géographie, un traité d'histoire ancienne, un livre sur l'histoire des religions, etc. ! Dire que tout cela sera à Paris, à portée de ma main sans que j'aie le temps d'en profiter !

Gueïla, 10 février 1935

MANGEAILLE

Décidément, je ne me reconnais plus, je ne peux plus écrire dix lignes sans en consacrer cinq à la mangeaille ! Cela devient à la fois inquiétant, et un peu agaçant à la longue... Eh oui, je sais bien que c'est grotesque, mais, braves gens qui mangez à votre faim trois fois par jour, je voudrais bien savoir quel tour prendraient vos chastes pensées et vos séraphiques préoccupations, le jour où l'on vous mettrait au régime du froid, du vent de sable, de la marche à pied, du sport méhariste, d'une vie, en somme, hyperascétique, avec un repas par vingt-quatre heures.

Gueïla, 14 février 1935

BLESSURE

Mauvaise journée : j'ai une saleté au pied, très douloureuse. Hier matin j'ai voulu essayer de marcher, mais je n'ai pu tenir que deux heures. Aujourd'hui, toute l'étape à chameau : cela me vexe, mais il n'y a vraiment pas moyen de faire autrement. En réalité, je ne puis plus marcher : hier, j'avais probablement un brin de fièvre. Pourvu que cela se tasse vite ! D'abord cela m'empêche complètement de travailler ; ensuite cela risque de

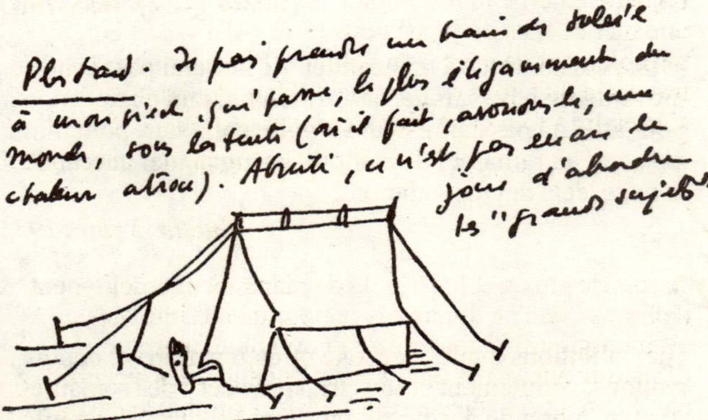

compliquer le voyage si je deviens un simple colis et un colis malade, et cela à la veille du grand raid final.

Gueïla, 23 février 1935

Toujours très mal au pied ; cette nuit c'était bien peu voluptueux. Peut-être Robin va-t-il être obligé de taillader, ce qui n'a rien d'enchanteur comme perspective, toute la région malade étant d'une sensibilité extrême et, s'il faut trifouiller dans la viande, cela risque de devenir réjouissant. Et puis ? Une fois ouvert le pied, il y aura à attendre la cicatrisation, difficile ici : et quand pourrai-je remarcher ?

Tinioulig, 25 février 1935

À force de bains et pansements humides, il s'est fait quelque progrès dans mon pied malade : l'abcès est en train de se frayer un passage vers l'extérieur et commence à suppurer : rien ne pouvait arriver de mieux. Espérons que cela va se vider sans trop traîner, maintenant.

Tinioulig, 26 février 1935

Mon pied s'améliore très lentement, c'est en bonne voie mais c'est loin d'être guéri et je ne suis pas prêt de pouvoir marcher.

Tinioulig, 27 février 1935

Mon pied continue à mieux aller : je ne serai pas fâché de me remettre à la marche, car se hisser sur un chameau pour aller au pas comme un vulgaire colis sans pouvoir ni s'arrêter, ni ramasser de cailloux, ni zigzaguer autour de la piste, cela devient odieux.

Gueïla, 2 mars 1935

POUX

Hier, ablutions totales : cela ne m'était pas arrivé depuis... mettons, simplement et sans trop préciser : des semaines. Ai eu le regret de découvrir dans ma djellaba deux petits citoyens noirauds et pattus, abreuvés de mon sang généreux, et que – malgré ma célèbre zoophilie – je me suis cru autorisé à pulvériser. Rien d'étonnant : ce qui m'étonne, c'est au contraire la rareté de ces compagnons cet hiver. Maintenant que l'on va abandonner l'équipement polaire, il n'y a plus rien à craindre.

Gueïla, 2 mars 1935

Fatigue et Misères

Je suis fatigué, abruti : en plus de la grande dureté générale de ce raid hyperascétique (avec cette faible ration d'eau), il y a une série de petits désagréments : mon pied n'est pas encore tout à fait fermé, j'ai mal à un doigt, parfois aux dents, les lèvres toujours ravagées et douloureuses, etc. Le tout n'est pas précisément « confortable ».
Mais que tout cela est accessoire, secondaire, passager ! Cela prend des proportions ridicules sur le moment, mais dès Araouan, on oubliera ces misères-là, qui passeront, tandis que les vraies subsistent.

Gueïla, 17 mars 1935

Noël

Je crois qu'il serait indiqué que le jour des cadeaux pour les enfants soit le jour de l'an plutôt que Noël ; il faut sauvegarder le vrai caractère de Noël ; il n'y a aucune raison pour que la naissance de Jésus-Christ soit prétexte à chevaux mécaniques, soldats de plomb ou lapins à ressort – non plus, bien entendu, qu'à goinfreries, empiffrements, mangeailles, réveillonneries et autres noces. Pour la plupart des gens, Noël a perdu tout son sens poétique et religieux : ce n'est plus que le foie gras, le champagne, les cadeaux. Cela ne veut pas dire que Noël ne doive demeurer une fête de la joie, de la lumière, de l'espérance, bien au contraire.

Gueïla, 8 mars 1935

Grands Problèmes

Curieux, les grands problèmes de demain ne m'occupent guère : suis-je trop abruti ? Ai-je renoncé à voir clair ? Suis-je en train de me résigner, de m'installer dans la résignation, d'accepter comme normal et définitif l'abandon de l'héroïque idéal brahma-charyque et l'acceptation de la vie mutilée, manquée, gaspillée, en pantoufles ?
Le Ciel m'en préserve !
Que sera demain ? Mon livre sur le Sahara occidental va me tenir deux ans et la fin du diplôme d'arabe aussi ! J'aurai trente-cinq ans. La solution médicale, je crois bien qu'il va falloir y renoncer pour de bon puisqu'il n'y a pas de possibilité matérielle de ce côté. C'est dommage. Mais que reste-t-il ? Que faire ? Comment faire ?
Et le temps passe, la vie s'écoule et l'on n'avance pas, et, dans quelques années, on mourra les mains vides, le cœur ulcéré de remords avec le regret brûlant d'avoir, par lâcheté, manqué sa vie et désobéi à la volonté de Dieu : en voulant « gagner » sa vie, et la garder pour soi, bien confortablement, on l'aura perdue.
Il ne sert de rien de courir le monde, ni d'explorer le Sahara, ni de copier des gravures rupestres, ni d'apprendre l'arabe, ni de décrire des isopodes, si l'on perd son âme.

Gueïla, 11 mars 1935

La Voix

Dans quelques jours, ce sera de nouveau le départ : on regrette de partir, on regrette d'arriver, on est heureux d'arriver et heureux de partir... et la vie passe, passe, passe et s'écoule sans bruit, mais elle s'écoule. Comme on devrait savoir en utiliser les heures brèves, en faire quelque chose, au lieu de laisser ces heures vides, gaspillées, perdues, sombrer dans le néant ! Mais on ne sait pas, on ne cherche même pas à apprendre, et l'on est heureux, oui, on est tout heureux de ces mille petits riens futiles et stupides qui remplissent si bien nos journées et nous empêchent de réfléchir.
Inconsciemment, nous discernons le grand danger, le

terrible danger qui menace notre tranquille égoïsme : la solitude avec soi-même et avec Dieu. Car, dans ce silence, on risquerait d'entendre – danger suprême – une grande Voix que nous ne voulons pas écouter parce que nous devinons trop bien ce qu'il en pourrait coûter à nos pantoufles... Alors, courons acheter *Le Petit Journal, Candide* ou *L'Écho de la mode* et nous serons sauvés : comme quoi le mot « salut » peut avoir plusieurs sens.

Araouan, 21 mars 1935

PSYCHANALYSE ET FREUD

Vos condamnations de Freud (sans le connaître autrement que par ouï-dire) sont simples. Les découvertes qu'il a faites dans l'inconscient humain ne sont pas également appétissantes, certes, mais la vérité n'est pas toujours agréable, ni même « convenable ». Tant pis. D'ailleurs un tas de salauds ont rendu, auprès de gens comme vous, le plus mauvais service à Freud en insistant grossièrement, avec des intentions malpropres, sur un côté de la doctrine que Freud lui-même traite avec courage, bien entendu, et sans craindre les mots exacts, en homme de science, mais sans la plus légère inconvenance.

J'estime que l'*Introduction à la psychanalyse* peut être lue par tous et toutes. Ne croyez pas que le livre soit tout entier consacré à la libido et à ses effets. Et puis même, sur ce sujet, que d'enseignements ! Mais évidemment, il demeure plus facile, plus agréable et plus « comme il faut » de fermer les yeux et d'ignorer. Ce que je me demande, c'est si les conclusions de Freud sont bien « généralisables » à l'ensemble des hommes. Je n'ai lu de lui qu'un livre, mais il n'y remarque nulle part que ses travaux concernent seulement l'Européen « civilisé », c'est-à-dire un homme artificiellement « sexualisé », un obsédé, volontairement hypnotisé par certains sujets, et stimulé dans son obsession par tout son milieu, le livre, l'image, le cinéma, etc. Est-ce l'homme normal ? A-t-on étudié la vie sexuelle du « primitif » ? A-t-elle les mêmes caractères que celle du « civilisé » ?

Lettre aux parents, Araouan, 23 mars 1935

TANEZROUFT

Si je n'étais pas marié, je me fixerais pour l'été dans un petit coin tranquille pour mettre au net mes travaux et traduire des documents en arabe, et puis, dès l'automne, je reprendrais la vie errante, et, avant la fin de 1935, j'aurais traversé le Tanezrouft ! Non, c'est trop pitoyable : un projet caressé, amoureusement caressé depuis tant d'années et qui allait enfin se réaliser. Et puis, cela claque tout à coup, stupidement. Évidemment, ce n'est pas ma faute, mais c'est terriblement vexant tout de même pour mon « petit » amour-propre qui est colossal. J'aurais tant voulu couronner mon voyage par ce coup magnifique... Et parfois, il me prend encore des idées folles... Mais le thermomètre se chargera de me calmer.

Araouan, 24 mars 1935

MATURITÉ

Oui, j'entre dans une période nouvelle de ma vie, avec ce retour. Quelque chose de neuf, de plus profond, de plus solidement bâti sur le roc que ce qui a précédé, quelque chose qui aura l'éclat, la saveur, la plénitude de la maturité. C'est l'âge à tous égards. Ma jeunesse, je l'ai passée à attendre de vivre et à me réfugier, en imagination, dans l'avenir. L'heure vient où il faudra tout de même se résoudre à façonner le présent et à le rendre parfait : c'est plus difficile que de jouer en rêve avec les fantômes colorés de l'avenir.

Gueïla, 27 mars 1935

RÊVE ÉROTIQUE

Cette nuit, j'ai eu « du monde », une visite plus pittoresque peut-être que prudente, plus plaisante (au vrai sens du mot) que bien convenable (et encore ?) et, à coup sûr, plus touchante (au figuré et au propre) que brahma-charyque ! Une jeune femme de mes amies (pas mal, Théodore, ce « de mes amies », comme si tu en avais plusieurs ! Aussi bien s'agissait-il de ma seule amie, de l'Unique), assez légèrement vêtue, et, en tout cas avec

moins d'infranchissable épaisseur qu'un explorateur polaire, moins de coriace et hostile solidité qu'un chevalier et son armure, et beaucoup plus d'élégance qu'un méhariste soudanais ; cette belle personne, modérément farouche, vint s'installer, sans le plus léger scrupule, au moins apparent, sur mes genoux...
Et, s'il faut tout dire, je me vois obligé d'ajouter que l'aimable visiteuse ne devait opposer qu'une défense assez molle, nettement dépourvue de conviction, et, somme toute, passablement consentante, aux entreprises de ma tendresse comme aux menus témoignages d'amitié que je me suis cru autorisé à lui octroyer...
C'est tout de même un drôle de passe-temps, pour une maîtresse de maison très occupée, que de venir troubler un pauvre diable de pèlerin saharien au fond de son Azaouad.

Gueïla, 28 mars 1935

STATION PRÉHISTORIQUE

Ce matin, excursion pour voir un endroit où existeraient des ossements : le renseignement était exact et je n'ai pas regretté ma promenade : os de poisson, de crocodile, de tortue, et surtout, très importante trouvaille, des fragments d'hameçons néolithiques en os.
La station est d'ailleurs un *kitchen midden,* résidus de cuisine préhistorique.
Ensuite, visite de deux petites maisons funéraires entourées de meules et de pilons néolithiques : un prodigieux mortier en grès, intact, mais vraiment trop pesant pour pouvoir être emporté.

Gueïla, 29 mars 1935

CHAMEAUX

Ce dernier raid ne semble pas devoir être bien voluptueux (sauf en imagination et quand me visitent les dames « de mes amies »). Le camping et la liberté, c'est très joli, mais ce n'est pas toujours rigolo. D'abord, j'ai des chameaux épouvantables, de véritables sauterelles, avec lesquels je

vis dans une perpétuelle angoisse : chaque journée achevée, je pousse un ouf de délivrance.
Dans ce pays inhabité, il suffit qu'une de ces sauterelles décède pour me mettre dans un terrible embarras. Et arriverai-je à regagner Tombouctou, même à petites étapes, avec cette cour des miracles ?
Et puis, pour changer, la question pieds : le droit semble aller mieux, mais voilà que le talon gauche devient sur l'un des bords odieusement sensible, et, malgré mon optimisme, je suis obligé d'avouer qu'il y a peut-être là un nouvel abcès en train : et je n'ai même pas assez d'eau pour pouvoir prendre des bains et en hâter la maturation.

Gueïla, 29 mars 1935

CHÂTIMENT

Toujours de mauvaise humeur : aujourd'hui c'est la découverte qu'un vieux convoyeur m'avait volé un pain de sucre. Ce n'est pas tant le délit qui m'exaspère que l'obligation humiliante de constater pour la mille et unième fois mon indicible lâcheté et l'incapacité totale où je suis de savoir punir et commander.
Je suis, de tous les hommes, le moins fait pour en conduire d'autres : ils me terrorisent, d'ailleurs. Je tremble devant mon boy ; si j'ai une observation à faire, j'en ai des palpitations et je la fais les yeux baissés, en suppliant et non en maître. Je suis étonné que les types n'abusent pas davantage de la situation, car, s'ils venaient tout ouvertement me prendre mon portefeuille ou ma chemise, non seulement je n'aurais pas la force de les en empêcher, mais je sourirais gracieusement de peur de me faire « mal voir ».
Avec le voleur de sucre, tout autre que moi en eût terminé en cinq minutes : le vieux type aurait pris une « branlée » bien tassée, et puis on n'en aurait plus parlé.
Moi, mes principes et surtout ma timidité m'empêchant de liquider les histoires à coups de poing, j'ai voulu « punir » le type : je ne suis arrivé (après avoir intérieurement opté pour dix jours d'abstinence théïque) qu'à ne le priver de thé qu'au repas de midi ! C'est un

triomphe et je me considère comme un héros ! C'est glorieux !!!

Gueïla, 8 avril 1935

DÉSAGRÉMENTS PHYSIQUES

Oui, je sais, j'ai un tas de sales défauts, mais, tout de même, on me concédera que je ne suis pas douillet et que si j'ai peu de sympathie pour les maux du prochain et traite volontiers par le sourire, ou le mépris, les bobos des autres, je ne fais guère de sensiblerie sur les miens.
Ce que j'aurai dégusté, quand même, au cours de ce voyage ! Rien de bien dramatique sans doute, pas de coups de sabre sur le crâne, pas de balle dans le ventre, mais une très solide accumulation de désagréments physiques des plus variés. Je ne serai pas mécontent, après pareille séance de mortification, de goûter un peu la « douceur du nid ».
Mais nous sommes ainsi faits que le lendemain du jour où je serai descendu de chameau, pour de bon, à Tombouctou, et où j'aurai repris la vie « civilisée », je regretterai les libres et brutales chevauchées au désert et ne songerai qu'à remettre ça.

Oued Tirazaouine, 10 avril 1935

AMOUR ET BONHEUR

L'amour humain est légitime, les tendresses humaines sont légitimes, et ce n'est pas moi qui médirai jamais de l'amour humain et de tout ce qu'il peut renfermer de noble, de grand, de beau et de sacré.
Cela admis, il faut bien reconnaître que, à lui seul, sous sa forme purement naturelle (tant, par exemple, qu'il n'a pas été sublimé par la grâce), l'amour humain, installé et replié dans la carapace de l'égoïsme familial, cela fait de « bons pères de famille », de « chastes épouses », « d'excellentes mères », des « maris dévoués », des « parents modèles » et c'est tout. C'est peu. Cela fait ce qu'on arrive encore parfois à nommer, sans nausée, des « honnêtes gens ».
Je n'aime pas les « honnêtes gens » ; Dieu non plus,

d'ailleurs, qui se plaint de ceux qui ne sont ni froids ni bouillants mais tièdes (voir Apocalypse). Il a raison : d'un tiède, il n'y a rien à attendre, c'est mort. Mais un pécheur notoire, un virtuose du péché, ça, au moins, c'est vivant, et, par conséquent, on peut tout en espérer ; souvent, d'ailleurs, c'est en touchant le fond de l'abîme que le nageur, d'un coup de jarret victorieux et sauveur, rejaillit vers la lumière : exemple le Père de Foucauld, et mille autres, car, en fait, je crois bien que la plupart des grands saints sont, avant tout, des grands repentis.
Et les « honnêtes gens » goûtent le « bonheur ». Un mot honteux à rayer du vocabulaire. Il ne saurait y avoir de bonheur vrai pour la personne, dans un monde sauvagement défiguré par la souffrance – l'inévitable et l'inutile –, la haine, le péché.
Le bonheur sera pour plus tard, et pour ailleurs. Quand seront exaucés ces « soupirs de la création », hommes et bêtes cherchant le salut et la guérison.
Laissons le bonheur à la « Petite Correspondance » de la *Mode pratique* ou du *Journal des chaumières,* et, évidemment, si dans ces chastes proses (où « Pervenche des bois » confie à « Fauvette mélancolique » ses aspirations confuses), bonheur était synonyme de plaisir, alors, ça va, on a compris : mais quel hideux blasphème !

Gueïla, 10 avril 1935

COMPAGNON

Jolie Gueïla, 43 °C à l'ombre sous mon très maigre buisson. Forte marche ce matin, me voici de nouveau en route, pour changer, avec un vieil imbécile de convoyeur qui a toujours l'air d'avoir enterré la veille toute sa famille, ou de s'être découvert le seul coupable du péché originel ; il m'agace terriblement, parfois, avec son ton larmoyant et ses pieuses exclamations ; et puis c'est une « grande gueule » et il tape hardiment dans mes vivres. (Je ne suis pas censé nourrir les chameliers, mais comme, en pratique, ces individus se mettent toujours en route à peu près sans rien, je suis obligé de les abreuver et de les remplir plusieurs fois par jour.) C'est lui qui m'avait volé du sucre.

Gueïla, 23 avril 1935

USAGES

Non, mais, tout de même, quelle drôle d'histoire et que la vie est donc peu banale ! Personnellement, j'ai été bien servi en pittoresque jusqu'à présent (et cela va continuer). Je ne fais guère les choses « selon l'usage ». Par exemple : je refuse d'être pasteur – ce n'est pas l'usage. Je m'embarque pour une carrière de zoologiste océanographe qui mène tout droit à la géologie saharienne – ce n'est pas l'usage. Je réussis à éviter la caserne et à faire mon service militaire sans le faire – ce n'est pas l'usage. J'épouse une juive tchèque – ce n'est pas l'usage. Il y en a comme ça des quantités !

Gueïla, 28 avril 1935

PERTE D'UN CRAYON

Au nombre des causes de mécontentement d'hier, à signaler la perte du crayon d'argent qui m'avait servi tous les jours depuis le départ : je l'avais toujours accroché au bout d'une ficelle ou d'un lacet de soulier. Hier, le lacet s'est cassé et je m'en suis aperçu trop tard... C'était un de mes trois objets d'usage constant : crayon, lunettes, couteau et je devais ces trois objets aux deux femmes que j'aime et qui m'aiment : mon épouse et ma mère.
Ces objets, fortement culottés, devenaient peu à peu très pittoresques et j'y tenais.
Le crayon avait perdu son agrafe ; son anneau était usé et je l'avais remplacé par des émerillons de cuivre (provenant de fusées éclairantes) du plus bel effet.
Évidemment, j'aurais pu le perdre plus tôt : les occasions n'ont pas manqué ! Mais j'aurais pu ne pas le perdre du tout ! Il est vrai qu'en un sens, cette perte est « encourageante », cela indique la fin.
Quand j'étais fiancé, après je ne sais plus combien de mois de solitude, c'est à quelques jours d'In Salah, au puits d'In Belrem, que j'ai perdu mon porte-mine. C'est

donc une tradition, à la fois dramatique et joyeuse, et à laquelle je ne pouvais guère manquer d'obéir.

Gueïla, 28 avril 1935

Sur la Bible

Comment peut-on admettre, accepter, ou tout simplement expliquer que puisse se dire « saint » et prétendre à une valeur définitive, universelle, se voulant reconnu pour un Tout complet et parfait, en toutes ses parties, fignolé comme un Coran tombé du ciel, un livre présentant les défauts (pour ne pas dire plus) suivants ?

1. Pas une ligne, pas un mot de pitié pour l'animal. Rien, j'ai bien cherché. Je sais qu'il y a trois (ou quatre) versets qui, à la très grande rigueur, et un peu habilement tortillés, pourraient compter, mais, en fait, c'est le néant.
2. Je ne dis pas cette fois « un mot », car, en cherchant bien, on en trouverait bien trois et demi et peut-être quatre, mais tout de même trop peu de chose contre la guerre et trop de belliqueuses abominations, par ailleurs, les vilains exploits d'une sanguinaire petite tribu de Bédouins, énumérés en détail, avec un naïf orgueil, sont peu faits pour créer une atmosphère pacifique.
3. Inutile d'insister sur le luxe exagéré des histoires ou des détails immoraux ; il y a même des substantifs devant lesquels a capitulé, par pudeur, la probité lexicologique des traducteurs.
4. À côté du dangereux et du malpropre, l'inutile : un colossal fatras généalogico-rituel : c'est pain quotidien dans les littératures sémitiques, mais valeur « spirituelle » nulle.
5. Un « provinisme » qui devient gênant, au XXe siècle, pour les abstinents. D'un bout à l'autre du volume sacré, le pinard est à l'honneur. Mais, en particulier, quel dommage tout de même que le Messie ait cru devoir changer de l'eau en vin !... Il ne lui était pourtant pas plus difficile de changer de l'huile en miel, du lait en sirop de citron, du pain d'épice en camembert : cela eût fait, exactement, la même impression sur les spectateurs. Et après tout, pourquoi pas du vin en eau ? C'est ça qui eût été magnifique ! Et quel beau prétexte à une petite leçon

d'hygiène antialcoolique. Sans compter qu'une prohibition du vin de la part du Christ eût peut-être changé le cours de l'histoire chrétienne, et, partant, celle du monde. Hélas !...
En somme, à conserver deux à trois bons dixièmes du Livre.

Gueïla, 5 mai 1935

RETOUR

Pourquoi faut-il que nous ne sachions pas vivre dans le présent, le seul disponible, et l'utiliser au lieu de nous perdre dans l'avenir ou le passé, oscillant sans cesse entre le désir et le regret ? C'est le passé, surtout, auquel je pensais ce matin, le passé mort ou qui devrait l'être, et dont l'inexplicable mystère demeure irritant. Mais j'ai aussi pensé à l'avenir, non moins inquiétant, et même mille fois davantage.
Il faut utiliser, pour des commencements nouveaux, de nouveaux départs ; pour dater tel progrès ou solenniser telle conquête, utilisons les grandes coupures que la destinée inflige au cours de nos existences.
Le retour de demain est une de ces coupures.
Saurons-nous l'utiliser, en faire un point de départ d'un progrès, ou l'attendons-nous avec impatience seulement pour retourner avec joie, ou simplement inconscience, aux erreurs et, peut-être, aux fautes d'hier ?

Gueïla, 6 mai 1935

OBSERVATIONS MÉTÉO

Je suis à une centaine de kilomètres de Tombouctou seulement. Incroyable. Ce qui marquera surtout la fin du voyage, ce sera vraiment la cessation des observations météorologiques ; on n'imagine pas ce que peut avoir d'odieux cet esclavage qui vous oblige à observer des heures précises, à descendre de chameau en cours d'étape, à vous lever de table et qui rend impossibles les grasses matinées. Quel ouf quand ce sera fini !

Gueïla, 7 mai 1935

LAING

Je me vois obligé de faire un petit détour sur la route de Tombouctou. Il y a une montagne sur l'horizon et je ne puis tout de même pas passer en vue d'un caillou sans m'appuyer l'escalade ! Et puis, je désire revoir le gros arbre sous lequel a été tué le major Laing [1] : mes photos de cet arbre historique ont été détruites dans l'incendie d'Araouan et j'ai perdu les feuilles que j'en avais prélevées. J'ai l'intention d'envoyer de ces feuilles à la Royal Geographical Society.

Gueïla, 7 mai 1935

TADRART

Hier, je me suis tapé le Tadrart, assez escarpé ; ça n'a l'air de rien, 150 mètres d'éboulis croulants et vertigineux, mais quand il s'agit de cailloux noirs à plus de 60 °C, qu'on peut à peine toucher, et qu'on perd 1 gramme d'eau par centimètre grimpé, ce n'est pas réjouissant. J'ai d'ailleurs jugé prudent de redescendre par un autre versant moins périlleux.

Mais un Maure m'avait assuré que je ne grimperais pas et que je tomberais ; je ne suis pas homme à me dégonfler pour ces choses-là.

Je suis extrêmement heureux, d'ailleurs, d'avoir pris la peine de venir jusqu'au Tadrart : cela m'a permis de faire encore une belle petite découverte géologique qui va mettre une jolie petite tache rouge sur la carte. Et, comme je sais que Malavoy est venu au Tadrart (qu'il n'a sans doute pas grimpé) et a déclaré le massif « sans intérêt » j'ai bon espoir qu'il n'y ait rien vu, et de pouvoir une fois de plus damer le pion aux géologues « officiels » de l'A.O.F. (sentiments touchants et des plus charitables, n'est-ce pas ?).

J'ai revu l'arbre de Laing, l'ai photographié, placé sur la carte et lui ai pris de son feuillage comme souvenir. Les

1. Major de l'armée britannique assassiné en septembre 1826 à son retour de Tombouctou (Théodore Monod, *De Tripoli à Tombouctou, le Dernier Voyage de Laing,* éd. Geuthner, 1977).

Anglais seront sûrement heureux de posséder une « relique » de cet excellent monsieur.

Seheb, 9 mai 1935

Respect de la Vie

Il serait intéressant de chercher à démontrer la thèse suivante, à savoir que le degré de civilisation (pas de progrès technique !) d'une nation se mesure au degré de respect et de protection qu'elle accorde à l'animal domestique et sauvage. Il faudrait, en outre, élargir le cadre de cette proposition et aller jusqu'au respect de la vie (arbres inclus) ou de la nature.

Tombouctou, 11 mai 1935

Mission Américaine

Culte chez les Bowman. J'ai eu les plus grandes peines du monde à ne pas choper le fou rire. Ce sacré Bowman, pour corser son sermon sur l'avènement du Christ et son attente, s'est mis soudain à s'attaquer directement à moi au moyen d'une comparaison peu galante, mais dont je n'ai pas eu le courage de m'offenser ; j'avais plutôt envie de rigoler.

Il s'agissait de prouver que ceux du « monde » ne sauraient attendre avec joie le retour promis du Seigneur : « Vous, monsieur Monod, je suis sûr que votre femme vous attend avec joie, attend avec joie le moment où vous rentrerez dans votre maison. Mais si votre femme n'est pas fidèle – je crois que votre femme est fidèle [non, sans blague, monsieur Bowman, tu crois ça ?] –, mais enfin, si votre femme court avec les autres hommes (*sic !*), elle ne peut pas se réjouir de votre retour... » Pas mal comme hypothèse, hein ?

Tombouctou, 12 mai 1935

Le père Bowman m'a « tapé » d'une prière, au culte d'hier. L'animal ne m'avait pas prévenu : c'est lâche. D'ailleurs j'ai été épouvanté de la facile banalité de mes paroles : évidemment, j'ai le « vocabulaire », mais ce n'est peut-être pas absolument suffisant.

Plus grave : dimanche prochain c'est moi qui prêche ! Et le plus triste c'est que Mme Bowman étant là et comprenant le français, je ne pourrai pas rendre à B. la monnaie de sa pièce et émettre la charitable hypothèse, et combien galante !, que son épouse « court » avec « les » autres hommes... Dommage. Je suis encore tout égayé du coup d'hier. C'est le pluriel qui est tordant : avec « un » autre homme était déjà pas mal, mais avec « les »... Sacré p'tit père Bowman ! Toujours le mot pour rire !

Tombouctou, 23 mai 1935

SANTÉ

On me trouve une mine splendide, et en meilleur état qu'à mon passage en octobre. Le colonel m'a trouvé si gonflé et rondouillard qu'il s'est charitablement enquis de ma fluxion et de mon mal aux dents.
Maman s'attend à accueillir un squelette ; j'espère bien, tout de même, d'ici à Bordeaux, maigrir assez pour ne plus avoir l'air d'un premier prix d'animaux gras.

Tombouctou, 14 mai 1935

Coucher de Soleil

Hier soir, coucher de soleil prodigieux. Jamais de ma vie encore, je n'avais vu des nuages bleus, d'un bleu vif, un peu vert, se détachant sur le bleu plus foncé du ciel et voilant d'une vapeur turquoise des draperies plumeuses couleur flamant rose ou dessous d'ibis, ce farceur d'ibis-assinoé qui porte de la lingerie rose sous sa tunique noir et blanc et qui s'appelle l'ibis religieux pour comble d'ironie.

Gueïla, 19 mai 1935

Questions

Toute destinée humaine trouve devant elle deux problèmes à résoudre et dont dépend son sort éternel : la question religieuse et la question sexuelle. Je n'ai résolu ni l'une ni l'autre et tâtonne encore dans la nuit.
Mes grands espoirs de pureté ont misérablement sombré.
Je m'avoue vaincu d'avance – à moins d'un miracle.
C'est glorieux ! « Alors, Théodore, à quoi bon tant de belles paroles, de sages résolutions, pourquoi ces claires visions d'une vie enfin affranchie des esclavages de l'instinct, pourquoi avoir lancé vers le large, toutes voiles au vent, la nef que tu menais au naufrage ? »
Oui, pourquoi ? Peut-être pour apprendre l'humilité.

En chaland sur le Niger, 28 mai 1935

Sauvages

À 13 h 30 nous étions en route vers Bamako :
230 kilomètres pour l'après-midi, à travers un Soudan grillé et monotone, mais où j'ai eu le plaisir de faire connaissance avec les Bobos : de curieux sauvages.
J'ai vu là de ces guerriers de carte postale, qui ont l'air déguisés et auxquels rien ne manque : les diadèmes de coquilles, les colliers polychromes, les bracelets, les ceintures de cauris, les sagaies, etc.
Absolument le client qui aurait acheté au Bon Marché la panoplie dite du sauvage (24,95 F) ; il eût pu aussi bien

choisir le postier, l'officier ou le chef de gare, non, le sauvage lui a tapé dans l'œil, il l'a acheté et il faut bien qu'il s'en serve, au moins quand il passe du monde, car je soupçonne mes guerriers, dès que j'ai eu le dos tourné, d'avoir remis, avec un soupir de délivrance, leur complet-veston et leurs escarpins.

En camion, 2 juin 1935

TENTATION

Jamais je n'avais perçu avec une telle acuité qu'hier soir combien, dans certaines conditions, il faut d'héroïsme pour obliger le devoir à parler plus haut que le sang et à l'emporter ; – combien il est compréhensible et réel que la vision mentale et la conscience puissent, tout à coup, se trouver voilées par le brûlant écran de l'instinct et conduire à ce qu'on nomme un « instant d'abandon » ; – combien il faut, en fait, se montrer indulgent, souvent, devant les « faux pas » et les « chutes » du prochain. La tentation brutale n'est rien en public, ni quand elle implique une démarche qu'à défaut de la conscience, la seule timidité empêchera souvent d'accomplir.
À soi seul, le secret partagé, fût-ce par un boy, peut pour certains (à défaut d'autres raisons !) suffire à les préserver. Mais le secret assuré peut faire la violence du conflit : il y a mille fois moins de difficulté à décliner l'invite à une débauche en bande qu'à résister à une tentation sans témoin. Salutaire leçon d'humilité que de se voir soumis aux mêmes épreuves que le reste du genre humain et n'esquivant parfois que de justesse les plus honteux abandons.

Segou, 3 juin 1935

ANECDOTE

Cette vieille *Asie*... Que de souvenirs à bord, pour moi : je retrouve ma place à la salle à manger, telle table où je me souviens d'avoir écrit telle lettre en 1925 et je crois bien m'être baigné, ce matin, dans la baignoire où en 1926 je me livrai à des expériences thermiques.

Les salles de bains de l'*Asie* sont aérées par des puits qui s'ouvrent dans les ponts supérieurs et l'on affirme qu'une dame a reçu, un jour, dans son bain, la casquette du chef mécanicien qui s'était, sans doute, trop penché...

*À bord de l'*Asie, *19 juin 1935*

CHAPITRE V

LES ÉPHÉMÈRES

Avec la campagne d'exploration de 1934-1935 prend fin la période des carnets proprement dits.
Lors de ses multiples expéditions ultérieures, mon père utilisera des cahiers qui comporteront sur la page de gauche le numéro de l'échantillon récolté, et, sur la page de droite, le lieu, les conditions de la récolte ainsi que des observations relatives à la flore, la faune, la géologie, la topographie, la météorologie, etc. Dès 1936, ses travaux et performances chamelières lui vaudront, outre de nombreux prix, distinctions, décorations, l'attention des médias de l'époque.
C'est donc dans les journaux, à la radio et plus tard à la télévision que mon père imprimera et exprimera ses pensées et ses opinions.
J'ai cru intéressant de proposer au lecteur les plus personnelles d'entre elles, celles qui ont été détruites après avoir été lues et oubliées après avoir été entendues.

Sur la guerre et le pacifisme...

DRÔLE DE GUERRE

Le dernier journal que j'ai lu est du 2 septembre 1939. Je ne pensais pas que le Tibesti était si loin du monde. Je ne sais si vous pouvez imaginer ma vie actuelle : vous me croyez dans un « régiment », dans une caserne. En fait, si je dépends du commandement de Fort-Lamy, je suis dans un petit poste frontière avec un sergent corse et douze tirailleurs noirs. C'est tout. Naturellement, je n'ai rien à voir avec le poste et les soldats. Il est bien entendu que je suis indépendant comme rattaché à cette mystérieuse « Section d'études » qui n'est pas une pacifique association pour l'exploration scientifique du désert... vous n'en saurez le nom – en bon Français – et le but qu'après la guerre (si vous n'avez pas encore deviné) [1]. Oui, il faut apprendre à vivre dans le provisoire et l'incertain, ce n'est pas facile. Suis-je ici pour quelques mois ou pour des années ? Le conflit anglo-allemand va-t-il s'éterniser ? Va-t-on trouver un compromis avant que l'irréparable n'ait lieu ? Non, surtout pas de « croisade », on a tort de mêler le christianisme à la guerre : on ne défend pas l'Évangile à coups de canon, on le défend avec le sang des martyrs, mais les chrétiens d'aujourd'hui ne se sentent aucune vocation pour ce genre de fidélité. « Il y a des guerres justes, il y a des guerres nécessaires... », a dit en chaire M. Bertrand le 3 septembre. Je n'en crois rien : il n'y a pas plus de guerre « juste » et « nécessaire » que de péché « juste » et « nécessaire ».

Poste frontière d'Aouzou, 10 janvier 1940
(lettre aux parents, extrait)

1. En bon Français, Théodore Monod, mobilisé, avait mission d'espionner les mouvements des troupes italiennes qui occupaient la Libye. Pour l'anecdote, il dépendait d'un capitaine, qui deviendra célèbre sous son grade de général : Massu.

GUERRE ET CHRISTIANISME

On a pu lire, à l'*Officiel,* un important décret qui institue un comité national chargé d'associer à l'effort d'armement les forces morales, intellectuelles, économiques. On voit dans le comité le pasteur Boegner, président de la Fédération protestante de France, et aussi le cardinal et le grand rabbin. Sans blague ? Associer les forces « morales » (ils n'ont peut-être pas osé dire « religieuses ») à un « effort d'armement »... Maintenir l'esprit, soit, mais le maintient-on par un « effort d'armement » ? L'Église chrétienne a choisi. C'est fait. C'est la grande apostasie. Les journaux religieux ne sont pleins que d'histoires d'aumôniers militaires (des pasteurs avec des galons !) serrant la main avec émotion au jeune pilote qui va s'envoler pour quoi faire ? Pour servir l'Évangile ? Non, pour tuer. Nous pataugeons dans le confusionnisme le plus épais. Je songe à abandonner mes liens officiels avec une Église qui recommence le coup de l'empereur Constantin [1]. Et pas une voix pour protester ! Ah ! qu'un cri courageux nous apporterait de libération et d'espoir ! Mais qui le pousserait ? Peut-être en Angleterre aura-t-on trouvé, tout de même, quelques chrétiens conséquents... mais déjà hors d'état de nuire. Et si Jésus-Christ était ici, il tomberait en moins d'une heure sous le coup de la loi des suspects, comme vilain défaitiste : souscrirait-il aux bons d'armement ? (...) Les journaux pieux avouent qu'il y a deux ou trois Roser [2] en France (Roser « évangéliste », tient-on à bien spécifier pour qu'il ne soit pas dit qu'un vrai pasteur ait osé refuser de fléchir les genoux devant César). César pourra les tuer s'il le veut, mais ils auront sauvé l'honneur de l'Église. Et qui sait si pour l'amour de ces deux ou trois justes, aujourd'hui confesseurs, demain peut-être martyrs, Dieu n'aura pas pitié de la ville, et même de ces foules de « chrétiens soldats » (dont je suis) ? En tous les cas,

1. Le premier empereur romain converti au christianisme. D'opprimés, les chrétiens sont, dès lors, devenus oppresseurs.

2. Henri Roser (1899-1981), pasteur de l'Église réformée, a marqué de son empreinte le combat pacifiste et la lutte pour l'objection de conscience.

chapeau bas devant les rarissimes qui auront eu le courage de mettre leur vie d'accord avec leur foi et d'être conséquents. (...)
Il faut que nous prenions bien garde, à force de voir dans notre actuel adversaire l'Antéchrist, de ne pas finir, par contraste, par considérer l'impérialisme anglais comme une succursale du royaume de Dieu et l'État français comme « chrétien », ce qui serait d'une bouffonnerie si colossale qu'on s'en devrait taper le derrière par terre à une cadence quasi musicale.

Poste frontière d'Aouzou, 20 février et 9 avril 1940
(lettre aux parents, extraits)

PROPAGANDE

On se tromperait gravement en imaginant que le problème français, notre problème, n'est aujourd'hui que militaire et par conséquent que matériel.
Il faut délivrer le sol de la France, sans doute, mais il n'est pas moins urgent de délivrer son âme avant que la propagande ennemie, acharnée, tenace, et à qui ne manquent pas les complices, ne soit parvenue à lui causer de trop graves dommages.
J'étais à Paris il y a quelques mois. Naturellement, la vue dans nos rues des uniformes verts ou gris de la race des « maîtres » n'est pas précisément agréable. Mais ce n'est pas le plus grave. L'éventaire d'un marchand de journaux où s'étale toute la pourriture des nazis et de leurs domestiques me paraissait autrement redoutable. Ces bottes s'en iront un jour, elles prendront même, alors, je l'espère, le pas de course, mais ce poison démoniaque, instillé goutte à goutte dans notre sang, et dans celui, plus sacré encore, de nos enfants, comment et en combien de temps parviendrons-nous à l'éliminer entièrement ?
Des taches d'ordure ou de sang, sur un pavé, ça se lave et il n'y paraît plus. Mais, ces germes de mensonge et de corruption semés dans des cœurs trop souvent sans défense, quelle vigoureuse cure de désintoxication ne faudra-t-il pas entreprendre pour les arracher ?
Cette cure, elle nous regarde tous. Nous y pouvons tous collaborer. Tous ne se battront pas sur la ligne de feu, le

front matériel, mais tous peuvent défendre, et, là où il le faut, reconquérir les secteurs menacés ou occupés de la vie spirituelle française.

Notre Combat, *Dakar, 4 avril 1943*

Adolf : Eh ! dis Philippe, tu « collabores » ?
Philippe : Oui, oui, oui...

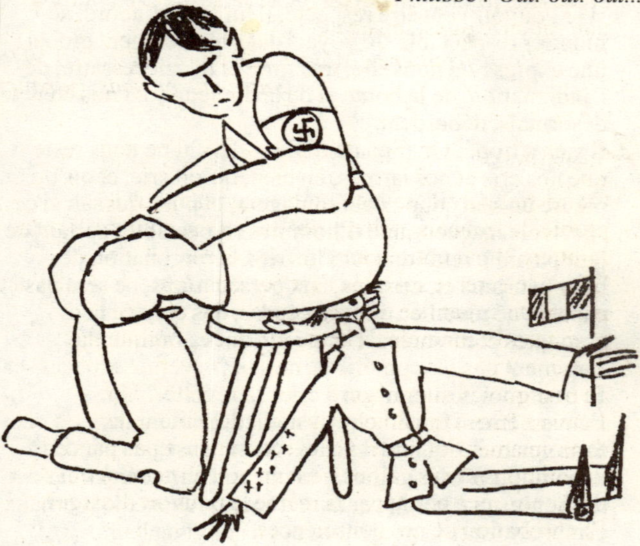

« La position de la France est définie non pas dans les termes de "nation vaincue" mais sur une base de collaboration en parfaite égalité... »
(Les journaux, 29 octobre 1940).

GUERRE D'ALGÉRIE. MANIFESTE DES 121

Pourquoi j'ai signé.
Bien que fonctionnaire, je persiste, à tort ou à raison, à me considérer comme un homme libre. D'ailleurs, si j'ai vendu à l'État une certaine part de mon activité cérébrale,

je ne lui ai livré ni mon cœur ni mon âme. Si puissant soit-il, César s'arrête au seuil du sanctuaire, où règne un beaucoup plus grand que lui, et auquel l'Écriture nous prescrit d'obéir plutôt qu'aux hommes...

À dire vrai, ce n'est pas à la question du refus de participer à une guerre inique que j'ai, en signant le manifeste des 121, attaché le plus d'importance : il s'agissait de cela, bien sûr, et il était salutaire que les puissants du jour – et d'un jour – se vissent rappeler que, si le Pouvoir veut être respecté, il lui faut, d'abord, se montrer respectable. Je voyais dans le document global une expression nouvelle, très forte et très nécessaire, de l'indignation, de la honte et de la douleur dont nos cœurs, désormais, débordent.

Il y en a trop... On n'en peut plus... Et s'il ne nous reste que nos cris et nos larmes, eh bien, qu'on crie, et qu'on pleure un bon coup : cela soulagera, et puis, qui sait si ce spectacle inaccoutumé d'hommes respectables sortant de leur paisible retraite pour s'offrir à la réprobation des bien-pensants et, certains, aux persécutions, ne sera pas capable de réveiller, sous la cendre, des consciences assoupies et rassurées, l'étincelle qui va ranimer la flamme ?

Et pourquoi hésiterait-on à crier sa révolte ? Un gouvernement qui couvre systématiquement les tortionnaires – quand il ne les récompense pas par des décorations et des galons – est un gouvernement qui se déshonore et a perdu par là même le pouvoir d'exiger l'approbation de nos consciences.

Si les larmes d'un enfant sont plus précieuses que tout l'or du monde, qu'eût dit Dostoïevski de la fillette rendue folle par le bombardement français – et chrétien – des environs de Souk-Ahras, et qui vit, depuis, attachée à un piquet comme une bête ? Lequel de nos seigneurs et maîtres lui rendra ses larmes et sa raison ?

On commence par mépriser, et puis, un beau jour, on tue, enfants compris, pour faire bonne mesure, avec une parfaite bonne conscience et la patriotique certitude d'avoir louablement travaillé pour l'Occident et, pour un peu, pour le christianisme... Car ce n'est pas une plaisanterie : ils en sont là... et sont prêts à prêcher la croisade, au napalm.

Et l'on voudrait obtenir, au besoin imposer, voire acheter notre silence ? De qui se moque-t-on ?

J'ai donc signé le fameux manifeste, non sans avoir d'ailleurs au préalable suggéré quelques modifications de détail, dont il n'a pas pu être tenu compte. Je faisais remarquer, par exemple, qu'il était inexact d'affirmer que c'est l'armée qui a inventé la torture en Algérie. Cette honteuse priorité revient, indubitablement, à la police et l'on n'a pas oublié la question fameuse : « Y a-t-il une Gestapo française en Algérie ? » qui n'a jamais reçu, et pour cause, de démenti officiel.

Il s'agissait, avant tout, non pas tant d'insister sur tel ou tel aspect de la résistance à la guerre d'Algérie que d'appuyer une tentative qui pourrait, pour beaucoup d'esprits et de consciences, constituer une chose salutaire et l'occasion – enfin – d'un réveil.

En 1767, le prince de Beauvau, coupable, aux yeux du roi, d'avoir manifesté une indignation exagérée devant l'injustice faite aux prisonnières de la tour de Constance, est menacé par le ministre de se voir révoqué de ses fonctions de gouverneur du Languedoc. Mais le fonctionnaire était un homme et un homme libre. Aussi sa réponse fut-elle « que le roi était maître de lui ôter le commandement que Sa Majesté avait bien voulu lui confier ; mais non de l'empêcher d'en remplir les devoirs selon sa conscience et son honneur ».

Ces mots de conscience et d'honneur ont-ils rien perdu, cent quatre-vingt-treize ans plus tard, de leur actualité, de leur force et de leur signification, quand d'autres ministres s'emploient à réprimer d'autres révoltes du cœur et de l'esprit ?

Partiellement reproduit dans Afrique nouvelle, *23 novembre 1960*

Statut des Objecteurs de Conscience

Le moins qu'on puisse dire est que le gouvernement et ses amis ont abordé le problème de l'objection de conscience sans excès d'enthousiasme, et, en fait, comme acculés à une démarche extrêmement désagréable.

C'est entendu, même en France, et à l'instar de tant de

pays civilisés, l'objecteur ne sera plus mis en prison. Et c'est quelque chose ! C'est une brèche, une première brèche dans la muraille d'un dogme vénérable, celui qui voit dans la guerre, donc dans la torture et l'assassinat, le seul procédé louable, estimable et efficace pour résoudre les conflits internationaux. C'est à la fois peu et beaucoup. Beaucoup parce que la France, à son tour, de la sorte, admet enfin – encore qu'à contrecœur – qu'un homme ait le droit de refuser, à l'exercice de la violence, sa participation personnelle. Peu cependant parce qu'il s'est trouvé des hommes pour se dire : on ne pourra plus mettre les coupables jeunes gens en prison, mais peu importe, nous allons les rattraper « au tournant ». Que ce calcul soit bien généreux, on hésiterait à l'admettre, mais il est celui d'un grand nombre de parlementaires français : d'abord, on va doubler, pour le malpensant, la durée du service : cela lui apprendra à faire le malin ou l'original. Mais on pourrait aller plus loin, l'exclure de la communauté nationale, le priver de ses droits civiques, par exemple, en faire un citoyen de seconde zone, « à part non entière ».

Le législateur n'osera sans doute pas en arriver là, mais on aura entendu en revanche M. Michel Debré réclamer pour l'hérétique des mesures de discrimination sociale, tout aussi honteuses naturellement que si cet apartheid gaulliste et bien français visait, au lieu de l'hérétique non violent, le Noir, le juif ou le communiste. L'alliance gouvernement-U.N.R., contrainte, la mort dans l'âme, d'avoir à reconnaître le droit à l'objection de conscience, s'est ingéniée à saboter les effets d'une mesure qui, bien que tardive, eût encore pu passer pour généreuse.

Réforme, *12 octobre 1963*

GUERRE COLONIALE

Je crois qu'il est dangereux de laisser croire que la guerre américaine à de malheureux Asiatiques qui ne les avaient guère convoqués, entreprise et conduite, au mépris d'engagements internationaux solennels, avec une sauvagerie qu'on ne fait ici que deviner, soit menée « pour nous ». C'est absolument faux, car les chrétiens de

Suisse ou de France n'ont jamais donné mandat, que je sache, aux guerriers « chrétiens » de massacrer, de bombarder, de brûler, et – crime inexpiable – de détruire des cultures et d'enlever à des hommes leur nourriture, quand les mêmes bons apôtres, toujours prêts à se faire professeurs de morale, participent, il est vrai, à la croisade contre la faim. Le devoir des chrétiens me semble clair : ils doivent se désolidariser ouvertement de l'agression étrangère, comme ils ont su condamner en leur temps la guerre d'Indochine ou celle d'Algérie ; où certains voulaient pourtant voir aussi je ne sais quelle croisade « civilisatrice » et « chrétienne ».

Servir, *n° 2, février 1966*

RÉCONCILIATION

Les empires s'écroulent, colosses aux pieds d'argile, les siècles passent, les mécaniques se perfectionnent, mais rien de réellement important n'a changé : l'homme continue à croire aux vertus de la violence, de la haine et du mépris, il persiste à diviniser la guerre. Le prestige, l'amour-propre et l'orgueil national font toujours couler le sang. Captifs et réfugiés sont toujours là, sur les pistes caillouteuses du désert...

Il ne s'agit pas du Proche-Orient seulement : on s'entre-tue d'un bout à l'autre de la planète et là où on ne se bat pas, on s'y prépare allégrement en engouffrant dans le crime en puissance qu'est l'armement atomique jusqu'au cinquième et plus des budgets nationaux.

Mais c'est au douloureux problème israélo-arabe que je pense plus spécialement aujourd'hui.

Bien sûr, ce n'est pas l'existence même de conflits entre les hommes qui est surprenante, et spécialement là où d'aussi douloureux problèmes se posent que celui des réfugiés palestiniens, là où un petit peuple courageux se voit menacé d'extermination. Ce qui, par contre, est scandaleux, c'est le recours, pour la solution de ces conflits, à des méthodes dignes de la plus antique barbarie : sauvagerie et mécanique ultra-moderne font ici, une fois de plus, bon ménage.

La solution ?

Aucune en vue, tant que l'orgueil, l'appétit de domination, le mépris de l'autre resteront la loi des États. Le vrai secret tient, lui, en un seul mot, qu'ignore encore, hélas ! le vocabulaire des diplomates, celui de RÉCONCILIATION. Cette victoire-là est d'ailleurs plus difficile que celle des guerriers, mais elle est seule capable – précisément parce qu'elle peut réunir des adversaires dans un commun dépassement de leurs peurs et de leurs rancunes – de déboucher sur la paix.

Le Libérateur, *janvier 1968*

MARSEILLAISE

« Dis-moi qui tu hantes, je te dirai qui tu es... » : on connaît le proverbe, qui peut être étendu à d'autres cas, semble-t-il.
N'est-il pas, par exemple, évident qu'à découvrir ce que chante un peuple et, en particulier, quelles sont les paroles d'un hymne national, on jugera d'un état d'esprit, d'un climat psychologique, d'une doctrine officielle ?
Allons droit au fait : que pourrait penser un témoin impartial, disons quelque habitant de Mars ou de Jupiter, venant aborder notre planète, d'un pays où l'on contraint d'innocents bambins à s'égosiller pour appeler de leurs vœux l'abreuvement des paisibles champs de leur village par un sang « impur » ?
Que conclurait-il à voir un sauvage cri de guerre tenu pour un cantique sacré, qu'il convient d'écouter tête nue, au garde-à-vous, comme devant je ne sais quelle monstrueuse idole ? Comment accepterait-il sans rire les protestations d'antiracisme de ceux qui tiennent à ce qu'il existe plusieurs sangs, les uns « purs », les autres « impurs », ces derniers bons tout au plus à engraisser la terre et qu'il importe de verser avec allégresse ?
Et comprendrait-il sans horreur qu'un aussi sanglant catéchisme fût imposé *à des enfants,* à des enfants désarmés devant l'autorité des adultes et incapables encore de découvrir le véritable caractère du belliqueux péan qu'on les oblige à entonner ?
Vous m'arrêtez ? Eh, je sais bien ce que vous allez me répondre pour tenter de justifier le *Chant de guerre de*

l'Armée du Rhin, qui devait devenir *La Marseillaise* et, très tardivement d'ailleurs (le 24 février 1879), l'hymne national de la France. Vous allez me dire : « Les paroles ? Leur sens ? L'affreux refrain sanguinaire ? Qu'est-ce que cela peut faire ? Ils chantent sans même songer à ce qu'ils braillent, sans même savoir de quoi il s'agit. »
Peut-être ! Mais, loin de voir là une excuse, j'y trouve une aggravation : a-t-on le droit, en effet, de chanter un hymne national, qui, en principe, doit exprimer l'idéal du pays tout entier, sans se soucier du sens des mots ? Des perroquets, peut-être, mais des hommes ?
Je ne suis ni assez ignorant, ni assez sot pour méconnaître le poids, l'énorme poids du préjugé, de l'habitude, de la tradition, et je sais bien que notre pauvre pays n'est pas à la veille de renoncer à l'espoir « d'abreuver ses sillons » d'un « sang impur », idéal tout à fait digne, n'est-ce pas, d'une société qui se prétend civilisée. Nous ne le verrons pas demain adopter pour hymne national un chant de paix et de réconciliation, un chant de fraternité, un chant de communion avec la nature et de respect de la vie.

Union pacifiste, *1er décembre 1969*

ACTION NON VIOLENTE

L'alternative à la violence, c'est la non-violence, traduction d'un terme sanskrit, *ahimsa,* popularisé par Gandhi. Mais le contresens le plus grave et malheureusement le plus fréquent est de considérer cette non-violence comme une sorte d'antithèse théorique de la violence, comme une simple attitude de passivité, voire même, à la limite, de lâcheté. Or, bien au contraire, la non-violence, qui peut être et qui *doit* être fondée sur une conviction philosophique ou religieuse, est aussi, et avant tout, une méthode active de résistance au mal, à l'injustice, à la guerre et à sa préparation.
Remarquez que j'ai écrit « résistance au mal » et non « résistance au méchant » : ce n'est pas la même chose. Il ne s'agit pas pour le non-violent de combattre l'adversaire avec ses propres armes, il s'agit de le désarmer par une attitude inflexible certes, mais toujours pacifique, le but n'étant plus de détruire l'ennemi, mais

de toucher sa conscience, de lui faire honte de ses pauvres et faciles procédés violents, de l'entraîner sur un plan nouveau, inhabituel, supérieur, en un mot, pour employer un terme emprunté au vocabulaire religieux, de le « convertir ».

L'action non violente est, évidemment, difficile puisqu'elle exige souvent le courage physique – résister aux brutalités sans réagir n'est pas « naturel » – et toujours le courage et la discipline morale, voire spirituelle. C'est une technique puissante et dont on peut attendre beaucoup, mais qui n'est pas encore bien connue en France, pas encore populaire dans un pays où l'on continue à préférer les affrontements de la violence et les cycles infernaux de celle-ci, toute violence en engendrant à son tour une autre, immanquablement. Par contre, il deviendra de plus en plus difficile de frapper des hommes silencieux, immobiles et résolus : un jour on n'osera plus, tout simplement.

La non-violence pratique, vécue, on la découvrira dans toute sa beauté et dans toute son efficacité dans la vie d'hommes tels que Gandhi ou Martin Luther King. L'un et l'autre ont payé leur courage de leur vie, mais la semence qu'ils ont jetée en terre germera. Quand Einstein disait : « Il n'y a qu'un grand savant dans notre siècle, c'est Gandhi », on peut l'en croire : oui, c'est une découverte capitale que celle de la puissance de la vérité et de l'amour, et le jour où les hommes prendront Gandhi pour modèle, ce sera la fin du règne de la guerre et de ceux qui la préparent, la font ou la glorifient.

Ouest-France, *12 mars 1970*

VENTE D'ARMES

Oui ! on croit rêver à écouter M. Debré répondre à une interview du journal *La Croix*. À en croire notre honorable ministre de la Guerre – car, malgré les euphémismes d'un vocabulaire pudiquement hypocrite (la « Défense »), c'est bien de cela qu'il s'agit toujours –, à l'en croire, donc, les exportations d'armes accroîtraient nos possibilités d'aide au tiers-monde...

Cela vous paraît un peu gros ? Vous avez tort ; c'est tout à fait simple et limpide pour celui qu'un grand journal norvégien, le *Dag Bladet* du 16 octobre 1970, pouvait appeler tout uniment un « marchand d'armes » ! En effet, plus nous vendons d'engins de mort, plus nous encaissons de profits ; et plus nous nous enrichissons, plus augmentent nos « possibilités d'aide au tiers-monde ». Conclusion : intensifions nos livraisons de machines de guerre à l'Espagne, à l'Afrique du Sud, au Portugal, à la Grèce, etc., développons hardiment notre commerce d'armes, honteux peut-être pour la moralité, mais en tous les cas profitable, et c'est l'essentiel : l'argent, pour le gouvernement français, n'a pas et ne saurait avoir d'odeur !

En réalité, si nous faisons tant pour la diffusion de matériels destinés à assassiner des êtres humains, c'est, au fond, par pur altruisme et pour un motif hautement respectable : pour mieux aider le tiers-monde, il faut de l'argent, et, pour s'en procurer, quel plus lucratif commerce que celui des fusées, des auto-mitrailleuses, des sous-marins ou des hélicoptères ? M. Debré ne nie d'ailleurs pas que les exportations d'armes aient un « aspect moral », et comment le pourrait un ministre qui est le chrétien pratiquant que les journaux ont montré récemment en train de communier à Notre-Dame ? Osera-t-il admettre le caractère scandaleux de son belliqueux négoce ? C'était une attitude possible et qui pouvait avoir en quelque manière, en son genre, sa grandeur : « Je me livre à un commerce déshonorant, c'est vrai, mais il me rapporte beaucoup ! »

Au moins, c'eût été sans hypocrisie. Mais le cynisme de M. Debré n'a pas cette franchise : le ministre veut *à la fois* vendre la mort au plus offrant et n'en ressentir aucun scrupule de conscience. Il réussira ce tour de force en se contentant de constater que « les nations à technologies de pointe et soucieuses de leur propre défense fabriquent des avions, des navires, et aussi des armes », et des armes qu'il faudra bien vendre, n'est-ce pas ? et vendre bien, le plus cher possible.

Union pacifiste, *n° 63, 1er janvier 1972*

MANIFESTATION

« HALTE AUX ESSAIS NUCLÉAIRES ! NON À TOUTES LES BOMBES ! » : huit mouvements pacifistes ou non violents et même, belle merveille digne d'être soulignée, un parti politique (le P.S.U. naturellement) appelaient à manifester contre la reprise des explosions françaises, condamnées désormais, à Stockholm, par de nombreux pays et par tous les riverains du Pacifique tropical, du Japon au Pérou en passant par l'Australie.
À 14 h 30, en toute hâte, des barrières métalliques se mettent en place au bord du trottoir et, dans les ruisseaux, au coude à coude, face aux dangereux émeutiers que nous sommes, des agents casqués prennent position, en apparence sans armes : mais il n'est pas bien difficile de voir les matraques plus ou moins bien dissimulées, soit dans la manche gauche, soit dans la vareuse : celle d'un maladroit tombe à terre... Il s'agit sans doute d'empêcher notre petit groupe pacifique de prendre d'assaut l'état-major de l'Air de l'autre côté du boulevard Victor... Un peu plus loin, des képis galonnés d'argent sont entourés d'un groupe si dense que nous croyons qu'il s'agit d'amis en train de parlementer ; allons les rejoindre : erreur, c'est la bande nombreuse, des « en civil » recevant les instructions de leurs chefs ; petits impers mastic, moustaches noires et regards aimables ne nous quitteront plus d'une semelle.
La manifestation est autorisée : que nos seigneurs soient bénis pour leur généreux libéralisme ! D'ailleurs, enkysté sur 750 mètres d'avenue Félix-Faure, et surveillé par une armée de policiers, plus nombreux de beaucoup que les quelque cinq cents manifestants, notre petit groupe ne menaçait pas très sérieusement le régime... Mais après tout, une armée de guerriers contre une poignée de pacifistes, c'est encore en quelque sorte un hommage à la puissance de l'Idée : celle-ci, qu'on ne peut pas écraser, que ni matraques ni grenades ne peuvent atteindre, il faut au moins en limiter les dégâts, n'est-ce pas ?
Dire que les slogans furent tous très aimables pour M. Debré serait exagéré : le responsable fanatique de nos exploits militaires et bellico-commerciaux a décidément

mauvaise presse parmi ceux qui ont choisi de déshonorer et de démythifier la guerre.
Place Étienne-Pernet, la sainte Hermandad n'a plus rien à dissimuler : boucliers, fusils, tromblons sont là pour nous accueillir et assister aux prises de parole que nous écouterons assis par terre, fraternellement mélangés, de René Cruse à Mouna, de Néko le jeûneur à de Félice.
Il y a parmi les tribus maraboutiques de Mauritanie une catégorie dite des « guerriers repentis », les *tiyâb* : un général français, Paris de la Bollardière, vient de rejoindre, à son tour, cette noble corporation et a osé dire : « La guerre est une déficience de l'humanité. Elle est infantilisme. La guerre est une solution apportée par des gens qui ne sont pas parvenus à l'âge adulte... »
Les généraux avec nous ? L'aube va-t-elle, enfin, dans notre affreuse et terrible nuit, se lever ?

Cité nouvelle, *juillet 1972*

ALTERNATIVE

Terriblement longue, cette nuit qui dure tant de siècles... Car aujourd'hui, comme alors, en fait, tout continue comme avant. La guerre n'a pas cessé de ravager le monde, et sous le fallacieux prétexte qu'il faut la préparer toujours mieux pour avoir la paix, les apprentis sorciers de la pyrotechnie atomique nous cuisinent à grands coups de milliards une « solution finale » qui ne laissera sur notre sol que mâchefer, céramiques, escarbilles et cadavres vitrifiés. La torture, remise à l'honneur d'un bout à l'autre du monde, se pratique désormais partout, à peine clandestine : inutile d'ailleurs de s'en émouvoir, et de protester : les bourreaux sont « couverts », au besoin par des ministres, des généraux, voire des chefs d'État.
La violence, visible, physique ou institutionnelle, ouverte ou larvée, se porte bien, très bien même, et le sang fait toujours recette. La cruauté envers l'animal demeure tolérée et comme en quelque sorte vénielle, excusable, alors que la paix entre les hommes ne saurait venir sans une réconciliation générale entre eux et les autres bêtes vivantes.
Le mépris du faible, du pauvre, de l'étranger, de l'isolé,

du prisonnier, du sans-voix, n'a pas cessé ses méfaits. Car, comme autrefois, ne seront écoutés en haut lieu, là où se décide en secret notre avenir à tous, que ceux qui ont le nombre, ou l'argent, ou des bulletins de vote à offrir aux privilégiés « en place ». Quant à l'hérétique, au protestataire, au prophète, au marginal, qu'on le fasse taire : les puissants seuls ont la science et la sagesse et savent, eux, ce qui est bon pour le peuple et, en même temps – comme par hasard – profitable pour eux. L'argent reste le roi incontesté de notre société : qui n'en a pas n'est rien, qui le possède s'arroge tous les droits.
Chacun se souvient de l'affiche de René Dumont, candidat de l'écologie à la présidence de la République : une voie ferrée, une bifurcation. Et, par conséquent, une possibilité de choix entre deux directions. On peut donc encore opter entre les menaces de la catastrophe et l'espoir d'un progrès *véritable*, c'est-à-dire non pas celui des moteurs et des bombes, mais celui des comportements et des mœurs.
L'aiguillage salvateur peut encore fonctionner : le fera-t-il *à temps* ?

Ouest-France, *27 décembre 1974*

INSTITUTION : L'ARMÉE

En France, vous pouvez impunément, en toute liberté, attaquer n'importe quelle institution : l'Église, l'école, l'épicerie... Il n'y a qu'*une* institution qu'on ne puisse attaquer, c'est l'armée. Ajoutons que le crime de sacrilège, qu'on pensait disparu depuis 1930, paraît encore en vigueur. La notion d'injure envers l'armée expose encore certains à des peines rigoureuses.
J'ai essayé de m'informer sur l'origine de cette chose ; on retombe encore une fois sur Napoléon qui écrivait : « Ma volonté est que mes drapeaux soient honorés avec des sentiments religieux. » L'institution militaire est bien une religion.
Si l'on observe l'état actuel du monde, on s'aperçoit que certaines angoisses sont véritablement fondées. On l'a constaté, on le sait aujourd'hui : le vieux système de la force armée conduit nécessairement à la faillite. On sait

que la course aux armements ne conduit à rien d'autre qu'à rendre la conflagration suivante plus cruelle et plus meurtrière. S'il reste encore des hommes, un jour, ils se demanderont comment il aura fallu tant de siècles pour arriver à comprendre que la guerre est une stupidité, et ils se demanderont quelle civilisation pouvait bien être une civilisation qui a des écoles pour apprendre à tuer son prochain.

Déposition au procès de Jean Fabre,
Procès d'un insoumis,
éd. Le Sycomore, 3ᵉ trimestre 1980

GUERRE ET DÉSARMEMENT

L'homme occupe dans le monde vivant une position extrêmement particulière. Il est le seul animal qui se livre à une guerre intraspécifique... Les animaux se font la guerre entre espèces : les lions font la guerre aux zèbres, bien sûr, mais ne font pas la guerre aux lions. Et il est aussi le seul animal à entretenir des écoles pour apprendre à ses jeunes à tuer leurs semblables.
Ça, c'est un perfectionnement de l'homme et c'est une remarque qui va loin car, au début de la préhistoire, ce n'était certainement pas ça. Que s'est-il passé au cours de l'évolution de l'homme ? Je n'en sais rien, mais il y a eu, certainement, un passage très important – que nous ne connaissons pas – à partir duquel l'homme a acquis un comportement aberrant même au point de vue biologique : ce goût de la violence, du sang, de la guerre... car, au fond, les gens aiment la guerre. C'est l'occasion, une fois dans sa vie, de faire impunément les saloperies que l'on n'a jamais vues qu'au cinéma ou à la télévision !
Le désarmement, tout le monde en parle, personne n'en veut. C'est évident. On s'en gargarise dans les discours officiels... Mais ce n'est pas sérieux, personne n'en veut en réalité, personne n'y songe sérieusement.
Mais alors, si on y songeait sérieusement, quel est le pays qui aurait le courage de déclarer la paix au monde ? Un pays qui dirait : « Moi, je désarme », désarmement unilatéral ? Ça serait, à travers le monde, une telle

flambée de stupéfaction, que là, peut-être, les choses changeraient.
La France est LE pays le plus qualifié pour un geste pareil, un geste qui aurait un retentissement, mais prodigieux – j'allais dire cosmique. Là, les choses changeraient.

« Les Chemins de la connaissance »,
France Culture, 1982

14 JUILLET

Monsieur le Président,
Je tiens à m'excuser de ne pouvoir assister à la réception du 14 juillet à laquelle vous avez bien voulu m'inviter.
Je continue à nourrir le vivant espoir que le jour viendra où la fête nationale ne sera plus seulement militaire et verra défiler aussi les bûcherons, les cheminots, les mineurs, les instituteurs, les infirmiers et plus uniquement les hommes de guerre.
Dans l'attente de ces temps nouveaux où, de plus, le refrain de notre hymne national ne sera plus sanguinaire et raciste, je vous prie de bien vouloir agréer, Monsieur le Président, l'expression de ma haute considération.

Théodore Monod
Lettre publiée dans Union pacifiste, *août 1988*

ANECDOTE

J'ai fait un long séjour au Tibesti pendant la guerre. On m'y avait envoyé de Dakar comme caporal-chef – j'ai d'ailleurs été nommé caporal-chef de façon tout à fait illégale. Le Tibesti, ce n'était pas, comme on dit vulgairement, la porte à côté, mais j'ai fini par y arriver. On m'a mis dans un petit poste qui s'appelait Aouzou où j'étais censé faire du renseignement sur la frontière libyenne. En réalité, j'ai fait essentiellement de la botanique.
Ça a été pittoresque à certains égards. Je dépendais d'un capitaine qui était à Zouat ; le capitaine Massu. Il est devenu général depuis et célèbre pour d'autres raisons. Un colonel était venu en inspection de Fort-Lamy, nous étions une dizaine de troufions, au terrain d'aviation, pour

être passés en revue et le colonel fait remarquer à Massu qu'il avait, parmi ses hommes, un caporal-chef. Il paraît que ce n'était pas l'usage, dans cette compagnie, qu'il y ait des caporaux-chefs. Alors le colonel dit à Massu : « Tiens, vous avez un caporal-chef ? » Et mon Massu de répondre : « Mon colonel, c'est pas un caporal-chef, c'est M. Monod ». Voilà qui s'appelle en prendre pour son grade !

« Bleu nature », Europe 1, 31 décembre 1989

GUERRE DU KOWEÏT

Les Latins avaient un judicieux dicton : « Ceux dont Jupiter a résolu la perte, il les précipite dans la démence. » Cette constatation se trouve aujourd'hui une fois de plus pleinement vérifiée, car comment ne pas qualifier de folie l'attitude des États osant se prétendre civilisés tout en ne parvenant encore à résoudre les conflits humains que par la violence, le sang et la guerre ? Nos malheureux contemporains en effet persistent à croire, hélas ! aux vertus du « *Si vis pacem, para bellum* [1] », alors qu'une expérience plusieurs fois millénaire aurait dû leur faire adopter depuis bien longtemps la vraie maxime : « *Si vis pacem, para pacem* [2]. »
Bien sûr, on veut nous faire croire qu'il s'agit principalement, voire exclusivement, de voler au secours d'un sacro-saint droit international. Plaisante prétention quand on sait le nombre élevé de violations récentes de ce même droit perpétrées en toute impunité, sans soulever la moindre contestation internationale, et sans provoquer la moindre gesticulation belliqueuse de notre part. Qui ne se souvient de tant de violations contemporaines du droit international, au Sahara espagnol par le Maroc, à la Grenade, Tripoli bombardé en pleine paix, en Nouvelle-Zélande avec le sabotage du *Rainbow Warrior,* en Palestine occupée, au Liban, etc. ? Il est vrai qu'aucun de ces territoires n'exhalait comme le Koweït une savoureuse odeur de pétrole. Un prélat français affirmait

1. « Si tu veux la paix, prépare la guerre. »
2. « Si tu veux la paix, prépare la paix. »

il y a peu que la guerre lui semblait préférable au déshonneur, opinion singulière chez un chrétien, la guerre elle-même étant à la fois le déshonneur et, plus encore, le plus grave des crimes.

Révolution, *n° 567, 11 janvier 1991*

EXPRESSION ET DROIT INTERNATIONAL

Le bruit que font les gens à l'intérieur d'un État est fonction d'un mode d'expression très bien organisé qui s'appelle les médias. C'est très bien fabriqué et lorsque l'on veut faire passer un message et faire croire que tout le monde est d'accord sur un point, on y arrive très bien.

Par exemple, selon les sondages – je ne sais pas très bien ce que valent ces sondages – il semblerait qu'il y ait une majorité de Français qui soient partisans de la guerre [du Golfe], ce qui est assez stupéfiant. Mais ça ne veut pas dire qu'il n'existe pas une opposition. Les manifestations contre la guerre, qui se passent actuellement non seulement en France, mais aussi dans le monde, sont quand même un sujet qui mériterait la réflexion du pouvoir.

Alors, bien sûr, le plus simple est d'interdire l'expression, comme ça, si on ne peut pas s'exprimer, il n'y a pas d'expression.

Et ce droit international, ce sacro-saint droit international au nom duquel on nous entraîne dans une guerre ?...

On me dit : *maintenant,* à partir de *maintenant,* c'est une ère nouvelle, c'est le royaume de Dieu qui descend sur la terre – grâce aux Américains –, à partir de maintenant, on va respecter le droit international. C'est la première fois qu'on le fait, mais ça va durer !

Ce serait très beau si c'était vrai, mais va-t-on obtenir des Américains, des Syriens, des Israéliens, etc., et des Français, le serment de ne plus jamais violer le droit international ?

Ce serait merveilleux si c'était vrai et c'est notre espoir.

« 6e Dimension », M6-FNAC, 25 janvier 1991

COMBATS

À l'échelle individuelle, les hommes n'ont pas la possibilité de provoquer des sursauts de conscience pour transformer l'histoire, mais j'ajoute que le peu que l'on puisse faire, il faut le faire.
Aujourd'hui, je suis avec ceux qui se battent pour leur droit au logement. Il faut maintenir le fait que le droit au logement existe absolument au même titre que les autres droits de l'homme. Le droit au travail, le droit au logement vont ensemble, ils sont inscrits dans les conventions, il faut les appliquer maintenant.
Le maire de Paris et les institutions de l'État doivent consentir à appliquer ces principes. Ils ne le feront que si, autour d'eux, ils sentent une pression suffisante. Dire que les gens qui exercent cette pression sont manipulés ou qu'ils sont des manipulateurs est une grossière plaisanterie pour essayer de nous compromettre, elle ne nous émeut pas !
Au début du mois d'août, je suis allé jeûner quatre jours, comme tous les ans, devant le PC atomique français de Taverny en souvenir d'Hiroshima et de Nagasaki. Nous savions très bien que cela ne ferait pas un franc de moins pour le surarmement français, mais c'était une manifestation de liberté individuelle. De loin en loin, cela peut toucher quelques consciences, faisons-le... j'allais dire « pour l'honneur », si ce mot n'était pas à ce point galvaudé. Ce serait l'Honneur de l'Homme, avec un H majuscule, que d'essayer la paix.
C'est une réalisation considérable, l'homme comparé aux autres animaux a quand même un développement cérébral particulier, une physiologie différente de celle des autres singes, il y avait quelque chose à faire avec l'homme, ça aurait pu réussir.
Essayons, tentons de faire le nécessaire pour que l'aventure humaine n'échoue pas et renonçons aux armes, renonçons à toutes ces horreurs qui nous maintiennent dans la barbarie. Tant que nous vivrons dans une société qui repose directement sur l'argent et surtout sur le profit, il y a une quantité de choses indispensables pour notre vie que nous ne ferons jamais.
Il y a de quoi être découragé. Il ne faut pas céder à la

tentation du désespoir. Il n'est certes pas facile de sauver l'espérance, les choses ne vont pas si vite. Quand on peut manifester sa solidarité avec des gens en difficulté, il faut le faire, même si les résultats n'en sont pas très visibles. Tant qu'on jugera les États d'après leur produit national brut, on n'ira pas loin ! La somme arithmétique des activités m'intéresse d'autant moins que si l'alcoolisme augmentait encore en France, cela s'inscrirait encore favorablement dans le P.I.B. Je demande à ce que l'on calcule le bonheur national brut. C'est très difficile en chiffres, mais ça aurait un sens.

Propos recueillis par Hélène Amblard,
Révolution, *28 septembre 1991*

Père Zabelca

J'ai rencontré une fois, au Larzac, un aumônier américain, le père Zabelca. C'est lui qui avait béni les aviateurs et leurs engins qui allaient bombarder Hiroshima. Il m'a expliqué qu'il avait fait ce qu'on lui avait demandé de faire sans trop comprendre de quoi il s'agissait. Mais il a ajouté : « Depuis, j'ai compris et je me suis repenti. » *Repenti,* a-t-il dit. Il était à ce moment-là en route, à pied, en pèlerinage vers Bethléem. Voilà un témoignage qui est singulièrement important et intéressant, dont on n'a pas beaucoup parlé dans la presse dite grande, sauf, je crois, un entrefilet dans *La Croix.*

« Noms de dieux », R.T.B.F., 10 mars 1992

Ère atomique

On estime à 140 000 le nombre de morts du bombardement d'Hiroshima. C'était, au sens littéral du mot, un bombardement à objectif démographique. C'est le terme gracieux que le gouvernement français a utilisé pour désigner les bombardements que nous aurions pu faire au moment de la guerre froide. À ce moment-là, nous annonçait-on, nous étions capables de tuer, d'un seul coup, 30 millions de Moscovites. Mais 30 millions, disait le rapporteur, c'est encore peu de chose ; nous pourrions faire mieux et arriver à 60 millions d'individus.

Voilà le genre de préoccupations de nos stratèges et hommes d'État : arriver à tuer 60 millions d'hommes, paisibles habitants de ville, et non des soldats dans leur forteresse ; encore que des soldats ne seront jamais que des civils déguisés sous un uniforme et qu'ils ne méritent pas moins de pitié que ceux que l'on appelle des civils.
Mais je reviens sur la signification même de l'explosion de la bombe d'Hiroshima, car je crois que les historiens reconnaîtront que 1945 aura été une date d'une exceptionnelle importance dans l'histoire du genre humain et qu'ils concluront que le 5 août 1945, la veille d'Hiroshima, s'est terminée ce que l'on appelle « l'ère chrétienne », et que le 6 commençait une autre ère, qu'on appelle « l'ère atomique ».
Je suis persuadé que cette coupure majeure dans l'histoire du monde n'a pas fini de nous inquiéter, car les armements atomiques non seulement se perfectionnent – la prochaine fois ça ne serait pas Hiroshima, mais mille fois Hiroshima – mais une guerre peut partir par hasard du fait de la folie ou de l'erreur d'un personnage, et, une fois partie, tout se déroule, et, quelques heures après, la France, par exemple, est transformée en mâchefer et en céramique.
Il n'y a en France que trois abris : Mont-Verdun, Élysée et Taverny, alors qu'il y en a [beaucoup] en Suède ou en Suisse, mais en France, pas question d'inquiéter l'opinion publique. Alors, espérons qu'il n'y aura pas d'incidents nucléaires.

L'An 48 de l'ère nucléaire, *film de Christian Lelong, 6 août 1993*

PACIFISME

Ce ne sont pas vingt pacifistes français qui vont impressionner ceux qui nous dictent nos lois et notre avenir. Si nous croyons en quelque chose, si nous croyons à la paix, nous avons le devoir d'exprimer, comme nous le pouvons, nos certitudes spirituelles, religieuses, sociales ou humanitaires.
Convaincre les hommes qu'il faut renoncer à la violence, à la guerre... mais ils continuent d'aimer la violence et la

guerre et nous n'allons pas les convaincre du jour au lendemain. Mais on sème, on sème au hasard. Peut-être que, de loin en loin, un grain germera. Il existe un certain nombre de consciences capables de résister à la tradition guerrière.

Ni les ténèbres ni les échecs ne justifient le laisser-aller. Tout vaut l'espérance et je repense toujours aux mots de mon père : « Il faut croire quand même, espérer quand même, aimer quand même. »

Propos recueillis par Martine Leca, La Vie, *11 août 1994*

JEÛNE D'INTERPELLATION

Nous avons fait, récemment, notre jeûne annuel, en commémoration d'Hiroshima et de Nagasaki, devant la base atomique française de Taverny. Quatre jours de jeûne, ce n'est pas grand-chose, et nous sommes vingt, vingt personnes. Nous sommes très bien reçus par les gendarmes militaires, ils prennent en photo les nouveaux, car les anciens, ce n'est plus la peine, ils sont déjà dans l'album de famille.

Vous me direz : c'est inutile. À certains égards, oui, c'est inutile. Naturellement, nous n'allons pas apitoyer ou émouvoir les personnages qui nous gouvernent. Ça, c'est totalement exclu tant que nous ne serons que vingt. Mais, d'abord, nous fortifions nos convictions personnelles, et puis, c'est une forme de témoignage : nous accordons une très grande importance au témoignage.

Je dis que le peu qu'on peut faire, le très peu, il faut le faire quand même, mais j'ajoute tout de suite, sans illusions car ce n'est pas le très peu qu'on peut faire qui va changer la face du monde. C'est quand même un témoignage, un cri. Nous appelons notre jeûne « jeûne d'interpellation » car nous pensons que, peut-être, cela va éveiller une conscience, toucher un esprit, une intelligence et quand bien même il n'y en aurait qu'un, ce serait déjà un de plus.

« Marchand d'histoires », France Inter, 7 octobre 1994

HIROSHIMA

Beaucoup de gens disent : c'est bien triste et affreux, mais à Dresde, après les deux bombardements effectués par les Britanniques, il y avait aussi des enfants décapités, etc. C'est vrai, malheureusement, mais il y a une différence : c'est que ceux qui étaient morts étaient morts. Alors qu'à Hiroshima, on a atteint une population dans son *devenir* génétique et physiologique.
Pour moi, c'est inexpiable et diabolique, et ce sont des chrétiens qui ont inventé cette bombe et l'ont lancée.

« Agape », France 2, 6 août 1995

Sur la politique, la religion et la civilisation...

RACE ET RACISME

Le mot « race » exprime avant tout, pour le système idéologique allemand, un fait matériel, zoologique. La race est donc définie par une association de caractères purement physiques, taille du corps, forme du crâne, couleur de peau, etc. Elle n'a, *a priori,* rien de commun avec le peuple, la nationalité, la langue, la culture ou les mœurs.

Tout esprit tant soit peu au courant des résultats de la recherche anthropologique sait trop bien qu'il n'y a ni race allemande, ni race française, ni race juive, ni race slave et que les noms des peuples actuels n'ont plus aujourd'hui de signification raciale.

Une race pure n'existe probablement nulle part, et moins en Europe que partout ailleurs.

Le credo du racisme déclare :

1. Il y a des races essentiellement différentes tant par les caractères physiques que par les dispositions spirituelles, morales, religieuses, intellectuelles, culturelles.
2. Ces races sont hiérarchisées, les supérieures étant normalement appelées à commander les autres.
3. La première de toutes les races est la race aryenne, et plus spécialement, la race nordique.
4. Le mélange des races est nécessairement désastreux.

Autant d'articles, autant d'absurdités.

Le premier confond, volontairement, sous le concept de race, des éléments psychiques et culturels qui n'ont rien à voir avec la définition anthropologique, biologique de la race, la seule que puisse reconnaître et admettre le savant. Ensuite, on nous parle de races « hiérarchisées » et, comme par hasard, on nous affirme que l'Aryen et, surtout, le Nordique sont seuls prédestinés à la domination universelle sur la foule anonyme des peuples esclaves.

Il n'y a qu'un léger malheur à cette solennelle

imbécillité : c'est qu'il n'existe pas de race « aryenne » ni même, au sens où l'entendent les propagandistes nazis, de race « nordique ». Le mythe aryen est une joyeuse invention qui repose sur l'erreur grossière consistant à considérer comme constituant nécessairement une race des gens qui parlent une même langue. Il y a des langues aryennes, il n'y a pas de race aryenne : l'adjectif relève de la seule linguistique.

Quant à la théorie nordique, elle consiste, elle, à choisir dans le passé une prétendue race, d'ailleurs hypothétique, à l'orner de perfections imaginaires, et à en vouloir retrouver la trace aux endroits précis de l'épouvantable salade ethnique de l'Europe actuelle où le pangermanisme a besoin de la découvrir. Théorie fantastique, et qui arrive à vouloir prouver que toutes les grandes figures de l'histoire, y compris Jésus-Christ et Dante, étaient, en réalité, de bons Teutons. Quant à la prétention d'attribuer aux Nordiques un rôle essentiel dans l'essor de la civilisation occidentale, le moindre traité d'archéologie orientale en fait justice. Les forêts d'Allemagne n'étaient encore peuplées que de quelques rares sauvages et allaient le demeurer pendant des dizaines de siècles encore que déjà le monde égéen, l'Égypte, le Proche-Orient, l'Inde et la Chine avaient des maisons de pierre, des charrues, des temples, des voitures à roues, un système de poids et mesures, une écriture.

Quant à l'affirmation que les mélanges raciaux sont fatalement désastreux, on doit rappeler que les Européens sont eux-mêmes une indéchiffrable macédoine et que la merveilleuse réussite de la Grèce antique a eu pour substratum ethnique le plus panaché des pots-pourris, groupant des navigateurs venus d'Afrique et d'Asie, des Sémites, des Méditerranéens, des envahisseurs alpins et nordiques.

Notre Combat, *Dakar, 4 avril 1943*

Uniformisation des Individus

Les cloisons anciennes, qui compartimentaient efficacement les peuples, s'effondrent. D'un bout à l'autre du monde les mêmes boutiques débitent les

mêmes pacotilles, les mêmes cinémas régalant des mêmes absurdités des cervelles de jour en jour plus identiques et plus dociles, les mêmes soldats s'entraînant aux mêmes « jeux défendus », en attendant que, dans la termitière humaine de demain, les mêmes enfants se fassent dans les mêmes bocaux. Les modes, les slogans, les dogmes, les styles de vie font tache d'huile. Et à une allure telle que la vie humaine est en train d'acquérir, à l'échelle planétaire, une sorte de simultanéité qui s'apprête à faire des nations, hier encore cellules isolées, ce que les biologistes nommeraient un *syncytium*.
Belles merveilles qui ne rassurent qu'à demi le penseur obligé de se demander avec Thoreau si nos inventions ne sont pas trop souvent de « jolis joujoux détournant notre attention des choses sérieuses... des moyens perfectionnés au service d'une fin qui ne l'est pas », avec Gandhi, si l'homme moderne n'est pas en train, possédé par ses possessions, d'accepter, avec l'esclavage de la machine, une vie toute mécanisée et dépersonnalisée, et, avec Guénon, « si les prétendus "bienfaits" de ce qu'on est convenu d'appeler le "progrès" (...) ne sont pas en grande partie illusoires" et si "les hommes sont plus heureux aujourd'hui qu'autrefois, parce qu'ils disposent de moyens de communication plus rapides, parce qu'ils ont une vie plus agitée et plus compliquée ».

« En matière d'introduction », Le Monde noir,
mars 1950

Éloge de la Diversité

Égaux en droit et devant Dieu, les hommes, tels que la nature, l'histoire, le milieu et eux-mêmes les ont faits, sont extrêmement dissemblables. Le dénominateur commun, qui existe, s'enrichit d'innombrables et puissantes idiosyncrasies. Il ne servirait de rien de le vouloir taire. Mieux vaut accepter le réel, avec les constatations, purement documentaires et ne comportant aucun jugement, de l'ethnologue. Je dirai plus : ces différences profondes, qui intéressent bien autre chose que la couleur de nos épidermes et me séparent de cet Asiatique ou de ce Noir, on doit, loin de les dissimuler

pudiquement, comme si elles pouvaient avoir je ne sais quoi d'un peu honteux, les proclamer, il faut les exhiber à la vue de tous, comme les signes bénis de la diversité merveilleuse des hommes.
Soyons, ô mes frères de partout, d'Afrique, d'Océanie, d'Asie, d'Amérique ou d'Europe, soyons d'abord nous-mêmes, ouvertement. Et mettons bout à bout nos richesses, pour notre joie et notre mutuel enrichissement. Versons notre loyale cotisation au fonds commun de la société Terre et Cie. Être pleinement ce que l'on doit être,

Célébration des différentes cultures africaines.

porter ses propres fleurs et ses propres fruits, qui n'auront – Dieu merci ! – ni le parfum ni la saveur des autres, ce qui n'est pas refuser la communauté, mais la rendre au contraire vivante et bien autre chose qu'une morne addition de matricules. Il faut, pour pouvoir s'unir, se savoir et se vouloir distincts : « Nous nous retrouverons quand nous serons arrivés », disait Tolstoï.

« En matière d'introduction »,
Le Monde noir, *mars 1950*

COLONISATION ET CIVILISATION

Il faut savoir que rien d'utile, aucun progrès substantiel et durable ne se fera si l'on tente, par ignorance ou légèreté, de négliger les exigences de la réalité.
Voilà précisément ce que les Européens n'ont pas su faire. Ils ne se sont pas assez préoccupés de savoir si le sol où ils comptaient planter des jalons de leur édifice était vierge de toute fondation. Ils n'ont pas interrogé le passé. Imbus de leurs prérogatives d'hommes modernes, convaincus d'être attendus en bienfaiteurs par le peuple d'analphabètes et d'apporter à ces « grands enfants » les rudiments de la morale et de la vie mentale, ils ont cru vraiment faire œuvre de messie et projeter sur un océan de ténèbres le phare de la civilisation. Que les Noirs soient analphabètes n'exclut pas l'idée de passé, de civilisation. Pas plus que le fait d'avoir oublié de la confier au papyrus, au parchemin, n'efface l'existence de leur histoire. Des recherches récentes nous confirment la révélation de très vieilles humanités, si anciennes même, que l'on se demande si l'Afrique n'a pas été le berceau de l'humanité.
La source de bien des erreurs vient de ce que nos bons apôtres n'ont pas su percer le voile des apparences et découvrir, derrière les manifestations extérieures du fétichisme, que toutes ces coutumes, tous ces rites constituaient un ensemble solide, ordonné, indivisible. Ces traditions nous révèlent l'existence de plusieurs civilisations – on en compte actuellement dix en Afrique – aussi diverses que la gamme des couleurs, et

d'une vie sociale profondément enracinée dans le substratum religieux qui leur sert de base.
Derrière le décor du rite et du symbole se lève tout un paysage métaphysique, un cosmos ordonné, cohérent, une philosophie. Ensemble indivisible où tout se tient : fétichisme, religions, croyances et pratiques.
En Afrique, il n'y a pas de M. X matricule Y ; on n'est pas un individu, on est, d'abord, membre de telle famille, fils de tel homme, sujet de tel chef. Le travail est collectif, les biens sont collectifs. L'individu s'intègre dans un système d'obligations qui lui impose des devoirs, mais, en revanche, lui donne des droits. Le collectivisme de village, de la tribu, forme un tout. L'homme reçoit, en contrepartie, la protection absolue qui lui permet de traverser la vie d'une façon à peu près équilibrée et régulière.
Dans ce conflit de deux civilisations, il s'agit, non de viser à l'abolition de l'une au bénéfice de l'autre, mais de ne choisir, dans l'une comme dans l'autre, que ce qui mérite, par sa valeur humaine, de survivre.

Revue de l'économie, *août-septembre 1954*

Accident de la Route

Un automobiliste roulant de nuit, dans un épais brouillard, à environ 40 kilomètres à l'heure, heurte et, hélas ! blesse mortellement un cycliste circulant au milieu de la route en état d'ivresse (2,5 g d'alcool dans le sang).
Le tribunal de grande instance de Libourne, le 12 novembre 1964, rend son arrêt.
Et voici (*Gazette du Palais* du 20 janvier 1965) pourquoi l'automobiliste se verra attribuer « l'entière responsabilité » de l'accident :
1. « Dans un pays de viticulture intensive, comme la zone de Montagne-Saint-Émilion, il est fréquent de trouver sur la voie publique, en novembre, époque de la fin des vendanges, des individus en état d'ivresse » ;
2. « L'habitué du pays où il réside ne pouvait ignorer cette particularité des routes de la région... »
Et voilà ! Il est donc tenu pour normal, en pays de

vignoble, que la route appartienne en priorité aux titubations et aux zigzags de l'ébriété...

Mais alors, qu'on nous en avertisse officiellement ! En Allemagne, ne voit-on pas, souvent, des panneaux annonçant : « Cerfs sur 3 000 mètres », etc. ? À quand, au bord de nos routes, pour nous inciter à rouler avec une prudence accrue, le panneau : « Ivrognes sur 10 kilomètres » ?

Le Libérateur, *septembre 1965*

BON VIN

Le Dr Eylaud est secrétaire général de l'Association des médecins amis des vins, groupement bordelais qui croit à la « possibilité de lutter contre l'alcoolisme par une propagande raisonnée pour le vin ».

Pour le vin « naturel », bien entendu, car pour les défenseurs des intérêts vinicoles, l'opposition ne saurait être (comme un élève de l'école primaire le découvrirait) entre boissons alcoolisées et boissons non alcoolisées, mais entre le « bon vin » et le « mauvais vin ». « Certains cépages, dans le Midi, donnent des troubles nerveux, polynévritiques que ne donnait pas, autrefois, le vin naturel », disait le Dr Eylaud en 1963. Mais alors, si l'alcool de ce vin « naturel » présente si peu d'inconvénients, pourquoi le Dr Eylaud a-t-il estimé nécessaire de formuler « SEPT CONSEILS pour boire et conduire sans danger » ?

C'est qu'il en faut des précautions ! On devra boire en mangeant, au cours de repas « pris lentement, au moins en une heure et dans une atmosphère plutôt tempérée (15° environ) » ; les ingestions de vin seront espacées et « au besoin entrecoupées de prises d'eau pure » ; si l'on doit prendre un alcool distillé après le repas, on réduira la quantité de vin ; si l'on doit conduire après absorption d'alcool, on attendra « au moins soixante minutes » ; au moindre signe prémonitoire de « préivresse » on renoncera au volant, etc. Eh bien, mes amis, en voilà des histoires, en voilà des chichis pour pouvoir absorber « raisonnablement » ce bon vin naturel, qui n'aurait jamais fait de mal à personne ! Autant de précautions que

s'il s'agissait d'absorber un toxique ! Les « médecins amis du vin » vont-ils découvrir que même dans le « vin naturel » il pourrait y avoir de l'alcool ? En tout cas, amis abstinents, félicitons-nous : pour étancher notre soif et nous « envoyer » un bon coup d'eau fraîche, il n'est pas nécessaire de rester une heure à table (à 15° environ). Et, comme aucune « préivresse » ne nous menace, si nous avons à remonter en voiture, nous pouvons le faire sans péril, tout de suite, sans attendre une heure...
C'est tout de même plus pratique !

Le Libérateur, *novembre 1965*

EUPHÉMISME

EUPHÉMISME : « Figure qui consiste à adoucir par l'expression ou par le tour de phrase certaines idées désagréables, odieuses, tristes ou déshonnêtes » (Dictionnaire).
Dans le langage courant, celui des particuliers, l'euphémisme n'est pas si commun puisque la véracité et l'honnêteté sont – ou devraient être – de règle. Mais le vocabulaire officiel, moins scrupuleux et qui aura bien des choses à cacher, fera de l'euphémisme un large emploi : que l'on songe, par exemple, à ce qui s'est trop souvent dissimulé outre-mer sous le mot, en apparence anodin, de « pacification ».
Le budget national ignorera donc tout « déficit », mot à éviter parce que malsonnant, et ne connaîtra plus que les « impasses ». Au Sahara, il n'y a plus un seul « esclave », mais seulement des « serviteurs » : c'est plus plaisant, encore que cela ne trompe, au moins sur place, personne. Les ministères de la « Guerre » deviennent ceux de la « Défense », avec ce résultat inattendu que, dans la terminologie américaine officielle, une agression au napalm et à la bombe à fragmentation, à des milliers de kilomètres des États-Unis, relève – sans rire, hélas ! – des autorités de la « Défense ».

Le Libérateur, *février 1968*

SEXE ET SANG

Une grande affiche couvre les murs de Paris, imprimée en rouge sang et qui attire l'œil du passant. Il s'agit d'annoncer un film : en fait, le nom même de l'œuvre, en petits caractères, ne se découvrira que de très près.
Par contre, en lettres énormes, d'une vingtaine de centimètres de haut, on tient avant tout à nous faire savoir ceux de nos goûts, de nos penchants, de nos appétits que ce film, dont le nom reste secondaire, va pouvoir assouvir.
Les voici, proclamés ouvertement, sans honte, sans scrupule, dans une typographie provocante, avec d'ailleurs un encadrement spécial pour le premier :

ÉROTISME

SADISME
VIOLENCE GRATUITE

Et voilà... Voilà ce qu'un pays qui ose se dire civilisé laisse s'étaler impunément, sans que le gouvernement s'en émeuve le moins du monde, sur les murs de la « ville lumière »... Voilà ce qu'un État qui se prétend soucieux de « culture » et d'éducation laisse, sans protester, offrir à la vue de tous. En sommes-nous déjà là ? Sommes-nous déjà descendus si bas ? Cette affreuse Trinité représente-t-elle vraiment, adéquatement, notre niveau moral ?
Que penserait de notre climat mental un visiteur arrivé de quelque lointaine planète ?
Aurait-il tellement tort de nous croire les dévots d'une religion dont les deux plus puissantes divinités sont le sexe et le sang ? Et de nous considérer, malgré nos belles mécaniques, comme de purs et simples sauvages ?

Le Libérateur, *avril 1968*

INSTRUCTION

Il est très frappant de noter que la proportion des délinquants décroît régulièrement, et spectaculairement, avec l'augmentation du niveau d'instruction. Au moment où le nombre des étudiants s'accroît dans les proportions que l'on sait, au moment où les problèmes universitaires sont enfin dramatiquement à l'ordre du jour, il est bon de ne pas oublier ceci : tout ce qui peut favoriser l'instruction travaille contre la prison, et que l'effet de l'école puis de la faculté puisse n'être qu'indirect, peu importe ; l'essentiel demeure : *plus il y aura d'étudiants, moins il y aura de délinquants.*

Le Libérateur, *septembre 1968*

CIVILISATION

Un pays est-il « civilisé » quand il laisse se perpétrer chaque jour les plus lâches cruautés à l'égard de nos frères les animaux, quand il tolère chasse à courre, corrida, combats de coqs, tir aux pigeons, méthodes inhumaines d'abattage ou massacres, d'ailleurs illégaux mais électoralement « tolérés », de passereaux ?
Après tout, est-il tellement surprenant que les barbaries ancestrales aient laissé tant de traces, tant de séquelles ? La fin de l'âge de la pierre n'est pas si vieille, au demeurant, et l'on s'explique sans peine que notre sang charrie encore tant de si troubles instincts, le goût du sang et de la violence, la fascination, inavouée mais tenace, de la guerre, etc.
Ce n'est pas tant l'existence de ces horribles survivances qui doit étonner, mais bien le honteux consentement que beaucoup d'entre nous osent encore leur accorder, quand il est de plus en plus évident que la civilisation, la vraie, se construit non sur des complicités faciles, des démissions et des esclavages, mais sur des refus, des ruptures, des dépassements. La civilisation véritable est une conquête permanente, quotidienne, c'est quelque chose que l'on tient à bout de bras, au prix d'un extrême effort, et qui, au premier signe de relâchement, s'effondre dans la sauvagerie la plus affreuse : le vernis n'est pas épais, à la moindre égratignure il met à nu, je ne dirai pas la bête, ce serait faire injure à l'animal, mais l'homme des cavernes.
L'hominisation ne sera achevée qu'avec une éthique de la pitié et du respect de la vie, sous toutes ses formes. Mais

le primate la veut-il vraiment, cette difficile, cette héroïque hominisation ? Est-il décidé à devenir un homme ?

On ne saurait encore l'affirmer... Et d'ailleurs, même résolu à en finir avec ses instincts de prédateur, aura-t-il seulement le temps d'accéder au règne de la sympathie et de la communion avec les choses et les êtres avant la catastrophe finale et définitive que lui préparent les criminels apprentis sorciers de la guerre atomique ?

La Voix de la paix, *n° 192, octobre 1968*

DROGUE

Pourquoi l'homme cède-t-il si souvent aux tentations de la toxicomanie ? Pourquoi un homme sur quatre, plus de un milliard d'hommes selon J.-L. Brau (1968), est-il un consommateur de drogue (alcooliques chroniques : 30 millions ; mâcheurs de cola, bétel, qat, etc. : 300 millions ; fumeurs de chanvre : 300 millions ; drogués à l'opium et dérivés : près de 400 millions) ? Pourquoi un être qui se prétend libre accepte-t-il si fréquemment de se faire l'esclave d'un stupéfiant, de l'alcool, du tabac, etc. ? Alors que l'on peut voir d'autres hommes refuser cette honteuse aliénation et retrouver, sans nicotine, sans boissons fermentées ou distillées, les règles d'une vie saine, heureuse et libre ?

Bien sûr, l'exemple, le préjugé, la tradition font beaucoup : on boira parce qu'on a vu boire, parce que c'est « l'usage », parce que « tout le monde le fait » (ce qui est d'ailleurs bien inexact, même à l'échelle de la France). Mais il y a autre chose, de plus grave, de plus profond.

Si l'on voit l'homme activement rechercher des substances pour lesquelles il éprouve d'ailleurs souvent une répulsion instinctive et naturelle (les animaux, eux, savent éviter les poisons), c'est qu'il en attend des effets qu'il sera difficile de ne pas qualifier de « mystiques » : extase de caractère inférieur, certes, mais tout de même providentiel moyen d'échapper aux soucis et aux brutalités de la réalité quotidienne, effort, pathétique encore que maladroit, pour déboucher dans le

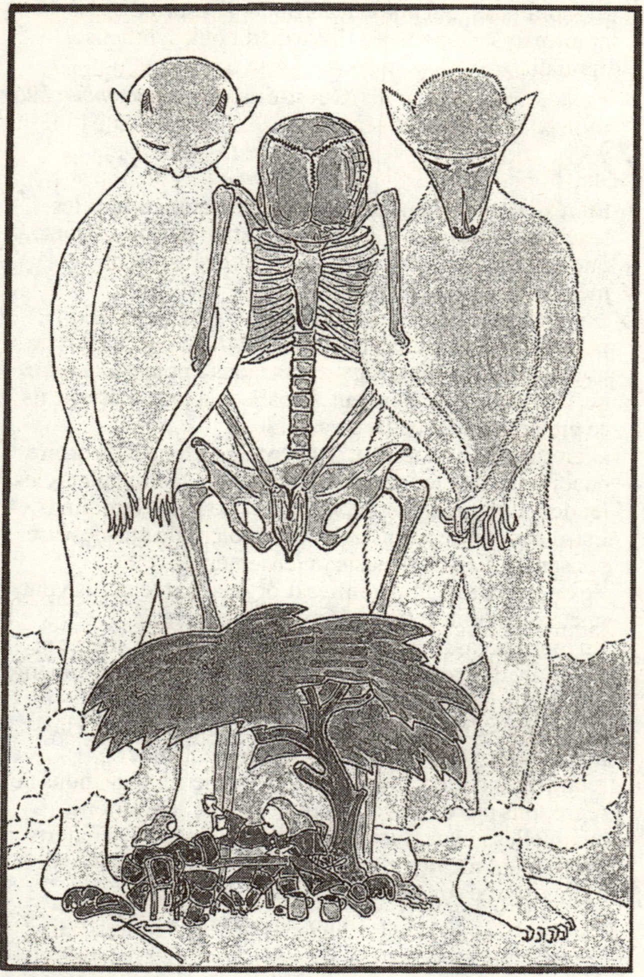

LES HOMMES N'AYANT PU GUERIR LA MORT, LA MISERE, L'IGNORANCE, ILS SE SONT AVISES, POUR SE RENDRE HEUREUX, DE N'Y POINT PENSER. PASCAL.

« différent », dans le surhumain. William James ne l'ignorait pas, qui pouvait écrire : « L'esprit dégrisé dit non, analyse, rapetisse ; l'ivresse dit oui, synthétise, agrandit. »

Ouest-France, *23 décembre 1969*

DESTIN DE L'HUMANITÉ

En réalité, nous nous précipitons tête baissée dans les ténèbres, au-devant d'un futur d'autant plus menaçant que nous en forgeons à l'avance, soigneusement, méthodiquement, les périls.
C'est un spectacle qui, contemplé de l'extérieur, doit paraître bien étrange, et aussi fantastique que la marche implacable des lemmings – persuadés à coup sûr, eux, qu'ils vont vers le bonheur, la paix et la joie, alors qu'ils se précipitent en réalité au suicide.
Bien sûr, ils l'ignorent et peuvent être excusés de croire encore à ce que leur pauvre vocabulaire ose appeler « les lendemains qui chantent ». Mais ce sont des lemmings.
Est-il par contre admissible, est-il tolérable que des êtres pensants aillent, eux aussi joyeusement, à l'extermination, tout gonflés d'orgueil parce qu'ils vont vite, volent loin et tuent de mieux en mieux ?
En tous les cas, même si le pire devait arriver, même si l'homme doit arriver à se détruire lui-même directement (ou même indirectement par le truchement des péjorations du milieu), même si le combat devait à la longue se révéler n'avoir été qu'un combat de retardement, un combat d'arrière-garde, eh bien, nous ne regrettons pas de l'avoir livré. Il est des aberrations auxquelles nous refusons de nous résigner. Si le navire doit couler, mené sur les brisants par un pilote insensé, au moins que ce soit pavillon haut.

Les Temps nouveaux, *n° 1, février 1970*

DROGUES LUCRATIVES

M. le Directeur général du service d'exploitation industrielle des tabacs et allumettes, le puissant monopole d'État qui s'efforce d'accroître sans cesse la consommation d'une drogue cancérigène – celle-ci en vente libre –, le tabac, a les idées larges. Non seulement il ne voit pas le plus petit inconvénient à ce que l'État, théoriquement soucieux de la santé publique, pousse à l'augmentation du nombre des cancers de la bouche et du poumon, mais il va plus loin dans le domaine des « bonnes idées ». Dans une interview accordée aux *Lectures pour tous* (février 1972), il livre le fond de sa pensée : « On ne sait d'ailleurs pas pourquoi l'État ne fabriquerait pas du pastis... » En effet, pourquoi pas, si cela doit rapporter de l'argent : la bombe coûte cher... Mais pourquoi, alors, *seulement* du pastis ? Le whisky ne serait-il pas aussi lucratif ? En attendant que d'autres drogues, à leur tour, éveillent l'attention de M. le Ministre des Finances : après tout, la France ne vend-elle pas déjà de l'opium en Indochine, et du haschisch en Tunisie et au Maroc ?

Le Libérateur, *avril 1972*

ALCOOLISME

Imaginons un instant qu'un pays civilisé, ou se prétendant tel, qu'un État justement soucieux de la santé de ses habitants n'ait jamais connu le poison alcool. Croit-on sérieusement qu'une expérience faite, une fois reconnu le rôle de ce toxique dans tant de maladies, physiques ou mentales, dans la délinquance et la criminalité, dans la désagrégation de tant de familles, dans le malheur de tant d'enfants, dans les accidents de la route, dans le coût des services sanitaires et sociaux, etc., croit-on vraiment que, ce sombre bilan établi et reconnu, un gouvernement eût osé laisser en vente libre une drogue aussi néfaste ? Un fléau qui, de l'aveu du ministre de la Santé, serait responsable de plus de vingt mille morts par an, auquel on peut attribuer un tiers des décès par tuberculose, un quart des suicides, la moitié des homicides et, ajoutons-le, de 30 à 40 % des accidents routiers entraînant blessures, et de 15 à 20 % des accidents du travail, un fléau qui absorbe 42 % du budget hospitalier et provoque une perte de salaires de quatre milliards de francs actuels, peut-il encore se voir toléré, voire discrètement encouragé ?

On n'eût pas davantage, d'ailleurs, accepté la diffusion officielle de l'autre drogue en vente libre, le tabac cancérigène. Alors, comment expliquer que la lutte contre l'alcool soit restée si timide, si prudente ? Qu'il ait fallu tant d'années pour venir à bout – à terme d'ailleurs – du démocratique « privilège » du bouilleur de cru ? Que la « mission civilisatrice » de la France à travers le monde s'accommode d'une croissante exportation vers les pays du tiers-monde du même poison avec les mêmes effets ? Que l'on trouve normal de voir l'importation du whisky en Polynésie française passer en onze ans (1957-1968) de six mille à cent soixante mille litres ?
L'explication est toute simple. Bien sûr que tout le monde est contre l'alcoolisme, même les gros marchands d'alcool, paraît-il. Seulement, toucher à l'alcool en tant que substance toxique où qu'elle se trouve (car l'alcool du vin n'est pas moins un poison que celui du cognac ou du calvados), c'est se heurter à des préjugés traditionnels, à des intérêts économiques, à des puissances politiques.

Ouest-France, *15 décembre 1972*

LE PROGRÈS ?

C'est affligeant, mais il faut, hélas ! le reconnaître : chaque fois que nos technocrates s'apprêtent à commettre une nouvelle sottise, chaque fois que nous découvrons une nouvelle occasion de ravager le paysage, d'aggraver une pollution, d'infliger à l'homme une nouvelle forme de contrainte ou d'aliénation, un nouveau sacrifice sur l'autel des dieux Profit, Croissance ou Produit national brut, si l'on ose s'étonner de cette stupidité ou de ce méfait, que va-t-on nous répondre ? Neuf cent quatre-vingt-dix-neuf fois sur mille, on se contentera de nous assener l'argument massue de nos bon apprentis sorciers : « On n'arrête pas le progrès... »
Et avec cette docte affirmation, on croira avoir tout dit, tout expliqué, tout justifié. Mais est-ce bien certain ? Et d'abord, il ne faudrait pas trop jouer sur les mots : pour les dociles adorateurs de l'argent ou des mécaniques, il ne saurait y avoir de « progrès » que matériel. Une belle bombe atomique, quel progrès pour le ministre de la

Guerre ! Une automobile capable de « taper » le 200 à l'heure, quel progrès ! Une centrale nucléaire, avec tous ses risques de pollution, avec le terrible problème de la disparition de ses déchets, quel merveilleux progrès, n'est-ce-pas ?
Autrement dit, la machine, la technique, l'argent vont-ils longtemps encore demeurer une fin en soi ou devenir enfin un simple outil au service de l'homme, et d'un homme qui, bien sûr, n'est pas seulement un matricule ou un tube digestif, d'un homme qui, au sein d'une société emballée, asservie par le mythe production-consommation, va devoir opérer – s'il veut survivre – de libres choix et définir des finalités supérieures ? Le *vrai* progrès – sans guillemets cette fois – sera ce qui permettra à *tout homme* et à *tout l'homme* d'accéder au seul vrai bonheur et à la seule vraie joie : grandir.

Le Coopérateur de France, *n° 586, 16 juin 1973*

VACANCES

Les vacances sont devenues un phénomène à la fois massif quant à son volume, et étroitement saisonnier quant à son calendrier : la migration d'été du primate s'apparente désormais à l'envol des hirondelles ou des criquets pèlerins, à l'armée des lemmings en marche vers la mer, aux pullulations des otaries sur les plages ou des sansonnets dans les arbres. Ce grand fait social et biologique se traduit souvent à la fois par une vive excitation ambulatoire et par de surprenantes manifestations de l'instinct grégaire et moutonnier de l'espèce humaine : pour beaucoup, la qualité d'une plage en vient à se mesurer alors davantage par le rapport du poids en chair humaine « stockable » par unité de surface que par les agréments du site ou la qualité du paysage. On peut voir, déjà, aux États-Unis, des propriétaires de caravanes – qui sont parfois de véritables wagons – parvenir à s'entasser côte à côte, par centaines, suivant d'ailleurs d'agréables figures géométriques : fi ! n'est-ce pas, de la solitude ! Et fi ! aussi, corrélativement, d'un silence redouté, mais qu'heureusement les glapissements

du moindre transistor suffiront à exorciser. Si certains vont, au bout de la route des vacances, retrouver ce qu'ils avaient quitté la veille, le juke-box, la partie de cartes ou les passionnants calculs du tiercé, d'autres qui, eux, réfléchissent, savent viser plus haut, et plus loin.
Et, à juste titre, car, après tout, cette possibilité annuelle de reprendre contact avec la nature, avec la vie ubiquiste et multiforme, du lichen au hérisson, du nénuphar au loriot, pour un être pensant – et sentant –, quelle occasion d'aiguiser son regard à observer, de meubler son intelligence par de quotidiennes découvertes, d'ouvrir, enfin, son cœur aux souffles de la sympathie, au sentiment de l'unité des choses et des êtres, au grand mystère qui, dès que s'effacent les images indiscrètes de l'écran ou de l'affiche, nous prend à la gorge et aux entrailles !
Regarder, d'abord, est-ce après tout si simple ? Bien sûr, cela s'apprend, mais il faut une certaine curiosité d'esprit. Combien d'entre nous regardent sans voir, passant et repassant en aveugles à côté de merveilles ou de beautés cachées ? Il arrive même au naturaliste d'être pris en défaut : j'ai longé cent fois, à côté de Notre-Dame de Paris, le parapet du quai sans découvrir dans le lierre une belle orobanche parasite de ce dernier.

Ouest-France, *21 juillet 1973*

L'Argent : Roi Sans Odeur ?

La sagesse des nations a fait passer en proverbes bien des sottises, comme, par exemple : « Si tu veux la paix prépare la guerre », « La fin justifie les moyens », « On n'arrête pas le progrès », « *In vino veritas* » et aussi « L'argent n'a pas d'odeur ».
Il est bon cependant de se méfier de ces aphorismes traditionnels qui traînent partout, qu'on répète machinalement, même quand ils ne font que propager la morale la plus terre à terre et la moins généreuse, ou la philosophie la plus bornée.
L'argent donc, pour cette prétendue « sagesse » populaire, n'aurait pas d'odeur ? Le propos n'est pas neuf, car cela s'est dit sans doute dès que l'appétit de

richesse et de profit a contaminé l'humanité, et les Romains le proclamaient déjà : « *Pecunia non olet...* » Ce rassurant dicton est bien propre à épargner à beaucoup de vains scrupules de conscience : telle chose est bonne, tel acte est juste dès qu'il peut en découler pour moi, pour ma classe, ma tribu ou mon pays un gain matériel. Belle philosophie, et qui, au moins, ne s'embarrasse pas de problèmes moraux... Les exemples de ce singulier comportement abondent et il suffit d'ouvrir les yeux pour les découvrir, d'autant plus que parfois on entend même des hommes publics se vanter de mener une action étrangère à toute justification éthique, au nom, paraît-il, de l'intérêt supérieur de l'État.
Un sujet à l'ordre du jour est, par exemple, celui des lucratives ventes d'armes à l'étranger, très discrètes d'ailleurs le plus souvent et auxquelles on souhaiterait pouvoir assurer le secret, parce qu'il n'est tout de même pas tellement facile d'avoir à avouer nos fournitures d'engins de mort à l'Afrique du Sud, au Portugal, à la Grèce, au Brésil, à l'Irak, à l'Arabie Saoudite, etc. Mais cela finit par se savoir, et alors il va bien falloir plaider devant l'opinion, surprise ou révoltée, et à laquelle on tentera d'expliquer que, bien sûr, ce n'est peut-être pas très heureux pour un pays « chrétien », mais que si nous ne vendons pas nos chars ou nos hélicoptères, d'autres le feront, et ce seront des clients, donc des bénéfices, perdus. On essayera aussi de nous faire croire que nous ne fournissons que des armes ne pouvant en aucune façon servir à la répression intérieure, mais la ficelle est tout de même un peu grosse et personne ne s'est laissé prendre. Ne serait-il pas plus honnête de dire tout net : il y a du fric à ramasser dans le commerce des armes, bonne affaire : « Allez France ! » ?

Ouest-France, *26 mars 1974*

LOBBY DE L'ALCOOL

On le sait assez : l'alcool en France, c'est aussi, c'est même avant tout une affaire, une énorme affaire, et qui rapporte de l'argent, beaucoup d'argent aux marchands de poison. Aussi voit-on ces derniers, au moment où l'on

commence tout de même à découvrir l'étendue et la gravité de la maladie alcoolique, multiplier les efforts pour défendre leur lucrative industrie.
C'est ainsi que se voit créé en 1974 un Institut de recherches scientifiques, économiques et sociales sur les boissons, l'I.R.E.B., au titre volontairement anodin. Mais qui est à l'origine de cette initiative ? Il pourrait être instructif de le découvrir... Alors, voilà : Chambre syndicale d'importation de gin et de whisky, Bénédictine, Cointreau, Cusenier, Dubonnet, Cinzano-Byrrh, Hennessy, Martini et Rossi, Noilly-Prat, Pernod-Ricard, Picon, Rémy-Martin, Saint-Raphaël... Rien que ça ! Toute l'aristocratie de la toxicomanie éthylique ! Le lobby des empoisonneurs de notre pays !
Alors, on a compris... Et quand ces messieurs nous affirmeront sans rire qu'ils entendent lutter contre l'alcoolisme, « chancre de la profession » à les en croire, on a bien le droit de rester méfiant, n'est-ce pas ?
D'ailleurs, l'I.R.E.B. mène une active campagne de publicité, sur le slogan : « PAS PLUS DE SEPT VERRES, COMPTEZ VOS VERRES. » Sans préciser dimension du verre ou nature du buveur (âge, poids, sexe, etc.), de façon que cela devienne finalement pour le grand public : « Sept verres pour tout le monde... »
Sept verres par jour de la drogue liquide et, elle, en vente libre, préparée par Pernod-Ricard et leurs complices... Allons, rassurons-nous, il y a encore de beaux jours, de solides profits, pour la célèbre firme nationale Alcool, Misère, Malheur et Cie...

Le Libérateur, *octobre 1975*

DÉSESPÉRANCE

Je ressens, depuis un certain temps, la tentation de la désespérance, et ça, pour un chrétien, c'est une chose extrêmement grave. Le spectacle du monde, le comportement de l'homme vis-à-vis de ses semblables, vis-à-vis des autres êtres vivants, cette torture qui est pratiquée dans une soixantaine d'États et probablement plus, tout cela, véritablement, est, pour quelqu'un qui a un haut idéal de l'homme, qui souhaiterait le voir s'hominiser pour atteindre ce que je crois être son destin véritable, eh bien, vous savez, c'est un spectacle déchirant devant lequel on est parfois tenté de céder au désespoir.

« Radioscopie », France Inter, 5 juillet 1977

Éloge de la Diversité

Pourquoi faut-il toujours le redire alors qu'on devrait tout de même commencer à en être convaincu ? L'union n'est pas l'uniformité : il serait sans doute grand temps de le reconnaître, et d'agir en conséquence. Le père Teilhard le savait bien qui affirmait que « pour s'unir il faut se sentir différents », ajoutant que « l'union différencie ».

La symphonie n'est-elle pas faite de la diversité des instruments, comme l'harmonie du tableau des polychromies de la palette ? La beauté et la richesse d'un ensemble ne reposent-ils pas sur une juxtaposition, sur une mise en commun d'objets discrets, séparés, mais rapprochés dans un même concert et jouant « à l'unisson » ?

Un biologiste ne s'y trompe pas : de la grande forêt équatoriale humide au désert, on voit décroître, implacablement, le nombre des formes vivantes : 11 000 espèces de plantes au Zaïre, 4 700 en Côte-d'Ivoire, 1 100 en Mauritanie, mais j'en ai compté moins de 10 dans le Majabat-al-Koubra pour 250 000 km^2, la moitié de la France. Que l'on songe aussi à la prodigieuse richesse animale des récifs coralliens, à l'étonnante diversité de formes, de couleurs, de comportements de leurs poissons : un seul récif peut en abriter plusieurs centaines d'espèces différentes.

Que les sociétés humaines soient aujourd'hui soumises à un gigantesque effort d'uniformisation à outrance (mais pas d'union, certes), c'est l'évidence. La civilisation industrielle, mécanique et productiviste, fondée sur la puissance matérielle et l'argent, se prétend *la* civilisation et s'arroge le droit de juger de la santé d'un pays au seul chiffre de son produit national brut, qui n'est pourtant qu'une somme arithmétique des activités, sans défalcation des nuisances. Du bonheur national brut qui, lui, intéresse directement les hommes, il n'est bien entendu jamais question : tant pis pour la qualité des rapports humains, tant pis pour les virtualités propres des ethnies ou des régions, tant pis aussi pour la nature, toujours plus allégrement saccagée au nom de dogmes impies, celui de l'efficacité technique (faire une chose pour la seule raison qu'on peut la faire) ou celui du profit (faire les choses parce qu'elles rapportent).

Le pouvoir, qu'il s'agisse du capitalisme dit « libéral » ou du capitalisme d'État, jouera, lui aussi, la carte de l'uniformité. C'est tellement plus commode, tellement plus simple : tous pareils, tous dociles, tous pris dans les mailles d'un même filet.

Partout sur la terre, des États nés des hasards de la décolonisation, à l'abri de frontières souvent absurdes, se montrent plus soucieux de hâter la fabrication de citoyens sagement coulés au même moule que de respecter les autonomies culturelles ; ceux d'entre eux qui comptent des pasteurs nomades, par exemple, font bien voir parfois qu'ils ne portent qu'une affection modérée à des hommes libres.

On a fait remarquer qu'au lieu de parler de pays « sous-développés », il serait plus juste de dire « autrement développés », car, en fait, « sous-développés » par rapport à qui ou à quoi ? À l'*American way of life* ? À la civilisation de la bombe ou du plutonium ?

On doit souhaiter, si du moins l'on croit encore à la possibilité pour le primate technomane de renoncer un jour à la barbarie et à la guerre, que les pays « autrement développés » sachent le demeurer, pour le plus grand bien de l'espèce dans sa totalité. Mais le sauront-ils, le voudront-ils ? On peut, hélas ! aujourd'hui tout craindre...

Ouest-France, *26 avril 1978*

Le « Bon Choix » Électoral

Les listes dites « grandes » sont et se veulent politiques en ce sens qu'elles acceptent un « mode d'emploi » commun, une même « façon de s'en servir » : qu'il s'agisse de défendre le libéralisme « avancé » des uns, le

jacobinisme cocardier des autres ou les très divers aspects d'un multiforme socialisme, on reste d'accord sur la règle du jeu et les « quatre grands » occupent toute la scène et parlent, parlent, parlent...
Mais qui les aura entendus, ne fût-ce qu'évoquer, même sans les traiter, avec lucidité et courage, les *vrais* problèmes, ceux qui intéressent, non pas la prochaine élection présidentielle, le sort de tel parti ou le destin de tel politicien, mais l'avenir de l'homme, et même celui de la vie sur terre ?
Lequel nous aura dit qu'il va nous falloir, pour survivre, échapper à l'empirisme au jour le jour, à l'obsession du productivisme, à la tyrannie des technocrates, à la religion de l'argent et du profit, à la monstrueuse et criminelle imprudence de la course aux armements ou des solides dividendes du lobby nucléaire ?
Voter pour Europe Écologie, c'est opter pour la sagesse face à la puissance, pour le mieux face au plus, pour l'être face à l'avoir...
Et il faut faire vite car nos bons apprentis sorciers, eux, ne chôment pas. Vraiment, il est temps, grand temps, de faire enfin le « bon choix »...

À l'occasion des élections européennes de 1979

TAUROMACHIE ET ÉVÊQUE

On voudrait n'y pas croire et j'ai moi-même refusé de l'admettre jusqu'au jour où je devais découvrir, dans la revue *Corrida* de novembre 1981, une étrange interview de Mgr Cadilhac, évêque de Nîmes, où cet évangélique prélat, grand amateur de jeux du cirque sous leur avatar contemporain : la corrida, s'efforce de justifier l'injustifiable et de nous faire accroire qu'un chrétien peut, en toute bonne conscience, participer en spectateur innocent aux sanglantes boucheries de l'arène.
M. Cadilhac, personne privée, avoue qu'il aime assister au martyre d'une bête livrée à la meute de ses bourreaux : c'est, sans doute, son droit puisque l'État n'a pas encore eu le courage de débarrasser la France de ces honteuses exhibitions. Mais Mgr Cadilhac est, lui, le représentant officiel d'une Église chrétienne. Comment parvient-il, à

ce titre, à approuver si chaleureusement la torture infligée à un être vivant ?
Il n'ira pas jusqu'à nier l'évidente cruauté de la corrida, mais... un animal reste un animal, n'est-ce pas ? Et si l'homme a le droit de devenir la « terreur des êtres vivants » (Genèse 9,2), alors martyriser une bête demeure licite.
Et puis, le bon évêque reprend à son compte l'argument populaire ressassé *ad nauseam* par tous ceux qui reprochent leur pitié aux défenseurs des animaux : et les hommes ? Comme s'il s'agissait *ou* des animaux *ou* des hommes, alors que le devoir est de secourir les uns *et* les autres.
J'ai d'ailleurs bien peur que trop souvent, pour ceux qui tiennent à reprendre une objection aussi éculée, leur sympathie n'aille, en réalité, *ni* aux uns *ni* aux autres.
Ne serait-il pas temps, et même grand temps, que la pensée et la pratique chrétiennes découvrent enfin le problème de la souffrance animale, et, dans ce domaine, les exigences de la morale évangélique ?

Le Monde, *13 novembre 1982*

Protestants Libéraux

Il y a des protestants de différentes espèces, de différents bords, de différentes écoles. Il y a des familles spirituelles, ce qui est tout à fait normal, et j'appartiens à ce que l'on appelle le protestantisme libéral, c'est-à-dire un protestantisme qui attache davantage d'importance à la rectitude de la conduite.
Aucun mot humain ne peut contenir la vérité, avec un V majuscule, on ne peut pas exprimer l'inexprimable avec les mots humains. Alors, laissons une large part à l'interprétation et à la conviction individuelles. Pour nous, protestants libéraux, le christianisme vécu, ce n'est pas le texte des dogmes proprement dits, c'est la joie, la simplicité et la miséricorde.

« Les Chemins de la connaissance »,
France Culture, 1982

PERSONNE ET PERSONNAGE

L'hérédité est une donnée, on la reçoit, on n'est pas responsable, mais je crois qu'on est, dans une certaine mesure, responsable de la façon dont on construit – à partir de cette donnée reçue – une personnalité, et non pas un personnage.
Le personnage, c'est ce que l'on voit de l'extérieur, ce sont les galons, les grades, les diplômes, mais la personne, c'est beaucoup plus sérieux, c'est ce qui est *vrai*.

« Les Chemins de la connaissance »,
France Culture, 1982

ENFANTS

Un enfant protégé contre la faim, la misère, l'injustice, la violence, le napalm, c'est un homme devenu possible, gagné à la cause de l'humanisation du primate, c'est un cerveau et un cœur disponibles demain pour la sympathie, la pitié et l'entraide. Les discours, c'est très facile, mais cela n'engage à rien, on le voit tous les jours. Sauver un enfant, c'est peut-être moins aisé, mais mille fois plus nécessaire.

En exergue de Enfants du monde sans frontières,
A.G.E.P., 1989

LA BIBLE

On peut dire que dans la Bible EST la parole de Dieu, parce que l'inspiration de l'Esprit se manifeste dans bien des livres de l'Écriture. Mais je ne pense pas que le texte même soit tombé du ciel – tout fait – comme le Coran, et que chaque virgule soit, à elle seule, un élément sacré.
Je sais que certains pensent que l'inspiration littérale existe et que les versets de la Bible, quels qu'ils soient, sont à certains égards comparables au point de vue de leur autorité morale. Mais cela semble difficile à admettre si l'on compare le Lévitique ou les Juges aux épîtres de Jean par exemple. Ce sont deux mondes différents.
Tout esprit qui veut avoir un contact avec la Bible de

façon précise et efficace doit opérer un certain nombre de distinctions entre les parties de cette « bibliothèque ». Il doit également s'informer, autant que possible, de l'histoire de cette bibliothèque et replacer les textes dans une perspective historique.
Ces textes ont été écrits à des époques différentes, dans des milieux parfois différents. Pour les comprendre utilement et en tirer la partie religieuse qui nous intéresse, il faut évidemment replacer ces différents textes dans leur milieu d'origine, c'est-à-dire en un temps où les auteurs partageaient les connaissances de leur époque. Cela est manifestement évident.

Propos recueillis par Christian Mazel, pasteur,
Cahiers Évangile et Liberté, *novembre 1990*

Saint François d'Assise

Saint François d'Assise me plaît beaucoup pour son attitude vis-à-vis de la nature et des animaux, mais j'ajoute, tout de suite, que ce bon saint François me paraît avoir souvent servi d'alibi aux chrétiens de l'heure actuelle, car il faut avouer que, même dans sa propre famille spirituelle, il n'a pas été suivi. Je me suis procuré un manuel du tertiaire de Saint-François, c'est un gros livre d'environ quatre cents pages sur le tiers ordre de Saint-François. J'y ai trouvé énormément de litanies, naturellement, de prières, ce qui est normal, mais je ne crois pas y avoir découvert le mot *animal*... ce qui semble quand même un peu considérable.

« Panorama international », R.F.I.,
29 décembre 1990

Foi chrétienne

Ma foi chrétienne fait partie de ma richesse intérieure. Elle ne concerne pas des propositions intellectuelles – je ne crois d'ailleurs pas aux catalogues de propositions intellectuelles pour définir la foi –, c'est beaucoup plus que ça. C'est un climat, c'est une confiance, c'est un enthousiasme, c'est une lumière.
Non, ce n'est pas un catalogue comme on en a fait

tellement autrefois ; bien sûr, c'était la tentation, mais pourquoi les formules définies en l'an de grâce 325 définiraient-elles – *ad aeternum* – notre foi chrétienne ?
Les époques ont besoin de renouveler leur vocabulaire, de découvrir des richesses nouvelles dans les documents scripturaires précédents. Tout évolue, tout est en évolution dans le cosmos, qu'il s'agisse du monde inanimé, du monde vivant, bien entendu, mais aussi du monde spirituel.
Il faut apprendre le goût du silence car, dans notre belle civilisation mécanique, outre les bruits qui nous sont imposés, nous nous ingénions à en faire à tous les niveaux et partout. Nous avons peur du silence et, par conséquent, d'une certaine rencontre avec un Inconnu.

« Ce soir ou jamais », FR3, 30 mai 1991

AMADOU HAMPATÉ BA

On a souvent parlé du sage, du savant... mais il était encore autre chose qu'il faut mentionner : c'est le spirituel, le mystique, celui qui a adopté la voie soufie et qui était non seulement un religieux de grande conviction, mais aussi de grande qualité.
Il avait une largeur d'esprit sans comparaison, à la suite d'ailleurs de son maître Thierno Bokar, qui lui avait enseigné cette largeur d'esprit, ce pluralisme.
Cette image de la montagne unique, que j'emploie si souvent, est une image qui lui était familière.
Et ça, c'est une très grande chose qui ne doit pas être oubliée du portrait de ce personnage.

« Antipode », France Culture, 17 août 1991

HOMMES POLITIQUES ET UTOPIE

La Méditerranée ne va pas très fort. Une mer presque fermée, c'est toujours un peu spécial.
Bien que la mer soit grande, heureusement, il faut quand même prendre quelques précautions, ne pas y verser n'importe quoi, n'importe quand, n'importe où.
Seulement, c'est toujours la même chose. Tant qu'on aura

profit à jeter les saletés dans la mer, on les versera, c'est inévitable.
Alors, pensons aux conséquences lointaines. Mais qui pense à ce qui se passera dans cinq cents ans ? Les hommes politiques ?... Cinq cents ans, ça les fait rigoler ! C'est l'éternité pour eux. La limite de leur rayon de pensée, c'est la prochaine élection. Jusque-là, ils pensent, mais au-delà !... On entend s'exclamer : « L'avenir de l'homme ? Vous êtes des idéalistes, des utopistes ! » Quand ils ont dit utopistes, ils croient avoir tout dit. Mais c'est une absurdité, car l'utopie, ce n'est pas forcément l'irréalisable, c'est tout simplement l'irréalisé. L'utopie d'hier peut devenir la réalité de demain, la pratique de demain, c'est ce que nous souhaitons... Mais nous ne sommes pas assez à le souhaiter.

Propos recueillis par Martine Leca,
Les Réalités de l'écologie, *octobre 1991*

CIVILISATION

Au début, l'homme était un prédateur parmi d'autres prédateurs, il attrapait quelque chose de temps en temps pour le manger, ou était attrapé lui-même, pour être mangé ; c'était la loi de la nature pour tout le monde.
Les hommes, en ces temps-là, étaient très peu nombreux, certainement nomades, et devaient se tenir volontiers à proximité de l'eau où ils trouvaient toujours quelque chose à grignoter : coquillages, poissons, etc.
C'est ce que l'on appelle la biocénose : l'homme était une espèce animale parmi beaucoup d'autres et aucune n'était en position dominante.
Puis est apparue une deuxième période que j'ai appelée celle de l'agression. Car, à partir d'un certain stade de son développement préhistorique, l'homme est arrivé, par les progrès de sa technologie, à être en mesure d'exercer sur le milieu naturel une influence sans cesse grandissante et plus efficace.
Il s'est passé au néolithique quelque chose d'extraordinaire – c'est pourquoi on appelle cette période la révolution néolithique : l'homme a disposé de la céramique, c'est-à-dire d'une marmite en terre permettant

la cuisson d'aliments ; d'une céréale et peut-être de plusieurs – jusqu'alors il y avait des céréales mais elles étaient de récolte sauvage, là, il s'agit de céréales cultivées ; de la force motrice grâce à la domestication de l'animal. Et tout cela lui a permis de devenir sédentaire, d'où l'origine du village, puis de la ville.
Et une ville, qu'est-ce que c'est ? C'est un temple, un palais, une caserne, une prison et un lupanar. Ça, c'est la civilisation, c'est celle qui est la nôtre aujourd'hui, nous la devons au néolithique.

« Conscience Terre », FR3, 4 juin 1992

LETTRE AUX ENSEIGNANTS

Si l'homme doit un jour sortir de la barbarie et de la préhistoire, il devra renoncer à satisfaire son goût de la violence et de la cruauté pour s'ouvrir à la sympathie et à la pitié pour tous les êtres, en adoptant pour règle d'une morale nouvelle le respect de la vie et de toute vie.
Seuls des enfants libérés de tous les préjugés de la tradition et de la coutume seront capables d'accepter demain une attitude aussi novatrice. Mais qui pourra influencer efficacement ces jeunes esprits et ces jeunes consciences, sinon la famille d'une part, et les éducateurs de l'autre ? D'où toute la grave et difficile responsabilité de ces derniers, capables au premier chef de jouer un rôle que l'on peut croire décisif dans la réconciliation nécessaire de l'homme et de la nature...

L'Oiseau magazine, *n° 30, 1er trimestre 1993*

TEILHARD DE CHARDIN

Teilhard de Chardin disait : « Tout ce qui monte converge. » C'est une très belle formule. Il disait aussi : « N'importe où pourvu que ce soit en montant. » Encore une belle formule et on souhaiterait que l'homme actuel soit disposé à accepter ce genre de morale et d'idéal.
C'était un homme très souriant, très fin, très intelligent. Il n'était pas un théologien au sens technique du mot, il était davantage pour moi : c'est ce que j'appelle une figure de

proue, quelqu'un qui a un message, un prophète qui a défriché un domaine qui avait besoin d'être éclairé.
Il était paléontologiste et chrétien et disait de lui-même : « Je suis, à la fois, un fils de la terre et un enfant du ciel. »
Encore une belle formule.
Fils de la terre, ce sont les cailloux, les fossiles et le marteau qui sert à les dégager, et *enfant du ciel,* c'est une autre dimension.
Dans une vie humaine, en effet, il y a deux dimensions. L'une est horizontale, l'autre est verticale. Il disait aussi, pour exprimer la même chose, l'*En Avant* et l'*En Haut*. Il m'a écrit, une fois, qu'il croyait que j'étais, parmi ses amis, celui qui manifestait le plus ce double sentiment de l'*En Avant* et de l'*En Haut,* c'est-à-dire *fils de la terre* et *enfant du ciel.*
C'était un homme qui n'a pas eu une vie toujours facile. Il était suspect dans sa propre Église. La Chine, l'Amérique, c'étaient un peu des exils.
Maintenant, même l'Église romaine le reconnaît comme personnage considérable.

« Mots croisés », R.F.I., novembre 1993

« À QUOI BON ? »

L'homme du troisième millénaire va devoir abandonner la parade, les faux dieux que sont le sang, la race, le sexe, le profit, le prestige, la raison d'État s'il veut survivre. Mais personne ne doit céder à la tentation du désespoir. Ni les ténèbres ni les cendres ne justifient de se laisser aller à l'*à quoi bon* !

Propos recueillis par Martine Leca,
Info Matin, *avril 1994*

THIERNO BOKAR

Amadou Hampaté Ba et moi sommes allés en pèlerinage sur les traces de son maître Thierno Bokar. J'ai vu le vestibule dans lequel cet excellent homme enseignait l'islam aux paysans de la région. Il avait inventé des schémas graphiques qui lui servaient à expliquer l'essentiel du dogme musulman, et j'ai vu l'endroit où avait eu lieu ce fameux sermon sur l'hirondelle.

C'était un homme très modeste qui avait pris le métier de tailleur-brodeur. On lui avait proposé l'état militaire, mais il avait répondu non. « Il vaut mieux vêtir les hommes que les tuer. » Voilà un message qui est encore à l'ordre du jour dans le monde entier.

Puis nous sommes allés sur sa tombe ; il est mort seul, très isolé à la fin de sa vie, et enfin à la mosquée de Bandiagara où j'ai demandé à Amadou Ba de traduire en peul l'hymne à la charité de saint Paul (I Corinthiens, 13), ce texte illustre dans le christianisme. Mais ce n'est pas charité qui est dans le texte. C'est, en grec, *agapè,* qui désigne l'aspect spirituel de l'amour.

Il y a *eros* d'un côté et *agapè* de l'autre. « Charité » a pris maintenant un sens différent et il vaut mieux dire l'hymne à l'amour... Mais comment dire amour, en français, pour désigner l'Amour ?

Ce texte, comme chacun sait, finit par ces mots : « Ainsi donc, ces trois choses demeurent : la Foi, l'Espérance et l'*Agapè*, et la plus grande des trois, c'est l'*Agapè*. »

On a donc traduit ce texte aux vieux musulmans orthodoxes de la mosquée. Ils ont trouvé ça très bien : d'où cela vient-il ? Qui a dit ça ? etc.

Je n'ai pas voulu entrer dans des précisions bibliques, inutiles à ce moment-là, alors je leur ai dit : « C'est un texte qui vient d'un soufi [1] d'entre les Banou Israel. » Ça suffisait et le message est passé.

« Le bon plaisir de... »,
France Culture, 24 décembre 1994

THIERNO BOKAR
« SERMON SUR L'HIRONDELLE »

À Bandiagara, dans l'humble vestibule où le Maître réunissait ses disciples, se passa en 1933, au cours d'une leçon de théologie, la scène suivante : un poussin d'hirondelle tomba d'un nid fixé au plafond. Tout attristé de l'indifférence générale, Thierno Bokar interrompit son exposé et dit : « Donnez-moi ce fils d'autrui. »

1. Mystique musulman.

Il examina le petit oiseau qu'il venait d'appeler si humainement « fils d'autrui », reconnut que sa vie n'était pas menacée et s'écria : « Louange à Dieu dont la grâce prévenante embrasse tous les êtres ! » Puis, levant les yeux, il constata que le nid était fendu et que d'autres petits risquaient encore de tomber.

Aussitôt, ayant demandé du fil, il grimpa sur un escabeau improvisé et raccommoda à l'aiguille le nid endommagé, avant d'y replacer l'oisillon.

Puis, au lieu de reprendre son cours, il dit : « Il est nécessaire que je vous parle de la charité, car je suis peiné de voir qu'aucun de vous n'a suffisamment cette vraie bonté du cœur. Et cependant quelle grâce ! Si vous aviez un cœur charitable, il vous eût été impossible de continuer à écouter une leçon quand un petit être misérable à tous les points de vue nous criait au secours et sollicitait notre pitié : vous n'avez pas été émus par ce désespoir, votre cœur n'a pas entendu cet appel.

« Eh bien, mes amis, en vérité, celui qui apprendrait par cœur toutes les théologies de toutes les confessions, s'il n'a pas de charité dans son cœur, ses connaissances ne seront qu'un bagage sans valeur. Nul ne jouira de la rencontre divine, s'il n'a de la charité au cœur. Sans elle, les cinq prières canoniques sont des gestes purement matériels sans valeur religieuse ; sans elle le pèlerinage, au lieu d'être un voyage sacré, devient une villégiature sans profit.

« Si j'avais à symboliser la religion, je la comparerais à un disque en vannerie dont l'une des faces est *amour* et l'autre *charité.* »

Théodore Monod, Un mystique soudanais,
publié dans Le Monde non chrétien, *juin 1947*

ISLAM

Il n'y a pas *un* islam, il y a *des* islams très différents les uns des autres, mais très unis puisqu'ils ont le même texte scripturaire très précis qui ne compte pas de variante. Dans la Bible, il y a des variantes à toutes les pages des éditions critiques ; il n'y a pas d'éditions critiques du Coran.

À l'intérieur de l'islam, on peut distinguer : en premier, l'islam orthodoxe qui est celui qui adopte le texte, les formules dogmatiques sans se préoccuper d'autre chose. Cela se fait aussi, malheureusement, dans d'autres religions. Et comme l'islam orthodoxe est associé au gouvernement, dans les pays musulmans, le pouvoir contrôle, à la fois, le domaine religieux et le domaine politique.
Un deuxième islam est l'islam philosophique. Il a été beaucoup pratiqué autrefois par des philosophes qui ont énormément réfléchi. C'est une culture considérable, une littérature colossale et ces philosophes ont édifié leur système en cherchant, bien entendu, à le justifier par des textes du Coran.
Enfin, il y a l'islam mystique ; l'Islam des croyants dont l'objectif est de parvenir à l'union divine. Ce n'est pas rien de se proposer d'atteindre, pour un être humain, l'union avec la divinité. Alors, il ont conçu des méthodes. Ils sont allés très loin, il y en a qui sont allés trop loin, jusqu'à, pour l'un d'entre eux, affirmer : « Je suis la Vérité. » Évidemment cela ne pouvait pas laisser insensibles les surveillants de l'orthodoxie, mais cela reste une aventure extraordinaire.

« Le bon plaisir de... », France Culture,
24 décembre 1994

Sur la science et l'environnement

ÉCHEC DU BATHYSCAPHE

Voici donc l'exploration sous-marine terminée avant d'avoir commencé. Moi qui ai vu les choses et les gens de près, je suis peu indulgent pour les deux responsables de la ridicule équipée. On a certes le droit et même le devoir d'essayer un appareil imparfait, mais alors, on ne convoque pas l'Univers pour assister à des premiers balbutiements après avoir annoncé, à son de trompe, que l'on allait faire des prouesses. Le résultat est là : au lieu de dix à douze plongées, la plupart profondes, il y a eu une plongée habitée à 25 mètres de profondeur ! C'est tout. Claude Francis-Bœuf et moi avons été dérangés pour rien, par l'incroyable légèreté de ces gens et l'absurde orgueil d'inventeurs de laboratoire totalement ignorants des réalités marines : il y a loin de l'éprouvette à l'océan... Mais il eût fallu y songer plus tôt. Et surtout, *essayer* l'engin à Anvers, *avant* de s'embarquer pour un spectacle à grand fracas. Naturellement, je les plains un peu, surtout le père Picard, systématiquement écarté par Cosyns, mais qui a eu le tort immense de faire confiance à ce dernier et de croire prêtes et fonctionnant une foule de choses qui n'ont pas marché. Il a eu tort, aussi, de se livrer à un puéril cabotinage : mais là, on ne le changera pas.
Quant à Cosyns, c'est le démon devenu physicien ; nous l'appelons Belzébuth : « J'ai tout calculé, mes calculs sont justes, donc tout va bien... », à la fois timide et orgueilleux. Je me demande bien ce qu'ils vont raconter maintenant en Europe ! Il est possible que je sois amené à placer mon mot dans le débat, si la vérité était trop durement malmenée.
Cet échec est lamentable, criminel. Le seul résultat positif c'est que l'on n'a tué personne. On a pourtant essayé, et de plusieurs façons. C'est miracle qu'aucun accident grave ne soit arrivé et, en particulier, que le *Scaldis* [1] n'ait

1. Bateau à partir duquel le flotteur du bathyscaphe était rempli ou vidé de son essence.

pas sauté au cours de cette nuit dramatique où le merveilleux bathyscaphe a recraché en l'air 32 000 litres d'essence...

L'avenir ? Je ne pense pas que le gouvernement belge remette beaucoup d'argent dans l'affaire. Un seul espoir : la marine française et son groupe de recherches sous-marines ; ceux-là sont capables ou de transformer l'engin existant, ou d'en faire un autre. Et je ne désespère pas complètement.

Dakar, 14 novembre 1948

RAPPORT HOMME-NATURE

L'ampleur véritable des problèmes en cause n'est pas toujours très clairement perçue.

Il s'agit en effet de bien davantage que de questions simplement techniques, de recettes pratiques, de perspectives d'efficacité et de profit.

Cet aspect de nos préoccupations est assez évident, et assez connu pour qu'il soit inutile de trop insister. Bien sûr, il *faut* nourrir les êtres humains, la faim demeure une intolérable maladie, la misère un insupportable scandale, la santé physique des peuples doit être protégée.

On le sait assez, l'homme vit d'abord de pain ou de sorgho, de maïs ou de riz mais il y a bientôt deux mille ans, quelqu'un est venu nous enseigner que « l'homme ne vivra pas que de pain SEULEMENT... ». Ce qui veut dire que l'homme véritable ne sera jamais uniquement un tube digestif ou un numéro, ou un matricule, et que la réussite d'une société humaine ne se verra jamais jugée, comme celle des termites ou des fourmis, au nombre de ses individus ou au volume de ses maçonneries. Si proche soit-il encore, à tant d'égards, des autres primates, l'homme sait désormais qu'il ne saurait y avoir pour lui de sécurité, de liberté ou de bonheur tant qu'au progrès des mécaniques ne viendra pas s'ajouter celui des esprits et des âmes.

Nos recherches scientifiques, nos mesures administratives, nos législations, nos plans, nos efforts d'organisation nationale ou de collaboration internationale, toutes les formes de ce patient labeur auquel beaucoup d'entre nous ont consacré leur existence, ne sont évidemment que des « points », mais ces points, juxtaposés, jalonneront une courbe, la courbe d'une évolution, de l'évolution des rapports entre l'homme et la nature en Afrique.

Exposé d'ouverture de la conférence d'Arusha, 5 septembre 1961

Homme et Nature

Chaque année pour Pâques, le directeur du jardin zoologique de Francfort adresse à ses correspondants une carte de vœux toujours instructive ou pittoresque ; pour 1962 l'image éveillait des résonances singulièrement lointaines : des animaux, en foule, font cercle ; ils semblent épouvantés et consternés à la fois. Quel hideux spectacle peut, chez le lion comme chez la girafe, le rhinocéros comme le singe, provoquer semblable unanimité dans l'effroi ? La scène qui se joue au centre du cercle l'explique assez : deux affreuses brutes en uniforme, trapues, râblées, casquées, sont en train de s'entre-massacrer, l'une d'elles a déjà transpercé de part en part un adversaire qui, d'un coup de crosse lancée à

pleine volée, lui écrase le mufle... Édifiant spectacle, à coup sûr, et bien digne d'appuyer d'aussi indiscutables notions que celles de « roi » de la création ou d'un *Homo* soit-disant *sapiens*. Elles eussent pu, après tout, rire un coup, ces bêtes, ou ironiser, et c'eût bien été un peu leur tour, à la vue de leurs bourreaux aux prises dans un combat féroce ; non, elles ne rient pas, elles sont affligées et elles ont peur : tant de sauvagerie, tant de cruauté chez ce *frère aîné* que leur commun labeur avait pourtant – un peu imprudemment, semble-t-il – porté à la pointe du monde vivant... Et elles se disent : « À voir ce qu'ils sont capables de faire, ces monstres, valait-il *vraiment* la peine de pousser l'évolution jusqu'à l'homme ? Ne serait-il pas grand temps de songer à relayer les primates ? »

Si la pensée chrétienne doit acquérir un jour – comme l'y incitent Teilhard de Chardin et ses devanciers – le sens du cosmique, celui de l'unité des choses et des êtres, force lui sera de découvrir l'un des problèmes les plus scandaleusement négligés jusqu'ici par la théologie, celui de l'attitude de l'homme à l'égard de la nature, celui du comportement éthique de l'homme envers l'animal.

Aussi ne saurait-on s'étonner de voir l'homme encore incapable d'envisager de façon systématique, de penser sérieusement ses rapports avec une nature qui demeure, avant tout, une source de profit : le monde vivant n'est qu'une chose offerte en sacrifice aux appétits humains, le support d'une économie de proie insensible aux conséquences mêmes de ses propres excès, parce qu'incapable de mesurer les répercussions souvent lointaines de ceux-ci.

Le bilan d'une exploitation aussi insensée, de ce que l'on a pu appeler la mise au pillage de la planète, a été maintes fois dressé, surtout depuis qu'un certain courant d'opinion se forme en faveur de la nature et de la conservation de ses ressources : extermination d'espèces animales, péjorations irréversibles, à l'échelle humaine, des sols et des paysages, déboisements inconsidérés, encouragement à l'érosion, pollution des eaux douces et déjà, parfois, des mers, interventions inconsidérées dans les équilibres biologiques naturels au risque de provoquer les plus graves et souvent les plus imprévisibles perturbations, destruction ou enlaidissement des sites, etc., les exemples ne se comptent pas de nos méfaits : cette nature, qui est en fait un capital précieux, légué par le passé et dont nous demeurons comptables vis-à-vis de l'avenir, a été regardée jusqu'ici, de façon générale, comme une proie à saccager, tout étant permis qui peut rapporter.

Afrique nouvelle, *n° 810, 15 février 1963*

Homme et Nature

La catastrophe provoquée par le naufrage du *Torrey-Canyon* aura-t-elle au moins alerté efficacement l'opinion, aura-t-elle assez profondément ému les esprits et les consciences pour qu'un terme définitif soit mis enfin à la pollution des mers, devenues un dépotoir international, comme nos rivières sont trop souvent, aujourd'hui, des égouts ? On voudrait parvenir à le croire, et que ces pitoyables, ces bouleversantes images d'innocents oiseaux, englués de mazout et promis à une mort cruelle par la sottise et la folie des hommes, ne seront pas oubliées...

Hélas ! Qu'en sera-t-il ? Verra-t-on nos compatriotes, le danger passé, s'empresser de n'y plus penser pour retourner – avec quel soulagement – aux choses « sérieuses », le tiercé, la loterie nationale, l'ubiquiste apothéose de la violence et de l'érotisme, le multiforme et le quotidien abrutissement du « concitoyen » ? Ou assistera-t-on à quelque courageuse révolte, à quelque sursaut d'indignation, une protestation assez décidée et assez ample pour toucher nos apprentis sorciers dont le technocratique orgueil n'a guère fait sa place jusqu'ici à la pitié, à la sympathie, au respect de la vie, de toute vie ?

En tous les cas, il serait grand temps que l'homme s'interroge sur ses devoirs vis-à-vis de cette nature qu'il a jusqu'à présent si allégrement dévastée et saccagée, sans trop de scrupules. Il y va, bien sûr, de son intérêt, puisque c'est de cette nature qu'il tire sa nourriture et ce seul point de vue devrait désormais l'inciter à quelque prudence : déboiser abusivement, laisser l'érosion détruire les sols, empoisonner les eaux, détruire sans pitié la vie animale par l'arme à feu, l'abus des pesticides ou simplement la

suppression de ses habitats favoris (forêts, haies, zones humides, etc.) ne peut mener à rien de bon.
Mais il y a bien autre chose, et qui dépasse le point de vue simplement utilitaire auquel se bornent la plupart d'entre nous ; il y a les exigences de l'éthique, la nécessité de rendre à l'homme le sens de la communion avec l'Univers, l'espoir – après une trop longue phase de divorce et d'agression – d'une future réconciliation avec la nature, désormais exploitée avec intelligence et mesure, respectée comme un dépôt sacré dont nous ne sommes que les usufruitiers temporaires et que nous devons transmettre intact à nos successeurs.
Espérer cela, est-ce trop attendre de notre espèce, encore seulement à demi sortie de la barbarie ancestrale et qui, ivre de sa puissance (matérielle !), s'apprête à aller envahir et peut-être contaminer le cosmos au lieu de rendre la planète Terre habitable, heureuse et pacifique ? On peut, en tout cas, à voir la frénésie insensée des constructeurs de bombes atomiques, tout craindre, hélas !...

Le Libérateur, *mai 1967*

SAUVEGARDE DE LA NATURE

On ne saurait trop se réjouir de voir un important quotidien tel que *La Croix* entreprendre une campagne pour la sauvegarde de la nature et de la vie.
Il est en effet plus que jamais nécessaire d'ouvrir les yeux de nos concitoyens sur l'ampleur, sur la gravité des problèmes en cause et sur l'extrême urgence qui s'attache à leur découvrir des solutions acceptables.
On assiste depuis un certain temps – c'est un phénomène assez nouveau pour qu'il soit très apparent et très significatif – au développement considérable d'un mouvement d'ensemble en faveur de la nature, des équilibres biologiques, des animaux « sauvages » (on devrait dire « libres »), du respect dû à la vie, à l'arbre, à l'oiseau, etc., et dénonçant corrélativement toutes les agressions, tous les mésusages, toutes les stupidités et toutes les violences dont un homme pourtant soi-disant *sapiens* se rend chaque jour coupable à l'endroit de son

« environnement », comme on dit, en utilisant le mot anglais sans doute parce que le synonyme français, qui est « milieu », tend à se spécialiser dans un sens moins honorable.
On dénoncera donc enfin – et c'est très bien car on ne le fera jamais trop – ce triste cortège d'erreurs et de crimes qui, jusqu'ici du moins, a accompagné l'activité humaine : façons culturales aberrantes, déboisements inconsidérés, usages abusifs des pesticides, pollutions de toutes sortes : des sols, des eaux ou de l'air (parmi lesquelles on oublie volontiers les méfaits d'un tabagisme évidemment pernicieux, mais, pour l'État, lucratif), destruction de plus en plus difficile des rebuts d'une civilisation du déchet, massacres scandaleux d'animaux, dont nombre d'espèces sont aujourd'hui menacées d'extermination, après toutes celles que notre cruelle sottise a déjà exterminées, etc.
On doit se féliciter de voir ainsi la protection de la nature se populariser par la presse, écrite ou parlée. Après les ignorances et les silences d'hier, c'est un progrès manifeste. Mais est-ce bien suffisant ?
Par exemple les Français vont-ils réellement tolérer – et pour comble d'inconscience (ou de cynisme ?), au cours même de l'Année européenne de conservation de la nature – que leur premier parc national, celui de la Vanoise, se voie dépecé, amputé de deux mille cinq cents hectares pour satisfaire les intérêts d'un promoteur, appuyé par des politiciens locaux ? Vont-ils, sans exprimer à M. Qui-de-droit leur indignation, accepter qu'en mai 1970 le seul département de la Gironde « tolère » – d'ailleurs au mépris de la loi – l'affreux massacre de tourterelles de 1969 (un million et demi peut-être...) ? Donc, si l'on veut être sérieux, il faut non seulement parler ou écrire, mais agir, et même au risque d'ailleurs fréquent de déplaire aux puissants du jour.
Par ailleurs, on doit peut-être redouter que le grand mouvement qui s'amorce en faveur de la sauvegarde de la nature ne s'arrête à mi-chemin. Je m'explique : tant qu'on reste dans le domaine des pollutions, des nuisances, etc., on ne sort pas, en fait, de l'anthropocentrisme le plus authentique, puisque c'est en fonction des seuls inconvénients subis par l'homme que ceci ou cela se voit

condamné. Bien sûr, même à ce stade, le remède préconisé peut déboucher sur une certaine protection de la nature elle-même : pour assurer à l'homme l'air pur que sa santé exige, on ira préconiser, par exemple, la sauvegarde de telle forêt, résultat souhaitable, excellent, mais qui tout de même intervient sans que la forêt ait été tenue pour autre chose que comme un moyen au service du prétendu « roi de la création ».

Est-ce suffisant ? Et ici il faut – et ce n'est pas dans *ce* journal que j'hésiterai à le faire – résolument élever le débat. Pour moi, ce n'est pas, ce ne sera jamais, ou du moins jamais seulement parce que l'homme en tirera bénéfice, qu'il faut protéger la nature, c'est aussi parce qu'elle a le *droit* de l'être. Autrement dit, la protection de la nature n'échappera aux vicissitudes et à la précarité d'une motivation simplement économique ou technique, aux pièges du « rentable », à la pauvre justification de l'efficacité matérielle, qu'en débouchant sur un plan supérieur.

Alors seulement, de recette pratique, prenant sa dimension véritable, elle deviendra un devoir moral et, mieux encore, le merveilleux symbole d'une éthique de la sympathie et de la réconciliation, le corollaire obligatoire et contraignant de l'unité des choses et des êtres.

La Croix, *30 janvier 1970*

CHASSE À COURRE

Devant l'agonie d'un animal torturé par des sauvages, la question n'est plus du tout de savoir si cette pratique est compatible avec la « protection de la nature », mais plus simplement, si elle l'est avec la « morale ». On peut sans doute refuser les exigences d'une éthique du respect de la vie et de la sympathie, mais il serait, avouons-le, un tantinet paradoxal de voir pareille attitude acceptée par une société de protection d'une nature dont les animaux font, tout de même, partie.

Or, à la question posée de la sorte : « La chasse à courre est-elle moralement justifiable ? », qui, ici du moins, oserait répondre par l'affirmative ?

Je connais bien les arguments des

veneurs-protecteurs-amis des bêtes ; il y a, localement, trop de cerfs et il faut en supprimer, dans l'intérêt de l'espèce, donc laisser nos courageux et écarlates bouchers servir à leur manière l'intérêt de « l'environnement ». Mais qui ne voit, et du premier coup, l'énormité du sophisme ? On doit admettre qu'il puisse devenir nécessaire, dans les habitats « humanisés » que nous avons fabriqués, de diminuer le nombre des cerfs. Mais il y a la manière : quand dans un parc africain on se voit contraint d'abattre un buffle, ou un éléphant, va-t-on se livrer à une joyeuse kermesse et inviter les V.I.P. du coin à assister ou à participer, en musique, au sacrifice ? L'animal à éliminer est foudroyé, à distance, sans douleur, par un tireur qualifié, et si possible au fusil à lunette. Que n'en fait-on autant pour nos cerfs ? Mais au fond on est bien heureux, je le crains, de trouver un prétexte honorable à la perpétuation, en plein XXe siècle, de ces rites de sang et de violences que nos descendants rougiront de nous avoir vus pratiquer si longtemps. Laissez à d'autres le triste rôle d'apologistes de la chasse à courre : ils s'en chargeront volontiers. Mais au moins que notre revue évite à l'avenir d'apporter de l'eau – et, hélas ! du sang – à leur sinistre moulin. C'est mon vœu le plus réfléchi et le plus ardent, partagé, j'en suis convaincu, par nombre de nos amis et, en particulier, par les jeunes, révoltés par la cruauté envers l'animal.

Le Parisien, *12 octobre 1971*

Code des Vacanciers

Par millions, les citadins encombrent les routes, envahissent les bois, s'étalent sur les plages et, même là où les grouillements d'un comportement étrangement grégaire ne sont pas trop apparents, s'infiltrent partout à travers les campagnes. On doit s'en féliciter, dans la mesure où l'homme des villes peut de la sorte, au contact d'une nature moins saccagée, moins étouffée, moins « bétonisée » qu'ailleurs, avec moins de logements-termitières, de vacarmes, de fumées et de pestilences, retrouver un moment une incomparable source de santé, physique et morale.

Mais cet *Homo urbanus,* abandonnant pour quelques semaines ses rues empestées, ses usines, ses bureaux, ses tours et ses cabarets, changeant ainsi totalement de milieu ou, comme on dit, d'« environnement », comment va-t-il se comporter ? Coquelicot, chèvrefeuille, muscari, cétoine dorée, libellule, salamandre, crapaud, écureuil, mésange ou bouvreuil, crabe ou étoile de mer ne voient pas, sans inquiétude, voire sans terreur, l'invasion déferler sur leur territoire : l'occupation sera-t-elle pacifique ? C'est que les vacances du primate sont trop souvent pour les bêtes l'époque des périls, des pillages et des meurtres. Et c'est encore une chance que, pour les oiseaux, la saison des nids soit à peu près terminée...
Au fond, ce qu'il faudrait au vacancier, c'est une sorte de décalogue de la nature, une manière de code écologique : ce qu'il faut faire, ce qu'il ne faut pas faire.
Il y a, bien sûr, déjà, des êtres ouverts au sentiment de la solidarité de toutes les espèces vivantes, convaincus que tout se tient dans l'Univers et que, comme disait le poète anglais, « cueillir une fleur c'est déranger une étoile », décidés à tenir la pitié et le respect de toute vie, si humble soit-elle, pour le devoir moral le plus noble et le plus haut. Oui, des individus isolés ont atteint déjà ce stade supérieur, mais la plupart d'entre nous, tout pleins encore de l'orgueil insensé d'un soi-disant « roi de la création », ne savent pas encore se comporter sagement et fraternellement vis-à-vis de la nature, de la fleur, de l'arbre, de l'animal.

Ouest-France, *22 juillet 1972*

CHASSES...

Le n° 62, mai-juin 1973, de la revue *Frères d'armes,* organe de liaison des forces armées françaises, africaines et malgaches, renferme, sous la plume d'un chef de bataillon, un article singulier, dont le titre, déjà, a de quoi surprendre : « La chasse, école de guerre de la nature. » La thèse en est simple : il faut encourager les militaires à la chasse (aux animaux), car c'est le meilleur moyen d'apprendre la vraie chasse (aux hommes)... C'est écrit noir sur blanc, en formules péremptoires : « La chasse paraît d'emblée devoir constituer un moyen privilégié de formation militaire », il faudrait « remettre en l'honneur la chasse en vue de développer la formation des militaires et surtout des fantassins tant sur le plan physique, intellectuel et moral que sur le plan tactique (...) ». On aura apprécié le : « et moral », mais il y a plus fort encore, et que voici : « par les efforts physiques et spirituels qu'elle suscite (...) la chasse a un effet bénéfique sur la formation morale des combattants ». À en croire notre stratège, le massacreur de gazelles ou d'antilopes ferait, nous dit-on sans rire, des efforts... « spirituels » ! Le guerrier aussi sans doute, par conséquent ?

Bien sûr, à certains égards, cet assez sinistre aveu qu'à bien apprendre à tuer de pauvres bêtes on n'en saura que mieux tirer sur des hommes est, à sa manière, honnête : après tout, voici enfin un militaire qui ne mâche pas ses mots et reconnaît la finalité dernière de son métier : tuer. Ce que certains souhaiteraient sans doute faire oublier en ces temps où l'offensive des képis nous présente chaque jour de l'année un tableau aussi idyllique et aussi pacifique.

Mais ce qui me semble, sur un autre plan, non moins scandaleux, c'est de recommander aux militaires de s'appliquer à la chasse *en Afrique* : quand on connaît leurs méfaits et leurs abus dans ce domaine, il serait plus utile de leur déconseiller un amusement sanguinaire non seulement nuisible à la grande faune, mais très souvent délictueux, car le militaire chasse, bien entendu, avec des armes de guerre à canon rayé (ce qui est illégal), sans permis de chasse (au moins en régions désertiques) et sans économiser les munitions puisque les cartouches sont pour lui gratuites : on voit même, parfois, chasser en voiture, à la mitraillette, à la lampe, etc. Pétroliers et mineurs participent eux aussi, trop souvent, aux massacres : si les guerriers français, espagnols et mauritaniens ont activement contribué à dépeupler le Sahara occidental de sa grande faune, on ne tue pas moins allégrement autour des mines d'uranium d'Arlit, au Niger, tandis qu'aux environs de la base de Kourou, en Guyane, les cadavres des admirables ibis rouges jonchent sur place, le dimanche, les marais à palétuviers.

On voudrait bien voir enfin désapprendre, partout, les deux types de chasse que le commandant nous décrit comme si étroitement et heureusement liées : celle à la gazelle et celle à l'homme.

Cité nouvelle, *n° 554, juin 1973*

Homme et Nature

La planète est un système clos dans lequel chaque chose dépend de toutes les autres. Dans un récipient plein, on ne déplace pas une molécule sans que toutes les autres ne s'en trouvent déplacées. Il en est de même dans le monde. La présence de l'homme sur cette planète et son insoutenable tendance à disposer de toutes choses à son seul profit doivent nous inciter à mesurer la gravité des méfaits dont il se rend coupable et dont les répercussions lointaines échappent encore.

L'homme tue pour tuer. Ne parlons pas de la chasse qui est indéfendable dans les conditions où elle se pratique, ni de la destruction des migrateurs qui est un crime inqualifiable.

Le grand danger actuel est moins dans les actes de chasse ou de pêche en eux-mêmes que dans la transformation profonde du biotope, des conditions de vie sur le globe.

Quant aux êtres vivants, il me semble légitime de les tuer seulement dans trois cas bien précis :

– pour se nourrir ;
– pour les étudier ;
– pour se défendre.

Et dans les trois cas, en leur assurant une mort sans souffrance.

Si le massacre était limité à ces trois cas impératifs, le monde vivant ne serait pas en danger, même avec un très grand nombre d'individus sur la planète. Mais le drame commence avec le gâchis, la surconsommation. Il y a là un crime contre le respect de la vie, que nous allons, tôt ou tard, payer très cher. Parvenir à une vie naturelle est on ne peut plus souhaitable. Mais cela ne veut pas dire qu'il faille tourner le dos au progrès – du moins si l'on veut bien s'entendre sur le sens du mot progrès...

Je pense que, présentement, nous tournons le dos au

progrès dans ce monde qui s'intoxique de ses déchets, où nous sommes saturés de bruits et condamnés à une vaine hâte et une angoisse croissante.

Je n'appelle pas « progrès » la victoire technique inutile dont on ignore les conséquences proches ou lointaines. Je ne considère pas comme apparentée

au progrès une invention qu'on industrialise, non parce qu'on en avait besoin, mais parce que, techniquement, on pouvait la réaliser – même si elle est ruineuse et même si elle lance les foules sur la voie de nouvelles dépenses inutiles.

L'humanité n'attendait pas, avec impatience, le moment où l'on pourrait gagner quelques heures sur le trajet Paris-New York. Mais, comme on pouvait techniquement réaliser le Concorde, on s'est mis à le construire.

Oui, je suis pour le progrès, mais pour moi, il n'y a pas de progrès où il y a délire technique et sacrifice des valeurs essentielles de la vie.

La sauvegarde de la nature me paraît centrale parmi ces valeurs et dans son désordre actuel, la civilisation technique en fait bon marché.

Propos recueillis par D. Frétigny, Pollustop, *octobre 1973*

ÉNERGIE

Voici qu'on découvre tout à coup que notre globe est une entité close, qui a ses limites, et qui ne saurait rien contenir en quantités infinies, pas même l'eau ni l'oxygène. Faut-il alors, comme au bon vieux temps du chacun pour soi et des « politiques de canonnière », miser sur le droit du plus fort (du plus fort... matériellement) ou accepter un éclairage nouveau des problèmes, où les nationalismes cocardiers et égoïstes céderaient enfin la place à plus de solidarité, plus de justice, plus de générosité ?

Que l'alternative soit formulée, c'est déjà quelque chose, c'est déjà beaucoup. Car il se trouvera chaque jour un nombre accru d'esprits lucides, libérés d'un certain traditionalisme étroit, pour dénoncer le scandale que constitue le monstrueux gaspillage de l'énergie dans les

pays ultra-industrialisés. Car au lieu de prendre prétexte d'une diminution temporaire des importations de pétrole pour nous lancer, tête baissée, à l'aveuglette, dans un programme aventuré et dangereux de centrales nucléaires, n'eût-il pas été plus raisonnable de cesser de nous inciter à consommer toujours plus d'électricité, de renoncer à nous faire croire qu'il faut un moteur électrique pour actionner un couteau à pain, voire une brosse à dents ? Après avoir laissé la voiture individuelle devenir le symbole quasi religieux du « bonheur », aura-t-on le courage de provoquer les mutations souhaitables, d'encourager les technologies « douces », les sources d'énergie non polluantes (il n'en manque pas, mais que fait-on en leur faveur ?), l'alimentation saine et, bien entendu, de lutter ouvertement, dût le Trésor y perdre ses sous, contre les drogues qui rapportent ?
Bien sûr, il ne sera pas question de tout cela à Caracas, ni aux conférences suivantes, où de courtoises discussions entre diplomates, administrateurs et techniciens verront s'affronter, sous les subtilités du vocabulaire, les intérêts matériels les plus solides. On nommera des commissions, des sous-commissions, qui noirciront beaucoup de papier, on préparera peut-être des accords internationaux qui seront, peut-être, signés très solennellement, dans quelque salon doré de ministère, et peut-être même, au bout de quelques années, ratifiés...

Ouest-France, *3 juillet 1974*

SCIENCE

Chacun s'interroge aujourd'hui sur le rôle d'une science encore tenue, il n'y a pas si longtemps, pour nécessairement et axiomatiquement bénéfique : on sait désormais que si le savoir humain peut soulager la souffrance, il n'a jamais hésité, d'autre part, à fournir aux puissants du jour tous les moyens, et jusqu'aux plus cruels, d'exercer leur volonté de domination.
Autrement dit, on avait fini par tenir les mots de « progrès » et d'« activité » pour synonymes, singulière aberration intellectuelle, bien entendu. Le sacro-saint produit national brut, devenu la seule mesure de la santé

d'un pays, est-il en fait autre chose qu'une simple somme arithmétique, additionnant pêle-mêle, sans défalcation des nuisances, le positif et le négatif et mettant dans le même sac ce qui fait vivre et ce qui fait mourir : l'hôpital, l'école et la bombe ? N'y regardons pas de trop près, nous dit-on : l'expansion, la croissance, le P.N.B. sont en hausse ? Bravo, tout va bien... La morale ? Elle est bonne peut-être pour des individus, mais restera ignorée des groupes, à tous les niveaux, jusqu'à l'État inclusivement.
Mais si l'on sait, maintenant, que la science a trop souvent trahi les espoirs des hommes et que trop de chercheurs ont mis sans scrupules leur cerveau au service de bien des faux dieux, il n'est pas douteux qu'un appel, non plus à leurs connaissances, mais à leur conscience, prend aujourd'hui à la fois une urgence et une solennité singulières.
L'homme approche, en effet, de l'heure des choix décisifs. La science a fait de lui un surhomme, un démiurge, qui peut désormais *tout* faire, ou presque, et dont les moyens de destruction sont devenus incommensurables.
Intoxiqué par l'ivresse du succès (matériel !) et du progrès (mécanique !), il fonce à l'aveuglette vers l'avenir, convaincu qu'il aura tôt ou tard réponse à tout, même à l'effrayant problème des déchets radioactifs.
Mythe prométhéen et péché d'orgueil vont-ils faire de lui vraiment le « roi de la création » qu'il présume être ? Ou finira-t-il par découvrir que le véritable bonheur des hommes se situe dans une autre dimension et se trouve ailleurs que dans le sous-marin atomique ou l'avion supersonique ?
Et que la conscience pourrait bien avoir, elle aussi, voix au chapitre ?
J'ai visité récemment un laboratoire universitaire d'écologie installé – heureux et symbolique héritage – dans un ancien couvent de franciscains récollets :
« Cette pièce, me disait le directeur qui me faisait visiter ses locaux, est notre salle de silence. »
Allons, tout n'est donc pas perdu : un laboratoire où le silence et la méditation trouvent leur place, c'est peut-être le seul de cette sorte en Europe, mais c'est en tout cas de

quoi nous rendre ce qui nous manque le plus cruellement aujourd'hui : l'espérance.

Ouest-France, *9 octobre 1974*

ÉCOLOGIE

Il y a des mots à la mode qui font recette et dont il faut, par conséquent, se méfier. Cette pauvre « écologie », à quelle sauce on nous oblige à l'avaler tous les jours ! Au vrai sens du mot, au seul vrai sens du mot, il s'agit d'une discipline scientifique bien définie, étudiant les relations des êtres vivants entre eux et avec leur milieu, tant physique que biologique.

Mais le mot fera fortune ailleurs, et jusque dans les propos, plus ou moins sincères, de certains politiciens ; on le retrouvera même, avec ceux de « souci de l'environnement », « défense de la nature » et « qualité de la vie » chez de grands pollueurs soucieux de se « dédouaner » de leur mieux aux yeux d'une opinion de plus en plus avertie et exigeante : à les entendre, leur appétit de profit, leur âpre poursuite du gain serait bien peu de chose à côté de leur immense amour de la nature... Il y aura même ceux pour qui l'antipollution sera devenue une excellente affaire.

Ouest-France, *10 décembre 1976*

SUCCESSEURS DES MAMMIFÈRES

THÉODORE MONOD : – Au fond, est-ce que l'homme, la race humaine, est certain de conserver, on ne peut pas dire éternellement, on ne peut pas employer ce mot-là, mais de conserver très longtemps la suprématie que, manifestement, il a acquise ?

Vous savez, les dinosauriens, à l'époque secondaire, s'étaient crus aussi les rois de la création, à très juste titre d'ailleurs, et puis, passez-moi l'expression un peu triviale, ils ont dérouillé jusqu'au dernier – encore que l'on ne sache pas très bien pour quelles raisons et sous quelles influences.

Mais alors, imaginons que les primates disparaissent, ou même les mammifères ; cela ne signifierait pas,

nécessairement, que l'évolution biologique ne trouve pas de relais.
Quand la flèche d'un arbre est cassée, il y a une branche latérale qui reprend la direction de la flèche détruite.
On peut alors se demander, dans la nature actuelle, quel serait le groupe zoologique qui serait capable de relayer les mammifères. On peut penser à bien des groupes et l'on pense, d'abord, aux insectes en général.
Les insectes ? C'est très bien réussi... Ce sont de merveilleuses petites mécaniques, parfaitement ajustées, mais qui sont prisonnières du fait qu'elles ont mis leur squelette à l'extérieur de leur musculature, ce qui implique des limitations de taille extrêmement marquées et sévères. Les insectes sont aussi prisonniers d'un comportement, ne disons pas totalement, mais très largement instinctif, pour autant que nous pouvons le constater.
JACQUES CHANCEL : – Pas les poissons ?
TH. M. : – Ah ! les poissons, je ne crois pas. Ils sont aussi très bien adaptés, mais ils sont aquatiques, ce qui n'est pas forcément un obstacle. Dans l'évolution biologique, il y a eu des poissons d'abord avant qu'il n'y ait eu des amphibiens et des reptiles. Les poissons sont déjà sortis de l'eau une fois et pourraient bien sortir encore, mais ça prendrait du temps.
Alors j'ai pensé à un groupe qui m'intéresse beaucoup et qui est très remarquable à certains égards : ce sont les céphalopodes, c'est-à-dire les poulpes, les pieuvres, les calmars et *tutti quanti*. Ce sont des gens très perfectionnés au point de vue anatomique.
J. C. : – Vous avez dit des gens ?
TH. M. : – Oui, des êtres vivants – je suis plein de sympathie pour les êtres vivants quels qu'ils soient –, des gens, oui des gens déjà très
perfectionnés. Ils ont presque un crâne, ils ont du cartilage sur la tête, des organes des sens, des yeux aussi perfectionnés que les vôtres ou les miens,
et les physiologistes prétendent qu'ils ont deux mémoires, suivant la nature des stimuli qui interviennent.
Ils ont un psychisme très développé, qu'on a, en particulier étudié chez la pieuvre.
Mais ils sont aquatiques, ils respirent avec des branchies

l'oxygène dissout dans l'eau et par conséquent, tant qu'ils ne seront pas en mesure de débarquer sur nos plages, ils ne seront pas encore nos successeurs directs.

« Radioscopie », France Inter, 5 juillet 1977

PASSE-TEMPS

Je ne me serai pas ennuyé sur terre, et quand on voit la quantité de nos compatriotes qui s'ennuient, on est triste et stupéfait.

Un naturaliste ne s'ennuie jamais et nulle part. Partout, même dans les rues de Paris, il peut s'intéresser à quelque chose.

Avec un collègue du Muséum, nous faisons l'inventaire de la flore et de la faune de l'île Saint-Louis. Il y a déjà quatre à cinq ans que nous y travaillons et ce n'est pas fini. Il y a des choses très remarquables, par exemple, j'ai trouvé des éponges sous le pont Marie, quantité d'éponges, et sous le pont Sully, j'ai trouvé une méduse ; bien sûr, elle n'est pas bien grosse, environ six dixièmes de millimètre, mais elle a été trouvée quand même.

« Radioscopie », France Inter, 5 juillet 1977

PROGRÈS

THÉODORE MONOD : – L'homme est devenu un démiurge, il peut faire n'importe quoi et, au besoin, faire sauter la planète, mais son sens moral n'a pas grandi dans la même mesure que son potentiel de puissance matérielle.

Quand on me dit le progrès...

JACQUES CHANCEL : – Vous êtes contre le progrès ?

TH. M. : – Non, je demande d'abord : lequel ? celui des mécaniques ou celui du comportement éthique ? Ce n'est pas forcément le même. Il semble, en effet, que depuis bien longtemps il n'y ait pas eu de progrès moral, alors qu'au contraire, le progrès des objets et des quincailleries s'est prodigieusement développé.

Non, non, je ne suis pas contre le progrès, il s'agit simplement de savoir au service de quoi on le met.

« Radioscopie », France Inter, 5 juillet 1977

Chasse aux Canards

La chasse aux oiseaux d'eau en France est tolérée à partir de juillet, ce qui est une hérésie au point de vue écologique, car cette chasse est ouverte à un moment où les canards colverts ne sont pas encore tous envolés ; il y a encore des poussins en train de grandir, des jeunes qui ne volent pas encore.
C'est tout à fait misérable qu'on puisse tirer sur des couvées de canards.

« Les Chemins de la connaissance »,
France Culture, 1982

Embryons Humains

Depuis un certain temps, on parle d'une proposition anglaise – qui semble soulever quelques oppositions en Angleterre – qui concerne le stockage d'embryons humains, c'est-à-dire des œufs humains fécondés.
Du point de vue biologique et technique, c'est très remarquable, mais je crois que ça peut poser des problèmes. Si on imagine qu'on puisse réellement stocker des embryons d'hommes, pourquoi ne pourrait-on pas, un jour, les commercialiser et par conséquent les vendre ?
Imaginer choses pareilles, cela soulève des réflexions singulières. Ces choses commencent tout doucement sans que l'on sache où cela va mener. Il n'est pas mauvais de réfléchir à l'avance, avant que des problèmes graves ne viennent à se poser.

« Les Chemins de la connaissance »,
France Culture, 1982

Savants et Technique

Les savants, bien sûr, c'est un problème terrible. Savoir dans quelle mesure le savant doit collaborer ou non à un

certain nombre de choses qui sont dangereuses pour l'humanité et pour l'avenir de l'homme d'une façon générale. Ils ne voient pas les effets directs de leurs découvertes, car tout est très fragmenté, très compartimenté. Le physicien qui travaille dans un domaine précis, limité, ne voit pas, au cours de sa recherche, les incidences éventuellement catastrophiques, inhumaines et démoniaques que pourront avoir ses propres découvertes additionnées à d'autres.
Personne, à l'échelle individuelle, n'a inventé, tout seul, de grandes choses.

« Les Chemins de la connaissance »,
France Culture, 1982

OISEAUX MIGRATEURS

Le massacre des oiseaux migrateurs qui viennent d'Afrique pour se reproduire est scandaleux, moralement et biologiquement. Certains chasseurs tuent des oiseaux d'eau quand il y a encore des poussins dans les nids.
On dit volontiers : « La chasse, c'est naturel ! » J'ajoute : « La connerie aussi. »

Propos recueillis par Éric Mension-Rigau, Réforrne,
24 décembre 1988

CHASSE, CHASSEURS ET POLITIQUE

Mon engagement contre les abus et la cruauté de la chasse fait partie d'une attitude générale liée à des convictions morales et spirituelles qui m'ont amené à m'interroger sur les relations entre l'homme, l'espèce humaine et les autres créatures.
Au fond, l'idée, c'est que la morale doit se développer vers le respect de la vie. C'est une idée qui induit naturellement la non-violence, non seulement vis-à-vis de l'homme, mais aussi vis-à-vis des animaux.
En Europe, la chasse est devenue totalement anachronique, puisqu'on ne chasse plus depuis longtemps pour se nourrir ou se défendre, ce qui n'est pas le cas pour toutes les ethnies à travers le monde.
En Europe, la chasse ne se pratique plus que par *plaisir,* et

nous, au Rassemblement des opposants à la chasse (R.O.C.), déclarons que l'on n'a pas le droit de tuer pour s'amuser. Le lobby des chasseurs est une puissance considérable et surtout une puissance électorale, ce qui explique que tous les partis facilitent la tâche des chasseurs. L'influence de ceux-ci s'exerce de façon efficace et permanente sur les décisions du ministère de l'Environnement : ils ont obtenu la légalisation des chasses traditionnelles, alors qu'elles sont souvent abominables. L'argument du ministère, c'est que ce sont des pratiques anciennes et de nature culturelle. Alors, si une chose est louable parce qu'elle est ancienne, pourquoi pas l'esclavage ou la torture ?
Cela n'est pas un argument valable, c'est un sophisme.

Déclaration faite au Populaire du Centre, *février 1990*

Chasse à Courre

La France risque bientôt d'être le dernier pays européen à pratiquer la chasse à courre.
En Allemagne, elle est supprimée depuis très longtemps, on m'a donné la date de 1934 ; mais cela n'empêche pas les amateurs de monter sur des chevaux, de courir derrière des chiens, de se déguiser en diables rouges, de sonner du cor dans la forêt, ce qui n'est peut-être pas le meilleur moyen de voir des animaux. Mais il n'y a pas de victime. On a traîné le matin, sur la piste, un produit qui est un dérivé de déchets organiques : les chiens en sont enchantés, les chevaux courent derrière les chiens, il n'y a pas de cerf, pas de victime. Voilà un exemple magnifique de méthode substitutive. Qu'est-ce qu'on attend pour substituer à la cruelle chasse à courre un procédé de remplacement parfaitement acceptable, lui, pour tout le monde ?

Intervention lors de l'assemblée de l'œuvre d'assistance aux bêtes d'abattoirs, bulletin du 19 mai 1990

Homme et Nature

On peut distinguer trois phases dans l'histoire du développement de l'homme et de ses rapports avec la nature. La première est celle de la biocénose : l'homme est un prédateur parmi d'autres prédateurs.
Puis vient la phase de l'agression, où l'homme, se plaçant en dehors de la nature, s'est intitulé « roi de la création », une idée largement propagée par les trois grands monothéismes.
La troisième phase n'est pas encore arrivée. C'est celle de la réconciliation, non seulement des hommes entre eux, mais des hommes avec la nature.
Les animaux, si nous voulons bien les écouter, ont tant de choses à nous dire !
Bien sûr, on a de la peine à se sentir parent de l'éponge, si différente de nous, mais nous pourrions commencer par nous rapprocher des mammifères. Ce qui importe, si l'on veut atteindre la phase de réconciliation, c'est d'adopter une attitude de sympathie et de respect pour la diversité.
La nature est comme un grand tableau : pour la peindre, l'artiste doit avoir beaucoup de couleurs sur sa palette.

Propos recueillis par Denis Escudier, Microscop, *avril 1992*

Chasse aux Tourterelles et Administration

Actuellement, il n'y a pas de chasseurs, mais des braconniers, en situation illégale vis-à-vis de la loi française et du droit communautaire.
Ils se sont mis hors la loi en s'arrogeant le droit de chasser alors que la chasse n'est pas ouverte, comme elle ne peut l'être au printemps dans aucun pays
civilisé.
Une directive de Bruxelles concernant la défense des oiseaux migrateurs stipule l'interdiction de chasser ceux-ci en cours de translation, lors de la migration dite « de retour ».
Arrivant du fond de l'Afrique occidentale, les femelles tentent de regagner l'Europe pour se reproduire. À la pointe de Grave, les sauvages locaux les guettent. Ils

installent des miradors, se juchent à leurs sommets et, de là, tirent sur les nuages de tourterelles.
Si ces actes sont matériellement possibles, c'est que l'administration n'ose pas intervenir et laisse faire.
Le sous-préfet de Lesparre-Médoc nous a interdit de poursuivre notre route vers la pointe de Grave, car les sauvages locaux, excités par leur état-major, perturbaient la circulation sur les routes du Médoc.
Si l'administration avait voulu nous permettre de nous rendre à l'observatoire des migrations d'oiseaux qui se trouve à la pointe de Grave, elle aurait très bien pu le faire ; mais elle n'en avait pas la volonté.

Propos recueillis par Valérie Mascarin, Arc-en-ciel, *juin 1992*

ÎLES SALVAGES

J'ai publié, récemment, un catalogue critique de la flore d'un archipel qui se trouve entre Madère et les Canaries. Personne ne le connaît, ce sont les îles Salvages, il n'est même pas sur toutes les cartes. Ce sont trois îlots minuscules, volcaniques, sortis autrefois de l'eau et dont la flore est très intéressante ; il y a même une espèce – une euphorbe – qui est spéciale à cet archipel.
J'y suis allé plusieurs fois, ce n'est pas tellement simple car il faut d'abord aller à Funchal (Madère), ensuite, il faut embarquer sur un patrouilleur de la marine portugaise, douze heures de mer pour atteindre les Salvages, puis là, il faut arriver à débarquer... si le temps s'y prête.
À la Grande Salvage, on peut débarquer par tout temps parce qu'il y a une espèce de fjord, mais les deux autres, c'est acrobatique, et sur la troisième île, en particulier, il n'y a pas beaucoup de gens qui ont pu mettre le pied dessus.
J'ai réussi quand même et je sais ce qu'elle contient comme flore.
Ces îles Salvages sont maintenant devenues un parc national organisé par l'État portugais et, ce qui est très remarquable, c'est qu'il y a quelques années

encore, elles appartenaient à un particulier.
Elles étaient la propriété d'un monsieur qui habitait Funchal et qui faisait payer des licences qu'il accordait à des chasseurs qui venaient massacrer, chaque année, vingt mille puffins cendrés. C'est un oiseau des mers qui habite dans les falaises.
Ils les tuaient au moment de leur envol – c'est un très gros animal –, les récupéraient dans la mer, les salaient, les mettaient dans des tonneaux mélangés à quelques lapins et allaient vendre ça aux pauvres.
L'État portugais a donc racheté les îles au monsieur propriétaire pour en faire une réserve intégrale.

« Mots croisés », R.F.I., 5 novembre 1993

Vous Avez Dit Bestial ?

J'invite ici tous mes amis qui sont aussi ceux des animaux à rayer définitivement de leur vocabulaire l'adjectif « bestial » : un crime affreux sera qualifié par la presse, peut-être même en gros caractères, de « crime bestial », or il s'agit en réalité d'un crime spécifiquement humain et totalement étranger au monde animal.
De quel droit continue-t-on en effet à calomnier sans raison un monde animal qui, même dépourvu de cette conscience morale censée représenter notre glorieux apanage, aurait parfois de précieux enseignements à nous donner ?

La Lettre de Pro anima, *n° 1, juin 1994*

Ours

Il faut respecter, et même *vénérer* la vie sous toutes ses formes. Par exemple en interdisant la chasse. Elle est complètement anachronique. Plus rien ne la justifie, ni la faim ni le danger que peut représenter l'animal. On chasse pour s'amuser ou par tradition. C'est inacceptable.
La tradition ? Ça ne veut rien dire. L'esclavage, la torture, la guerre sont aussi des traditions. Cela suffit-il à les justifier ? Il faut défendre l'animal. Il ne demande pas

qu'on l'aime, il demande qu'on lui foute la paix : c'est particulièrement le cas pour l'ours des Pyrénées.

Propos recueillis par Pierrick Eberhard, 27 juillet 1994

L'ARBRE

L'arbre, en ville, est porteur de messages. Tout d'abord en tant que symbole de la vie dans un paysage artificiel de béton, d'asphalte, de verre et de métal. Ensuite, par sa beauté née du contraste entre le vivant et l'inanimé. Mais il évoque également le silence dans un univers de bruit. Enfin, il devrait inspirer le respect de la vie, le mot respect n'étant pas pris ici dans le sens affaibli qu'il a aujourd'hui, mais dans celui de révérence, tel qu'Albert Schweitzer l'avait employé en espérant qu'il deviendrait, si l'homme s'humanisait, la base d'une morale nouvelle et d'un essor de l'humanité.

« La planète ça me regarde », septembre 1994

NATURE ATROCE

Il faut faire attention de ne pas considérer la nature comme une idylle. En réalité, la nature est atroce, et, si on croit à une création des êtres vivants par un Dieu que l'on nous présente comme miséricordieux et plein d'amour pour ses créatures, alors cela pose des problèmes philosophiques considérables.
Car, au fond, une bonne partie des animaux passent leur temps à essayer de dévorer leurs voisins et souvent de façon cruelle. Bien sûr, ils y sont obligés par l'exigence et de leur biologie et du fonctionnement de leur être physique.
Mais enfin, il ne faut pas trop insister sur les animaux pour nous inciter à admirer la bonté du créateur.

« Le bon plaisir de... », France Culture, 24 décembre 1994

PROTECTION DU MILIEU

Dans une société reposant directement sur le profit et l'argent et où rentabilité et légitimité sont devenues synonymes, qu'on ne s'y trompe pas : partout où il sera profitable de saccager la nature, on continuera à la détruire en tout lieu sans scrupules et sans remords.
La défense de l'environnement n'est devenue que trop souvent la recherche de recettes techniques – pour certains, d'ailleurs, lucratives – destinées à pallier certains méfaits de l'activité humaine. Le but est certes excellent et il faut bien entendu tout faire pour rendre notre milieu de vie moins sale, moins laid, moins triste et moins malodorant. Mais vouloir protéger la nature, c'est évidemment bien autre chose. Une révolution mentale, une philosophie nouvelle, capable enfin de découvrir au sein de l'Univers la complète unité des choses et des êtres, faute d'une vision assez large et assez haute pour admettre avec Victor Hugo que nul n'oserait affirmer que le parfum de l'aubépine soit indifférent aux nébuleuses.
Seule une vision aussi totale peut ouvrir la voie à la réconciliation qui doit enfin s'instaurer entre tous les êtres vivants, entre les hommes bien entendu, délivrés de leurs démons, de la violence et de la guerre, et également entre les hommes et tous les autres animaux, si cruellement maltraités par un prétendu « roi » de la création. Seule une morale du respect de la vie, de toute vie, serait en effet capable de fonder durablement le règne de la paix entre tous les êtres vivants.
Cela dit, l'on a vu, au cours de ces toutes dernières années, l'opinion publique s'intéresser sans cesse davantage à l'étude et à la protection des milieux naturels, de leurs flores comme de leurs faunes.

Préface au Guide des actions pour la nature et les animaux, *éd. Hors Collection, 1995*

Sur le désert et la vie...

VIE MÉHARISTE

La vie méhariste et chamelière est une école. C'est une école de patience, et c'est aussi une démonstration extraordinaire de l'économie que l'on peut faire dans le domaine de la vie matérielle. C'est là que l'on découvre qu'on peut vivre avec très peu de chose et se porter de façon remarquable en fournissant des efforts physiques considérables.

C'est une vie, en fait, austère, rude et même ascétique qui n'est pas plaisante : ce sont des fatigues énormes, des froids rigoureux, des chaleurs accablantes, etc. C'est un mode de vie brutal, mais en même temps c'est une vie qui est très saine, très saine physiquement, désencombrée, elle remet les choses à leur place, sans pitié : il y a le nécessaire et le superflu.

« Les Chemins de la connaissance »,
France Culture, 1982

NOMADISME

Le phénomène du nomadisme, en général, est actuellement soumis à des menaces qui viennent de plusieurs côtés à la fois. Le nomadisme, en principe, est l'adaptation d'une population déterminée à la vie dans un milieu particulier, et je pense là au milieu saharien, naturellement.

Or, il faut remarquer que l'adaptation des grandes tribus chamelières à l'environnement saharien est tout à fait stupéfiante ; aussi remarquable que l'adaptation des Eskimos à la vie sur la terre de Baffin ou dans le nord du Groenland. Et ce que font ces gens qui ont une science multiséculaire des choses de leur pays n'est pas une option entre plusieurs voies possibles : c'est la SEULE CHOSE que l'homme puisse faire pour subsister dans les conditions auxquelles il est soumis. La continuité du nomadisme et tout ce que cela représente, évidemment

– car le nomadisme saharien n'est pas seulement une technique d'élevage, mais aussi une culture traditionnelle avec une littérature, elle est orale bien sûr, mais elle existe, un art, il est un peu géométrique, mais c'est un art aussi –, la continuité de ce nomadisme, est en danger.
Il faut dire les choses comme elles sont. Le nomade a toujours été – ce n'est pas un problème nouveau – mal vu des administrations centrales et des gouvernements sédentaires, parce que le nomade est un homme libre et qu'un homme libre est difficilement tolérable pour les bureaux.

« Panorama international », R.F.I.,
29 décembre 1990

PARIS-DAKAR

Le Paris-Dakar est une entreprise orgueilleuse et arrogante qui traverse un pays où les gens sont pauvres. Ils sont peu nombreux, mais ils sont pauvres et ce témoignage d'un gaspillage incroyable, de combustible par exemple, me semble tout à fait regrettable. D'autant plus que si on regarde de près la publicité bariolée qui couvre les véhicules et quelquefois les individus, on s'aperçoit que l'on fait de la publicité pour des boissons alcoolisées, ce qui, dans un pays musulman, ne semble pas être d'une parfaite courtoisie.
Et puis il y a un problème beaucoup plus général : je crois que le Sahara et le désert sont un domaine assez beau, assez propre, assez pur pour mériter de se voir respecté, *respecté,* c'est très important ça. Je souhaiterais que certaines choses ne soient jamais faites dans un désert.

« Panorama international », R.F.I.,
29 décembre 1990

NOMADISME SAHARIEN

L'hospitalité saharienne et musulmane, d'une façon générale, est une tradition très forte. Il n'y a pas de difficulté particulière de contact à condition de se comporter correctement vis-à-vis des campements et de gens qui, vivant d'élevage, se déplacent selon l'état des pâturages. C'est un exemple tout à fait remarquable d'adaptation à la pauvreté des ressources naturelles. Le vrai nomadisme saharien est une réussite écologique étonnante car c'est la seule chose que l'on puisse faire pour éviter que les êtres humains n'abandonnent le Sahara.

Autrefois, les nomades vivaient de toutes sortes d'éléments qui ont disparu. Il y en a deux qu'il faut citer. D'abord les péages. Les péages prélevés sur les grandes caravanes transsahariennes du temps où il y en avait encore, c'est-à-dire jusqu'à la fin du XIXe siède. Ils consistaient à prélever, en nature, une certaine proportion des biens transportés du sud vers le nord. C'étaient essentiellement des esclaves noirs et des produits du Soudan : des gommes, des peaux et de la poudre d'or. Ça, ça a disparu.

Puis le rezzou. Le rezzou, c'est très intéressant, ce n'était pas une expédition destinée à faire la guerre, mais destinée à acquérir des biens, essentiellement des esclaves noirs, mais aussi des chameaux.

Les conditions de la vie matérielle se sont donc beaucoup transformées depuis le début du siècle actuel. Il y a eu le progrès de la conquête coloniale, l'apparition des frontières administratives, pas toujours apparentes heureusement, puis l'apparition des pistes pour la circulation automobile, et enfin, en certains endroits, des exploitations minières.

Ces chantiers ont fourni des possibilités d'embauche à des gens qui avaient besoin d'acquérir l'argent nécessaire à leur survie, car si les nomades vivent *au* désert, ils ne vivent pas exclusivement *du* désert et il leur faut des marchandises qui viennent de l'extérieur, et par conséquent un contact périodique avec une boutique.

C'est pour ça que les oasis jouent un rôle si important. Le nomade est forcé d'atterrir de loin en loin dans une oasis, comme le marin dans un port. Il n'y a pas de vie maritime sans port, de même il n'y a pas de vie désertique possible sans escale dans un lieu habité où il y a des boutiquiers pour acheter le pain de sucre, du thé vert qui vient de Chine, des tissus, etc. Maintenant, le nomade achète aussi des transistors et il bascule dans un genre de vie qui se modifie.

Le problème très grave qui se pose actuellement est de savoir si le nomadisme saharien pourra survivre aux transformations qui lui sont imposées de l'extérieur. Chaque État souhaiterait sédentariser ses nomades. Mais sédentariser c'est très joli, encore faut-il que la vie puisse continuer, et sous quelle forme le pourra-t-elle ? On ne peut quand même pas ramener les nomades sahariens dans le Sahel où il pleut tous les ans, il y a d'ailleurs déjà du monde, car il y a tellement de bétail qu'on est arrivé au seuil au-dessus duquel se manifeste le surpâturage.
Le nomade, chez lui, dans son désert, se heurte à des conditions de vie nouvelles et le monde se transforme autour de lui à bien des points de vue ; il n'a pas encore trouvé la parade, si j'ose dire, enfin, la façon d'assurer la pérennité de son entité ethnique ou culturelle.
Je suis persuadé que la plupart des nomades souhaiteraient continuer la vie de leurs prédécesseurs, mais encore faut-il qu'ils en aient la possibilité matérielle. Or cette possibilité se réduit comme une peau de chagrin, l'avenir est très incertain et personne ne peut prophétiser dans ce domaine-là.

« La Matinée des autres », France Culture,
22 janvier 1991

ÉPOUSE

Ma femme a eu un rôle très important dans ma vie. Venue de sa lointaine Tchécoslovaquie, elle m'a consacré cinquante années de son existence, non pas pour ma carrière – ce qui serait stupide –, mais pour ma vocation. Elle en a d'autant plus de mérite, et je lui en suis d'autant plus reconnaissant, que je crains de lui avoir fait une existence un tantinet sévère, un peu cloîtrée si je puis dire, car j'étais tout à fait occupé par mes recherches. Son tempérament lui aurait, probablement, fait préférer une vie plus ouverte vers l'extérieur.
Je ne sais pas si je le regrette, car cela a été la condition de ma production scientifique ; ce temps qu'elle m'a consacré s'est inséré dans mon activité professionnelle. Nous avons beaucoup voyagé ensemble et souvent au Sahara, à chameau... Elle a pris goût à ce genre de chose,

il fait chaud, il fait froid, on est fatigué, etc. Elle l'a fait très courageusement.

« Ce soir ou jamais », FR3, 30 mai 1991

PARIS-DAKAR

Le Sahara m'a appris un certain nombre de choses, bien sûr. Le désert est une chose qui est belle, qui ne ment pas, qui est propre. C'est pour ça qu'il faut l'aborder avec un certain respect. Le Paris-Dakar : c'est une horreur. Il y a des choses qu'un homme bien élevé ne fera jamais dans une église, dans une synagogue ou dans un temple.
Le Sahara, c'est la même chose, il faut y entrer avec un certain respect car ce milieu est tout à fait spécial. Bien sûr, il y a d'autres milieux écoprimatiques aussi remarquables que le Sahara : les déserts polaires, la haute montagne, la forêt dense, etc. Mais enfin, le désert est quand même l'un des milieux les plus autonomes qu'on puisse imaginer, car le phénomène de l'aridité y est très spécial.
Alors, si l'on va au désert, il faut le respecter. Il faut en respecter l'habitant, les animaux et en écouter les leçons : il nous apprend une très grande simplification de la vie. Ici, on est submergé de superflu dans tous les domaines, là-bas, on découvre que l'homme peut vivre avec très peu de chose et se bien porter : la vie y est extrêmement frugale.

Propos recueillis par Martine Leca,
Les Réalités de l'écologie, *octobre 1991*

DÉSERT LIBYQUE

Le désert est un lieu d'aridité extrême, mais ce n'est pas le néant total. Dans le désert libyque, où je travaille, cette partie du Sahara qui va des oasis égyptiennes occidentales jusqu'à la frontière libyenne, il y a un massif de dunes colossal. On peut faire plus de cent kilomètres sans voir une seule plante non seulement vivante, mais même sèche. Il n'y a pas le plus petit trognon d'une graminée née de la dernière averse. D'ailleurs, la dernière averse, on ose à peine imaginer à quand elle remonte.

Dans ce désert, on rencontre souvent un petit insecte sur le sable. Une sorte de mante religieuse sans ailes qui pose un véritable problème biologique. Les mantes sont carnivores, mais de quoi se nourrit celle-là ?... Elle peut être cannibale. On peut toujours manger son grand-père ou son gendre, mais ce n'est pas une solution pour une population.
Moi, je crois qu'elle se nourrit des insectes emportés par le vent fou qui souffle toujours dans ces endroits, des vents qui les balayent à des centaines de kilomètres de l'endroit où ils sont nés.

Propos recueillis par Jean-Pierre Lacan, Midi libre, *12 octobre 1992*

MORT AU DÉSERT

Si on meurt dans un désert, on vous enterre, c'est très simple. En fait, on vous ensable, car il n'y a pas de terre arable : le squelette de la planète est en permanence à la surface du sol et, à certains points de vue, c'est presque indécent. La terre n'a aucune pudeur, elle montre tout, sauf là où elle est masquée par des dunes.
Les dunes, pour le géologue, c'est l'obstacle majeur car elles masquent les contacts, les affleurements et, dès que l'ensablement s'étale, s'aggrave, le géologue est malheureux. Mais la plupart du temps, il n'y en a pas. On croit qu'il y a du sable de Biskra jusqu'à Tombouctou, mais ce n'est pas vrai, il y a surtout des cailloux.
Donc, on vous enterre soit dans le sable – c'est un beau linceul –, soit en couvrant le corps de cailloux pour décourager les éventuels animaux qui voudraient, un peu, s'amuser dans la région.
Cela se fait très simplement, très directement.

« Mots croisés », R.F.I., 22 octobre 1993

REQUIEM DE FAURÉ

Le *Requiem* de Fauré est une œuvre pour laquelle j'ai une vénération particulière.
Ce n'est pas l'habitude, en France, de faire de la musique dans les cimetières, mais, quand ma femme est morte, en

1980, après m'avoir consacré cinquante années de sa vie, mes enfants ont désiré que la fin du *Requiem* de Fauré soit jouée dans le cimetière de Châtillon-sous-Bagneux où se trouve la tombe de mon père, de ma mère, d'un de mes frères ; tombe qui est celle de ma femme maintenant et qui sera la mienne un jour ou l'autre, prochain peut-être. Ils avaient apporté le matériel nécessaire pour faire entendre ces admirables, merveilleuses envolées musicales de la fin de ce *Requiem* auquel je suis très attaché en partie pour cette raison-là, mais d'une façon générale parce que c'est un des plus beaux textes musicaux qu'à mon avis on puisse imaginer.

« Rendez-vous, vous êtes cernés », France Inter,
30 avril 1994

EXERCICES LITTÉRAIRES

Mon « moteur » ? La curiosité. Le désir de savoir. D'apprendre des choses. Si je vais dans le désert, ce n'est pas pour me livrer à des exercices littéraires. C'est parce que j'ai une tâche précise à accomplir. Je veux d'abord regarder. Savoir regarder n'est pas si simple. Ensuite, il faut vouloir comprendre.

L'homme est fait pour comprendre l'Univers dans lequel il vit. C'est là sa noblesse, sa grandeur. Voilà où le mot « mystère » peut se justifier. Nous sommes entourés de mystère.

La vie est un mystère considérable. J'ai beaucoup de peine à imaginer que le hasard, à lui seul, puisse suffire à expliquer le monde.

J'ai de tout autres préoccupations que celles de l'écrivain. J'ai écrit quelques pages, c'est exact. Mais cela ne suffit pas pour faire de moi un écrivain. L'écrivain se consacre à l'écriture. Moi pas. En revanche, je n'ai jamais hésité à exprimer mes convictions, ce qui m'a valu quelques ennuis à certaines époques.

Propos recueillis par Vera Kornicher,
Le Figaro littéraire, *octobre 1994*

VERS L'AUTRE RIVE

« Ici le rameur enlève les avirons et amarre,
sans bruit, dans les roseaux, avant de s'éloigner,
une barque prêtée. »
Wilfred Monod, Après la journée, *Grasset, 1938*

Je crois que je ne remonterai plus à chameau maintenant. Le 9 janvier de cette année 1994, à midi dix, dans la petite ville du Moyen Âge, à moitié en ruine, de Ouadane, je suis descendu de chameau pour la dernière fois avec l'intention de ne plus jamais remonter. J'ai fermé la parenthèse ouverte le 14 octobre 1923.

Une secrète mélancolie s'attache aux choses qui meurent quand on les a beaucoup aimées. Il faut savoir, bien sûr, à la fin du chapitre, tourner la page et nous la tournerons. Nous n'en conserverons pas moins, nous les Sahariens d'hier, lorsque notre désert sentira le pétrole, l'ardente et presque douloureuse nostalgie de celui qui arrachait à un Bédouin perdu au cœur d'une effroyable immensité – sans puits, mais devant l'aimable vert-bleu d'une touffe de *had* sur le sable orangé – ces mots : *Trab mounek !* (Ah ! le beau pays !)

Le bord occidental de ma planète s'élève à la rencontre du soleil qui va bientôt fermer son gros œil rouge sous la paupière enténébrée des dunes de la Maqteïr.

La nuit descend sur l'Adrar, sur le désert, sur la vie d'un homme qui peut bien encore marcher dur et longtemps dans la fraîcheur de l'aube ou la chaleur de midi. Mais, s'il marche longtemps, et très honorablement pour son âge, si la curiosité demeure aussi vive qu'aux premiers jours, l'appétit de découvrir et de connaître aussi dévorant, si ce vieil homme que je suis devenu n'est toujours heureux qu'en mouvement et s'impatiente à l'arrêt tout cela, un jour, prochain peut-être, demain sans doute, devra, comme cette journée qui s'achève dans la gloire et la mélancolie du couchant, accepter avec

simplicité l'usure physique, consentir au déclin, à cette graduelle entrée dans le crépuscule, dans la nuit, et, n'ayons pas peur du mot, dans la mort.
Heure grave où le voyageur est chargé déjà de plus de passé que d'avenir, riche de plus de souvenirs que d'espoir.
Que va-t-il rester, pesé aux seules balances qui ne mentent pas, de ces milliers de kilomètres, de ces milliers de pages, de ces milliers d'échantillons recueillis, au seuil de la nuit ?
Te présenteras-tu les mains pleines ou vides d'un sable que tu avais cru tenir et qui t'aura filé entre les doigts ?

Je suis reconnaissant à la Providence de tous les privilèges qui m'ont été accordés : c'est scandaleux, c'est insolent à ce point-là.
Toutes les chances dont ma vie a été entourée : naître dans une famille comme la mienne, fils de deux parents de grande culture, élevé de la façon dont j'ai été élevé, j'en suis très reconnaissant, c'est une chance incroyable, cela aurait pu être différent.
Est-ce que j'ai fait bon usage de ce que j'ai appris ? Je n'en suis pas certain. J'ai peut-être essayé, est-ce que j'ai réussi ?
Ce n'est pas sûr.
Le bilan n'est pas facile à établir. Je n'ai probablement pas fait grand mal, et encore, sait-on jamais ? Connaît-on vraiment les torts que l'on a pu avoir
vis-à-vis d'autres êtres soit par des actes, soit par des paroles, soit par des silences ?... C'est d'ailleurs une des raisons pour lesquelles j'espère qu'il y a quelque chose au-delà de la mort.
Je ne sais pas – je n'ai pas l'habitude d'affirmer ce que je ne sais pas –, je ne sais pas, mais j'ai le droit d'espérer et si j'espère qu'il y a quelque chose dans cette direction-là, c'est l'espoir qu'il y aura peut-être une occasion de réparer, d'une façon ou d'une autre, le mal que j'ai pu faire pendant ma vie, les erreurs que j'ai pu commettre par des actes, soit par des paroles, et j'ajoute

volontairement, soit par des silences, car je me rends compte que c'est peut-être sous cette forme-là qu'on peut faire également du mal à ceux qu'on aime ou qu'on prétend aimer.

La fin de l'existence, c'est l'approche d'une entrée dans un grand mystère. Chacun de nous a le devoir d'y penser.
Pour moi, la mort représente un départ sans peur, un appareillage, comme disent les marins et le dernier de la vie n'est, peut-être, qu'une arrivée, une jubilation.
Dans la Bible, il y a ce verset du Psaume 121 que j'aime beaucoup : « L'Éternel gardera ton départ et ton arrivée dès maintenant et à jamais. »
J'aime l'assurance paisible de son engagement.

LE BLASON DE THÉODORE MONOD

SOL LUCET OMNIBUS : Le soleil luit pour tous.

FLORES MULTI RADIX UNA : De nombreuses fleurs, une seule racine.

ERAT ARBOR VITAE ET FOLIA SUA AD SANITIONEM GENTIUM : Il y avait un arbre de vie dont les feuilles servaient à la guérison des nations. (citation extraite du dernier chapitre de l'Apocalypse.)

Les grandes traditions spirituelles de l'humanité plongent leurs racines dans une source unique, représentée ici par les traits ondulés situés en bas de l'image. Quatre petits cercles evoquent :

- En haut, à gauche, le Judaïsme avec le sceau de Salomon (ou bouclier de David) et le nom imprononçable de la divinité.
- En haut, à droite, l'Islam représenté par le nom divin ALLAH.
- En bas, à gauche, les religions de la Chine symbolisées par les signes du Yin et du Yang, union complémentaire des contraires.
- En bas, à droite, les religions de l'Inde représentées par une fleur de lotus
- Enfin, au centre, une croix rappelant le christianisme et à laquelle se trouve associé le signe de la non-violence.

BIBLIOGRAPHIE

– *LE LIVRE DES MARTYRS*, « Vie des saints », extrait du martyrologue protestant de Jean Crespin, La Cause, Neuilly, 1930.
– *MÉHARÉES, EXPLORATIONS AU VRAI SAHARA,* Je sers, Paris, 1937 ; deuxième édition 1947 ; nouvelle édition Actes Sud, Arles, 1989 ; coll. poche « Babel » n° 102.
– *LIVRE DE PRIÈRES* (tiers ordre des Veilleurs), Labor et Fides, Genève, 1937.
– *L'HIPPOPOTAME ET LE PHILOSOPHE,* Julliard, Paris, 1943 ; nouvelle édition Actes Sud, Arles, 1993.
– *BATHYFOLAGES, PLONGÉES PROFONDES,* Julliard, Paris, 1954 ; nouvelle édition (*Plongées profondes*) Actes Sud, Arles, 1991.
– *LES DÉSERTS,* Horizons de France, Paris, 1973.
– *NOTES SUR GEORGES GLAS (1725-1765),* fondateur du port Hillsborough (Sahara marocain), Anuario de Estudio atlánticos, Madrid-Las Palmas, 1976.
– *DE TRIPOLI À TOMBOUCTOU : LE DERNIER VOYAGE DE LAING, 1825-1826,* Geuthner, Paris, 1977.
– *L'ÎLE D'ARGUIN (MAURITANIE),* essai historique, Centro de Estudos de cartografia antiga, Lisbonne, 1983.
– *L'ÉMERAUDE DES GARAMANTES, SOUVENIR D'UN SAHARIEN,* première édition L'Harmattan, Paris, 1984 ; nouvelle édition Actes Sud, Arles, 1992.
– *DÉSERT LIBYQUE (NOTES DE VOYAGE),* Études sahariennes et ouest-africaines, Nouakchott/Paris, 1989.
– *SORTIE DE SECOURS,* coll. « Les Raisons de la colère », Seghers, Paris, 1991.
– *BALLADE DE MES HEURES AFRICAINES,* éditions Babel, Mazamet, 1993.

- *Vie et mort au désert,* entretiens avec Catherine Béchaux, coll. « Petit Point », Seuil, Paris, 1993.
- *Maxence au désert,* Actes Sud, Arles, 1995.

En collaboration

- *« Le monde noir »,* numéro spécial de *Présence africaine,* Paris, Mars 1950.
- *Antoine Risso (1737-1845),* avec J.-C. Hureau *et al.*, Nice, 1978.
- *La caravane du sel,* avec J.-M. Durou et Joël Jaffre, Denoël, Paris, 1978.
- *Sahara, désert magique*, avec J.-M. Durou, AGEP, Marseille, 1986 ; deuxième édition, 1987 (et éd. anglaise, *Sahara Magic Desert,* 1986).
- *Déserts,* avec J.-M. Durou, AGEP, Marseille, 1988.
- *Mémoires d'un naturaliste voyageur*, avec I. Jarry et J.-M. Durou, AGEP, Marseille, 1990.
- *Le fer de Dieu, histoire de la météorite de Chinguetti,* avec B. Zanda, Actes Sud, Arles, 1992.
- *Désert libyque,* avec J.-F. Sers, Arthaud, Paris, 1994.
- *Majâbat al-Koubrâ,* avec M. de Gouvenain, Actes Sud, Arles, 1996.
- *Botanique au Pays de l'Encens,* avec J.-M. Bel, Solibel-Apay, Maisonneuve et Larose, Bruxelles, 1996.

Ouvrages sur Théodore Monod

- *Théodore Monod,* Isabelle Jarry, Plon, Paris, 1990.
- *Monsieur Monod, scientifique, voyageur, protestant,* Nicole Vray, Actes Sud, Arles, 1994.

Cet ouvrage a été composé par
PCA - 44400 REZÉ

IMPRIMÉ EN FRANCE PAR BRODARD ET TAUPIN
3113 – La Flèche (Sarthe), le 04-07-2000
Dépôt légal : février 1999

POCKET – 12, avenue d'Italie - 75627 Paris cedex 13
Tél. : 01.44.16.05.00